Evelyn Passet

KulturSchlüssel Frankreich

KulturSchlüssel

Evelyn Passet

KulturSchlüssel Frankreich

Herausgeber der Reihe
KulturSchlüssel:
Gerd Simon

Max Hueber Verlag

Bildnachweis:

Eveline Passet (Seiten: 85, 255);

Marton Radkai (Seiten: U1, 23, 33, 36, 41, 47, 50, 57, 70, 79, 84, 93, 98, 109, 111, 113, 115, 119, 141, 147, 150, 153, 159, 167, 173, 204, 208, 214, 218, 223, 238, 244, 249, 257, 259);

Maison de la France, Frankfurt (Seiten: U1, 10 Charaffi, 13, 15 Charaffi, 17 Leonard, 19 Sucha, 25 Pesle, 31 Courtois, 60 Bys, 67, 73 Barde, 74, 81 Thierry, 88, 93 Lautrier, 99 Thiene, 103 Damase, 124, 125 Chastel, 128 Charaffi, 130 Salmon, 133 Bys, 134 Bys, 143 Camille, 144, 156 Baide, 158, 162, 164, 165 Gamet, 170, 175 Leonard, 176 Niepce-Jaeger, 177 Feher, 178 Bandy, 182 Barde, 183 Charaffi, 185, 188 Bys, 190 Castro, 193 Viollan, 199 Bys, 230, 232 Thierry);

Französische Botschaft, Bonn (Seite: 45);

Bildarchiv Buchkonzept Simon KG (Seite: 117)

Dieses Werk folgt der seit dem 1. August 1998 gültigen Rechtschreibreform. Ausnahmen bilden Texte, bei denen künstlerische, philologische oder lizenzrechtliche Gründe einer Änderung entgegenstehen. Ausgenommen ist auch die werktypische Schreibung und Bezeichnung von *Tips & Knowhow* (statt *Tipps & Know-how*).

3. 2. 1. | Die letzten Ziffern
2003 02 01 00 1999 | bezeichnen Zahl und Jahr des Druckes.
Alle Drucke dieser Auflage können, da unverändert, nebeneinander benutzt werden.

1. Auflage

Umschlaggestaltung: Parzhuber & Partner, München

Zeichnungen: Reinhild von Brunn, Kolorierungen: Gaby Kohler

Layoutentwurf: Buchkonzept Simon KG, München

Satz: Grotesk Werbeagentur Marc Sigl, München

Druck und Bindung: Offizin Andersen Nexö, Leipzig

Printed in Germany

ISBN 3–19–003291–2

INHALT

INHALT

INHALT

Vorwort

«Ähneln sich zwei Dinge,
müssen Sinn und Verstand geschärft werden,
schärfer als beim groben Unterschied von Schwarz und Weiß,
der in Wirklichkeit ohnehin fast völlig fehlt.»
Andreas Böttcher

Frankreich – so nah und doch so fremd

Frankreich bedeutet nicht **die Fremde**, es war nie der Ort am anderen Ende der Welt, der für Verbannung und Elend oder für das Unerhörte und Märchenhafte stehen konnte. Frankreich liegt, von Deutschland aus gesehen, nebenan. Und in einem vereinten Europa erst recht werden die Türen zwischen den beiden Nachbarn offenstehen, und es werden sich Personen und Waren und Gelder wie selbstverständlich hin- und herbewegen. Erinnern wir uns, daß diese **scheinbar spannungslose Nachbarschaft** eine **Geschichte negativer und positiver Projektionen** in sich trägt, die – wir wollen es nicht hoffen – wieder aufbrechen können. Da war einerseits die sogenannte «Erbfeindschaft» zwischen Deutschland und Frankreich, andererseits die Sehnsuchts- und Idealprojektionen, die von deutscher Seite auf ein Frankreich der Revolution, aber auch des *savoir-vivre*, der ländlichen *douce France* und des Pariser Kosmopolitismus gerichtet wurden und werden. Nun scheint aber ein zunehmend technokratisches Frankreich Teil eines zunehmend nivellierten Europa werden zu wollen.

Ist uns Frankreich bekannt, nah und vertraut?

Ist uns Frankreich also bekannt, nah und vertraut? Treffen wir dort, von wenigen aussterbenden Randerscheinungen abgesehen, den gleichen *European way of life* an, der uns aus Osnabrück, Olten und Sölden bekannt ist?

Der *KulturSchlüssel Frankreich* wurde aus dem Verdacht heraus geschrieben, dass gerade das, was uns nachbarlich und ähnlich erscheint, was den gleichen vereinnahmenden und vereinheitlichenden Prinzipien zu gehorchen scheint, **auf die überraschendste Art seinen Eigenwuchs offenbaren** kann. Seinen Eigensinn und Eigenwert. Erwartet hatten wir Fremdes sonstwo: in Mikronesien, Schangrila. Und nun hier, in unmittelbarer Nachbarschaft!

Frankreich – das Unbekannte im Ähnlichen

Der *KulturSchlüssel Frankreich* wurde für Leser und Reisende geschrieben, die sich auf das **Unbekannte im Ähnlichen** einlassen möchten; die den Blick schärfen möchten für das, was anders ist in der Alltags- und künstlerischen Kultur des Nachbarlandes.

Es werden Situationen entworfen, die modellhaft sein sollen. Sie werden als Leser nach Paris, Clermont-Ferrand oder in ein lothringisches Dorf versetzt. Sie begegnen Personen, die unterschiedlichen Generationen, Schichten und Milieus angehören, die zur Arbeit gehen, sich zum Essen

PLAN
PARIS

setzen, diskutieren..., idealtypischen Personen also. Diese vertreten, wie Sie feststellen werden, nicht die Normalitätsmasken aus dem Sprachlehrbuch, nicht **die typenhaft gerundeten Marionetten einer vorgeblich heilen Welt**. Vielmehr werden Sie fiktive Personen kennenlernen, die, bei aller Idealtypik, in den Spannungen der Zeit und den eigenen Widersprüchen stehen.

Wozu dieses Buch verführen will:

Dieses Buch möchte Ihnen nicht sagen, wie Sie es machen **müssen**, sondern nur: wie Sie es machen sollten, wenn Sie keinen Widerspruch hervorrufen, in kein Fettnäpfchen treten wollen, wenn Sie sich soweit wie möglich assimilieren wollen; wenn Sie, was vielleicht sehr aufregend wäre, nach und nach von innen erleben wollen, was es heißt, Franzose zu sein. **«Mitschwinger» und «Mittuer», nicht nur Beobachter zu sein, dazu möchte Sie dieses Buch verführen.** Es wurde mit (kritischer) Liebe zu Frankreich geschrieben und lädt den Leser ein, die Gründe und Formen seiner Hinwendung zu Frankreich selbst und forschend zu entwickeln. Es möchte nicht erzieherisch wirken, jedenfalls nicht in dem Sinne, den Friedrich Nietzsche definiert: «Erziehung ist, dass man sofort alles Erlebte unter bestimmten Wahnvorstellungen begreift.»

Dieses Buch möchte vielmehr Lust machen zu **erleben**.

Gesucht: Freunde und Bekannte

Sie kommen als Tourist, Student, Au-pair, Austauschschüler, als Arbeitskraft für die Ferien, zu Schulungskursen oder auf längere Frist, als Städtepartner, Sportler, Pensionär, und **die Absicht, mit der Sie nach Frankreich reisen, wird darüber bestimmen, wem Sie begegnen und wie diese Begegnung verlaufen** wird.

Ihr Motiv für Frankreich bestimmt Ihre Begegnungen.

Distanziert und herzlich muss kein Gegensatz sein

Die Deiberts sind ein Rentnerehepaar aus Castrop-Rauxel. Sie war Kunst- und Hauswirtschaftslehrerin, er Elektriker. Bereits einige Jahre vor ihrer Pensionierung kauften sie sich in der Provence ein kleines Haus. Genau genommen einen ehemaligen Schafstall, den sie Urlaub für Urlaub zu einem Haus umbauten. Es liegt inmitten von Olivenbäumen, einen Kilometer vom nächsten Dorf entfernt, doch nicht isoliert – es ist Teil eines Ensembles von vier Gebäuden: einem großen Wohnhaus, das von zwei älteren Frauen bewohnt wird, unverheirateten Schwestern, die das Anwesen als Erbe übernommen und verkauft, vermietet, verpachtet haben. Im selben Haus, im anderen Flügel, wohnt zur Miete ein etwa 35-jähriger Töpfer, der seine Werkstatt in einem vormals als Schuppen dienenden Steinbau eingerichtet hat. Schließlich wohnt dort im vierten der Gebäude, das ebenfalls wie ein alter Schuppen oder Stall aussieht, noch ein alter Mann, der einmal Landarbeiter war und heute seine Rente mit dem Verkauf von Eiern aufbessert. Seit fünf Jahren, seit ihrer Pensionierung, verbringen die Deiberts die Hälfte des Jahres an diesem Fleck. **Sie sprechen alle ihre Nachbarn mit dem Vornamen an.**

Die idyllische französische Provinz lockt ausländische «Aussteiger» an. Finden sie Anschluss?

Monsieur & Madame und das Problem «Du»

Der alte Mann hat sich von vornherein als Jean vorgestellt; doch obwohl die Deiberts ihm sofort ihre Vornamen nannten und diese später noch öfter wiederholten, spricht er sie nach wie vor nur mit *Monsieur* und *Madame* an. **Im Übrigen siezt man sich.** Anfangs, wenn die Deiberts zum Essen ein Tischchen vors Haus stellten, forderten sie Jean, wenn er zufällig vorbeikam, auf, sich doch zu ihnen zu setzen und mit ihnen zu essen – ein paar Stullen, Kaffee und Kuchen ... Jedes Mal wehrte er die Einladung ab: Er habe Dringendes zu erledigen.

Zu Paul, dem Töpfer, fanden die Deiberts, die gut französisch sprechen, leicht Kontakt, da Frau Deibert und er die Kunst gemeinsam haben, und vielleicht auch, weil Paul sich nicht allzusehr um **Konventionen und gesellschaftliche Hierarchien** schert. **Er nahm das angebotene *Du* ohne Zögern an,** wie er auch manche Essenseinladung, die er im Vorbeigehen erhält, gern annimmt.

Als der einstige Stall der Deiberts halbwegs ein Haus und bewohnbar war, gaben sie ihren Einstand, indem sie ihre Nachbarn und noch weitere Menschen, die sie inzwischen in der näheren Umgebung kennengelernt hatten, zu Kaffee und Kuchen einluden. Es wurde eine richtige deutsche Sonntagnachmittags-Kaffeetafel mit Apfelkuchen & Schlagsahne, mit Schwarzwälder Kirschtorte und Marmorkuchen. So etwas war den Franzosen noch nie widerfahren.

Eine Einladung sonntags und nachmittags?

Sie hatten sich schon über die seltsame Zeit der Einladung gewundert – sonntags und nachmittags. Jemand aus der Runde gestand dies auch; und so kam es zu einem langen und lustigen Erzählen über die **Sitten und Bräuche des Einladens und des Eingeladenwerdens**. Nur einer beteiligte sich nicht daran: Jean. Der rutschte verlegen auf seinem Stuhl hin und her. Weder gehörte er zu der **sozialen Schicht**, die um diesen Tisch saß, noch war er in der Lage, eine Gegeneinladung auszusprechen, wie es sich gehört. Im Grunde demütigte ihn die Einladung. Feinfühlig begriffen dies die Deiberts und wiederholten nie mehr ihre Aufforderungen, Jean solle sich an ihren Tisch setzen. Sie kaufen jetzt bei ihm Eier, reden mit ihm über die Trockenheit und über die Farbpracht des Unkrauts auf einem gemeinsamen Stück Land; man erzählt sich Anekdoten und Lebensgeschichten, man spricht von den vergangenen Zeiten, dem Krieg und wie die Deutschen und die Franzosen sind, man spricht von dem, was verbindet – bei einer zufälligen Begegnung, im Stehen.

Was die anderen Gäste betrifft (außer Paul, der wie erwähnt eher unkonventionell ist und daher den Deiberts formlos eine Freundlichkeit erweist: mal bringt er eine besondere Flasche Wein, die man gemeinsam trinkt, mal schenkt er den beiden eine Vase) – was die anderen Gäste betrifft, so folgten wenige Tage später prompt Gegeneinladungen. Die Deiberts waren verblüfft, als sie in den verschiedenen Häusern auftauchten: Dort wurde ein **Essen** serviert wie in Deutschland bestenfalls zu runden Geburtstagen.

Kodex von Einladung und Gegeneinladung

Da die Deiberts keinen neuen Anlass zu einer Einladung fanden, von dem sie annehmen konnten, er sei für Franzosen einleuchtend genug, blieb es bei diesem **einmaligen Besuch-mit-Gegenbesuchen**. Ihrerseits wurden sie ebenfalls nicht erneut eingeladen. Mit einer einzigen Ausnahme – von den beiden Schwestern. Da wird nicht nach dem **Schlagabtauschprinzip Einladung-Gegeneinladung** verfahren. Da hat man sich vorsichtig einander genähert – beide Seiten mit einem Gespür dafür, was sich in den Augen der anderen Seite gehört bzw. unverfroren wäre. Da ist viel Wärme und Herzlichkeit zu spüren.

Vor kurzem haben es die Deiberts deshalb gewagt, den beiden Frauen vorzuschlagen, sich beim Vornamen zu nennen; dies haben Marie und Madeleine ohne pikierte Mienen angenommen, allerdings auf eine formvollendete Weise zu verstehen gegeben, dass es bisher **nur für die Vornamen reicht, dagegen noch nicht für das Du:** *Mais bien sûr que vous pourrez nous appeler par nos prénoms*, war ihre Antwort. («Aber natürlich können Sie uns beim Vornamen nennen.»)

Freundschaft?

Wolfgang, 23, aus Stuttgart, studiert seit drei Jahren Biologie an der Fakultät von Jussieu in Paris. Jussieu gilt als eine der fortschrittlichen Universitäten Frankreichs; dies bestimmt die Zusammensetzung der **Studentenschaft**. Es herrscht untereinander **unkomplizierte Offenheit**. Zur Mittagszeit geht man gemeinsam in die wenige hundert Meter entfernte Mensa und trinkt anschließend noch in einem Bistro der rue Mouffetard einen Kaffee, man unterhält sich – nahezu ausschließlich über das Studium.

Wolfgang, der bei seiner Ankunft in Frankreich noch mit einem starken deutschen Akzent sprach, wurde gefragt, woher er komme und warum er sich entschlossen habe, ausgerechnet in Frankreich zu studieren. Er gab bereitwillig Antwort, erzählte mehr von sich, als man erfragt hatte: dass nicht nur Paris, das Studienangebot von Jussieu, die Pariser Theaterszene, für die er sich interessiere, und die französische Sprache bei seiner Entscheidung eine Rolle gespielt hätten, sondern auch das Zerwürfnis mit seinen Freunden, die, anders als er, den Armeedienst nicht verweigerten und jetzt aus Angst vor der Zukunft einen beliebigen Job erlernten, der sie gar nicht interessiere; ja, und zudem die Trennung von seiner Freundin. Von all dem erzählte er lange und ausführlich. Die Studienkollegen hörten zu, wie es Studenten in D / A / CH ebenfalls täten: mit Gesichtern voller Selbstverständlichkeit. Nur – **er konnte im Lauf des ersten Studienjahres von sich erzählen, was er wollte, nie entgegnete jemand**: «Oh, da hab' ich auch so was erlebt, also das war so ...», oder: «Ich bin auch beschissen einsam, seit meine Freundin mich verlassen hat, weißt du, weil ...», oder: «Nein, das kann ich nicht verstehen; da muss ich dir mal was aus meinem Leben erzählen, woran du siehst, dass das ganz anders sein kann ...», oder: «Das ist ja *superbe*, dass du dich auch dafür interes-

Selbst im studentischen Milieu bleibt der persönliche Bereich abgeschottet.

sierst; lass uns doch mal gemeinsam ...» **Ebenso erhielt er auf seine Fragen einsilbige Antworten, die im Unpersönlichen blieben.**

Soziale Distanz im Lande der «fraternité & égalité»

Und **ebensowenig verabredete sich jemand konkret** mit ihm, wenn er vorschlug, man könne doch einmal zusammen ins Theater gehen. Am Wochenende führen sie zu ihrer Familie in die Provinz (bzw. mit ihrer Familie aufs Land), sagten die meisten, wenn Wolfgang den Freitag- oder Samstagabend vorschlug; fragte er, wie es mit einem Wochentag sei, so entgegneten sie: «Tja ..., mal sehen, vielleicht nächste oder übernächste Woche, in dieser habe ich so viel zu tun, und dann schreiben wir diese Klausur.»

Zunächst maß Wolfgang dem keine Bedeutung bei – es war alles so neu und aufregend: Es galt, die großen Bühnen und die *cafés-théâtres*, die ganze Stadt zu erkunden und sich darin ein Leben einzurichten. Dann, zu Beginn des zweiten Studienjahres, begann er eine gewisse Verlassenheit zu empfinden. Er trat einem Studententennisclub bei, wo man sehr freundlich miteinander umging, solange man trainierte, doch anschließend auseinanderstob wie scheuende Pferde. Er setzte sich jetzt öfter in die Caféteria der Mensa und sprach fremde Kommilitonen an. **Die Einzigen, die nicht nur ein kurzes Gespräch führten, sondern sich verabreden wollten, waren andere Ausländer.** Er fuhr jetzt über verlängerte Wochenenden, wenn Paris sich leerte, weil man zwischen Feiertag und Wochenende eine «Brücke schlug» (*faire le pont*), nach Deutschland, überlegte sogar, ob er das Studium abbrechen sollte. Er grübelte, was er seit neuestem falsch machte – zu Hause hatte er immer wieder Freunde gefunden.

Trostgemeinschaft der Ausländer in Frankreich

Nach Ostern, schon fast gegen Ende des zweiten Studienjahres, fand er an einer Anzeigentafel in der Uni einen Zettel: «Studenten, 2 männlich, 1 weiblich, suchen Mitbewohner / Mitbewohnerin. Tel.: ...» Wolfgang bekam nicht nur das Zimmer in einer dieser seltenen Wohngemeinschaften von Paris, sondern lernte über seine Mitbewohner auch viele Menschen kennen: Zwei von den dreien stammten aus Paris und steckten in Cliquen aus der Schulzeit, und der dritte, ein Kameramann, kannte über seinen Beruf zahlreiche Menschen – auch aus dem Theaterbereich, weshalb Wolfgang, **nachdem er erst einmal eingeführt war**, wiederum im Theatermilieu «weitergereicht» wurde. Wenig später hatte er einen Job als Hilfstechniker gefunden. Bald auch lernte er seine neue Freundin kennen, Véronique, eine – wie alle in der WG beteuern – für französische Verhältnisse ungewöhnlich selbständige und selbstbewusste 20-jährige Kauffrau.

Wärme des Umgangs bedeutet noch lange nicht Freundschaft.

Außer den WG-Mitbewohnern und Véronique bezeichnet Wolfgang niemanden seiner **copains** und **copines** (Bekannte, Kumpels) als Freunde (**amis**) – und selbst bei seinen Mitbewohnern zögert er manchmal. Er hat verstanden, dass eine **alltägliche Wärme unter Menschen nicht den Beginn einer langen Freundschaft bedeuten muss**.

Hexagon

Wird man durch eine gemeinsame Tätigkeit zufällig zusammengeweht, so verhalten sich Deutsche zunächst eher spröde, vielleicht sogar abweisend, während man sich im Hexagon (wie Frankreich aufgrund seines geographischen Umrisses oft genannt wird) recht **schnell «arrangiert»** (*s'arranger*): Man duzt sich, redet viel und lustig und klug miteinander, sitzt in der Unibibliothek beisammen, um gemeinsam zu pauken, oder hält bei der Arbeit gegen einen verhassten Chef oder unsinnige Vorschriften zusammen, die man mittels *chahut* (Jux, Ulk) hintertreibt. **Das sieht für** uns **nach Freundschaft aus**, nach verschworener Gemeinschaft, nach Auf-immer-und-ewig, nach Zusammengeschweißt-bis-dass-der-Tod-uns-scheidet.

Noch in der Clique bleiben die Franzosen Einzelwesen.

Doch kaum ist zu Ende gelangt, was einen zusammenbrachte, fegt ein lauer Wind alle wieder auseinander. **Noch in der Clique bleiben die Franzosen Einzelwesen.** Nicht zufällig wohl finden in Frankreich keine Jahrgangs- oder Klassentreffen statt, noch gab es je schlagende Verbindungen (die einzige Ausnahme in dieser Richtung bilden wohl die Veteranentreffen und, ganz entscheidend, die Seilschaften von Absolventen der *grandes écoles*). Und von einer Kindheitsfreundin, die in ihrem Bett übernachtete und mit der sie einen Ring tauschte, weil beide beschlossen hatten zu heiraten, können die wenigsten Französinnen erzählen.

Auch ein Flirt bedeutet noch lange nicht den Zugang zum privaten und häuslichen Bereich eines Franzosen.

Privates bleibt zu Hause

Gerhard Friedberger, jung-dynamischer Mittdreißiger aus der Berliner Elektronikbranche, fährt seit fünf, sechs Jahren immer wieder nach Frankreich: jeweils einige Monate, wenn seine Firma eine Anlage verkauft und aufgestellt hat. Er arbeitet dann die französischen Ingenieure ein, und wenn später Probleme auftauchen, schickt man ihn ebenfalls. Gleichgültig, wohin er kommt, immer sind die Kontakte kollegial, sogar kumpelhaft. **Kaum hat man sich ein wenig abgetastet, schon gehen die Franzosen zum Du über.** In der Kantine sitzt man zwei Stunden beisammen, obwohl in diesen modernen Unternehmen die Mittagspause nur noch 45 Minuten beträgt.

Lebenskunst zu arbeiten

Auch zwischendurch wird – wie Gerhard Friedberger findet: manchmal ungebührlich viel – geredet. Scherzhaft hat er einmal zu äußern gewagt, er sei verwundert, dass Frankreich sich bei solcher **Arbeitsmoral** zu einer modernen Industrienation entwickelt habe, und dies vergleichsweise rasant. Man stimmte ihm lachend zu und bereicherte das Thema mit einer Reihe betriebsinterner Anekdoten. Gerhard Friedberger ist jedesmal von neuem überrascht, wie man ihn in die Arbeitsteams aufnimmt – nahezu familiär, als sollte er unbefristet dort arbeiten. Allerdings verwundert ihn auch jedesmal aufs Neue, dass sich **diese Herzlichkeit nie weiterentwickelt**. In einer Firma, in der er mindestens einmal pro Jahr für sechs bis zwölf Wochen zu tun hat, hat er versucht zu erfahren, ob die Kollegen sich irgendwann auch privat treffen. «Nein, nie», erklärte die Sekretärin, mit der er ein wenig flirtet und die er manchmal zum Essen ins Restaurant ausführt: «Das ist nicht üblich.» (*Ça ne se fait pas.*)

Kolleginnen und Kollegen treffen sich privat fast nie.

In den **Ferien**, die er unter zahlreichen Franzosen in einem *Club Méditerranée* (genannt: *club Med*) in Nordafrika verbringt, begegnet ihm die gleiche Kumpelhaftigkeit. Man segelt und spielt, lacht und schwatzt über irgendein Ereignis vom Vorabend und übers Segeln, es entstehen Liebesaffären, über die schwatzt man auch – augenzwinkernd, man unternimmt Ausflüge in dic umlicgenden Berge, zu Ruinenstätten und nach Oran, auch darüber lässt sich lange reden, und natürlich immer wieder über Essen und Trinken: über Couscous und algerischen Wein, über Kakteenfrüchte und andere Exotika. **Nur von sich selber sollte man wenig erzählen, bestenfalls charmante Nichtigkeiten:** Das schnöde Alltagsleben behalte bitte in deinen eigenen vier Wänden eingesperrt. Und offenbare bloß nicht, was du beruflich machst – ich könnte schließlich in der **Rangliste** über oder unter dir stehen. Deshalb tauschen wir hier alle auch keine Adressen aus. Im Alltagsgewand könnten wir plötzlich nackte Kaiser sein. «Es ist nicht üblich, etwas Privates von sich preiszugeben», erklärte ihm die Sekretärin bei einem der gemeinsamen Restaurantessen,

Von sich selber sollte man bestenfalls charmante Nichtigkeiten erzählen.

als Gerhard Friedberger ihr erzählte, dass ihn dieses «Distanzgehabe», wie er es nennt, befremdet. «Wir mögen eine gewisse **Diskretion**. Und wir sind daran gewöhnt, unsere Probleme allein zu lösen.»

«Wir mögen Diskretion und sind gewöhnt, unsere Probleme allein zu lösen.»

Soziale Umgangsweisen

In Frankreich spielt die Familie noch eine erheblich größere Rolle als in nördlicheren und mitteleuropäischen Ländern. Darüber hinaus besteht die Idee der Gruppenzusammengehörigkeit nicht etwa so wie in D / A / CH. Folglich entwickeln sich **freundschaftliche wie nachbarschaftliche oder Kollegenkontakte** seltener, weniger tiefgehend und wesentlich langwieriger.

«Copain / copine»

Das Französische kennt **kein treffendes Pendant zum deutschen Begriff «Bekannte/r»**. Personen über 30, 35 Jahre verwenden deshalb häufig *ami* (Freund) in einem weiteren Sinne. Will man deutlich unterscheiden, so muss man Formulierungen verwenden wie: *un ami intime, très proche, très cher* (ein enger, naher, guter Freund), *quelqu'un que je connais (bien)* – ein/e (gute/r) Bekannte/r. Die jüngeren Leute sprechen meist von *copains*. Dies wird normalerweise mit «Kumpel» übertragen, was insofern eine einschränkende Übersetzung darstellt, als zum einen der Begriff «Kumpel» in Deutschland nur von einem bestimmten Milieu verwendet wird und zum anderen *copain / copine* sowohl «Bekannte/r» als auch «Freund/Freundin» bedeuten können. Ja, sie können sogar beides zugleich heißen, also etwa: «ein lieber, mir nahestehender Mensch, aber kein Busenfreund». *Copain / copine* wird außerdem verwendet, wenn **der** Freund / die Freundin gemeint ist.

Das Café, kommunikativer Raum außerhalb der Familienburg

Es bilden sich meist nur lose Verbindungen außerhalb der Familie.

Traditionell gibt es in Frankreich, anders als bei uns, schon in der Kindheit und Jugend nur selten **die Freundschaft** oder **die Clique**. Auch später besteht wenig Bedürfnis, sich – etwa über einen Verein – zu einer *bande* zusammenzuschließen. Heutzutage ändert sich dies in dem Maße, wie die Familien durch das beruflich bedingte Fortziehen einzelner Mitglieder zersplittert werden. Dennoch bewirkt diese Tradition noch immer, dass sich im Wesentlichen nur **lose Cliquen** zusammenfinden – zum Beispiel Studenten, die sich von Zeit zu Zeit zu einer bouffe, einem Essen, treffen. Deshalb erweist es sich für Sie als äußerst schwierig, jemanden kennenzulernen, und erst recht, Freunde zu gewinnen, wie Sie sie von Deutschland her kennen.

Ein Großteil der kommunikativen Bedürfnisse wird in halboffiziellen Zusammenhängen und im halböffentlichen oder öffentlichen Raum befriedigt, etwa an der Arbeitsstelle, wo man ein berufsbezogenes Gespräch nicht schnurstracks führt , sondern immer auch Abstecher in die Welt hinaus unternimmt. Als Mensch aus D / A / CH mögen Sie anfangs glauben, Sie seien auf eine besonders verplauderte Person gestoßen, doch bald werden Sie merken, dass solche Abstecher entspannen und verhindern, dass Ihnen Scheuklappen die Sicht verengen.

Kommunikative Orte

Der **Tresen eines Cafés**, wo man, unterwegs zwischen zwei Geschäften, kurz einkehrt, um einen Espresso, einen kleinen Roten oder einen Apéritif zu trinken, gilt ebenfalls als ein Ort, an dem man seine kommunikativen Bedürfnisse stillt. **Auf dem Land** können Sie beobachten, dass ein Bauer oder Winzer zum Telefonieren nicht nach Hause, sondern ins Café geht, wo er mit dem Wirt, der sein Nachbar ist, und dem Tierarzt, der seit Jahren wegen der Kühe auf seinem Hof ein und aus geht, ein Schwätzchen hält. Als Nachbar hat er den Wirt (oder dieser ihn) allerdings erst zweimal besucht: das eine Mal, als dessen Vater, das andere Mal, als die Mutter starb. Sie duzen sich; der Tierarzt und er siezen sich, obwohl sie in den ersten Schuljahren nebeneinander in der Bank saßen. Den Tierarzt trifft er mittwochs, wenn sie im Café *belote* (eine Art Skat) spielen; bei ihm zu Hause, wo der Tierarzt mit seinesgleichen (anderen Ärzten, Juristen, Präfekten … aus dem Département) Bridge spielt, war er nie. Die sozialen Ränge trennen sie.

Trotz der Französischen Revolution: bürgerliche Rangunterschiede gelten mehr als bei uns.

Diese Rangunterschiede besitzen in Frankreich noch wesentlich weitere Tragweite als bei uns. Dort ist noch immer das **Bürgertum** tonangebend; in Deutschland dagegen hat sich eine kleinbürgerlich geprägte Kultur bis weit in die Arbeiterklasse einerseits und die geistigen und wirtschaftlichen Führungsschichten andererseits ausgedehnt. Im alltäglichen Umgang der Menschen miteinander heißt das: Im Hexagon gelten die Regeln des guten Tons. Wenn Sie noch im Sinne der bis 1968 geltenden Benimmregeln erzogen wurden, können Sie, um Tritte in Fettnäpfchen zu vermeiden, auf Ihre «Kinderstube» zurückgreifen. **Geschätzt werden Diskretion, gebührliche Distanz, Höflichkeit, Respekt und Charme.** Was keineswegs zur Steifheit, Spießigkeit und Moralverbissenheit à la Nierentisch, Goggomobil und Tante Hermine führt! Vielleicht verhindert dies der Spaß am Reden und Erzählen, am Anekdotischen und Ulk.

Dass Franzosen bürgerliche Tugenden schätzen, heißt andererseits nicht, dass sie nicht über die **Hitzigkeit der Latino-Charaktere** verfügten, weshalb im Alltag **Gemecker** und **Aggressivität** durchaus häufig sind. Diese Aggressivität erscheint jedoch selten distanzlos-destruktiv. In ihr liegt oft eine Prise Selbstironie oder Witz oder willentlich überdrehte Melodramatik. Sie geht so schnell hoch wie ein Auflauf mit Eischnee im Backofen und sackt genauso schnell wieder zusammen wie dieser *soufflé*, wenn ihn beim Herausholen ein kalter Luftzug streift. (Hier ist nur eine bestimmte – die «spielerische» – Aggressivität gemeint; Frankreich ist keineswegs frei von Gewalt.) Weniger distanziert als dort, wo der bürgerliche Ton vorherrscht, geht es in den **alten Arbeitervierteln der Städte** zu (soweit in ihnen noch eine halbwegs intakte Arbeiterschicht wohnt): In Stammcafés und Arbeiterclubs treffen sich die Männer zwischen Arbeit und Essen zum Karten- oder *Boule*-Spiel. Mit rauher Herzlichkeit sprechen sie von ihren Problemen am Arbeitsplatz, ihren Sorgen wegen der Arbeitslosigkeit und auch mal über Privates.

Franzosen schätzen bürgerliche Benimmregeln, sind aber auch südliche Hitzköpfe.

Wie Sie Franzosen kennenlernen

- Der **Tresen des Cafés** gilt als ein Ort, an dem Fremde einander ansprechen können. Leben Sie, beispielsweise, auf dem Lande und gehen dort ins Bistro, so sprechen Sie die andern, die am Tresen stehen, getrost an. Wenn das Gespräch seinen Lauf nimmt, laden Sie Ihr Gegenüber zu einem Getränk ein. Und wenn die Stimmung gut ist und Sie großzügig sind, können Sie dem Wirt (*patron*) sagen: *Je paie la tournée générale* (»Ich spendiere eine Lokalrunde«). Auch wenn Sie nur für begrenzte Zeit, als Tourist, Frankreich besuchen, können Sie jederzeit und jedenorts versuchen, Gespräche am Tresen einzufädeln.

- Für Touristen ist es ansonsten am Leichtesten, auf den **Campingplätzen** zwanglos mit Franzosen in Kontakt zu kommen.

- Wenn Sie sich in **ländlichem Milieu** aufhalten und dort bereits nähere Bekanntschaft geschlossen haben, mag Ihnen eines Tages widerfahren, dass Ihr angelnder Nachbar mit einem Trumm von einem Fisch oder Ihr jagender Nachbar mit einem Hasen, den er bei den Ohren hält, vor der Tür steht, um Ihnen das Übermaß an Beute zu schenken. Nutzen Sie die Gelegenheit, und laden Sie ihn und seine Frau zum Verzehr des Hasen bzw. Fisches ein. (Dies ist nicht zwingend, doch durchaus üblich.)

- Auf dem Lande fällt es in der Regel leicht, lose Bekanntschaften über **Vereine** und **Spielrunden** zu knüpfen; in der Stadt ist dies schwieriger, doch wohl, besonders für Studenten, eine der wenigen bestehenden Möglichkeiten.

- Halten Sie sich aus beruflichen Gründen in Frankreich und in städtischem Milieu auf, so können Sie erste **Kollegenkontakte** knüpfen, indem Sie Ihre Mitarbeiter zu einem Apéritif nach Hause oder Ihre Kommilitonen zu einem Essen (einer *bouffe*) einladen.

Tips & Knowhow

Siezen, Duzen, Anreden

- In Frankreich gibt es noch immer Kinder, die ihre Eltern siezen, desgleichen Ehepartner (bzw. Lebensgefährten), die ein Leben lang am **Sie** festhalten – Simone de Beauvoir und Jean-Paul Sartre bildeten da keine Ausnahme. Als junger Student kann es Ihnen an der Sorbonne widerfahren, dass Ihre gleichaltrigen Mitstudierenden «Sie» zu Ihnen sagen. Und bei Radiodebatten mit Hörerbeteiligung werden auch sehr junge Anrufer gesiezt.

- **Das Siezen und Duzen entpuppt sich als eine Frage der Schichten und Milieus**, in denen Sie sich bewegen. Unter Arbeitern und Bauern etwa oder unter Film- und Fernsehleuten sowie Architekten geht man schnell zum «Du» über; das studentische «Sie» findet sich nur an den konservativen Universitäten, das innerfamiliäre im Großbürgertum.

- Allerdings ist das **Du**, anders als hierzulande, meist **sozial gleichrangigen Personen** vorbehalten. Sie werden keine Schüler finden, die ihre Lehrer duzen, und auf Studenten, die mit ihren Dozenten per «Du» sind, stoßen Sie allerhöchstens an der politisch linkesten Uni von Frankreich, in Paris-St.-Denis.

- Wenn **Menschen, die sich** eigentlich **duzen, öffentlich auftreten, kehren sie teilweise wieder zum Sie zurück** – zum Beispiel zwei Wissenschaftler während einer Podiumsdiskussion. Andererseits duzen sich

Diese «copains» duzen sich selbstverständlich. Doch ansonsten duzen Franzosen wesentlich zurückhaltender als etwa Deutsche oder gar Schweden.

in Radio und Fernsehen die Journalisten – wenn etwa ein Auslandskorrespondent berichtet und seinem Kollegen im Studio Antwort steht.

- **Wenn man jemanden, den man siezt, anspricht**, so fügt man in D / A / CH dem *Herr / Frau* den Nachnamen an (*Herr* Müller / *Frau* Maier). In Frankreich entspricht dem *Monsieur / Madame / Mademoiselle* und im Plural *Mesdames*, *Messieurs* (etwa vergleichbar dem österreichischen «Gnädiger Herr» usw.). Heutzutage erscheint dies vielen als zu förmlich, manchmal geradezu lächerlich. Deshalb hat es sich in weithin eingebürgert, **einander zwar zu siezen, doch zugleich beim Vornamen zu nennen**. Allerdings ist auch hier die **soziale Stellung** zu beachten: Eine Professorin kann ihre Studenten mit dem Vornamen anreden, diese aber keinesfalls die Professorin.

- Eine gewisse **Vertrautheit bedeutet es auch, an dieses *Monsieur / Madame* den Familiennamen anzufügen**. Ein Chef könnte dadurch beispielsweise ausdrücken, dass er es nicht für nötig hält, sich deutlich von seinen Untergebenen abzuheben.

Tu & Tabu: *Siezen und Duzen*

Tu! Sagen Sie **lieber einmal zu viel als zu wenig Sie**. Wie in D / A / CH setzt sich zwar auch in Frankreich das *Du* zunehmend durch, doch es schlägt andere Verbreitungswege ein als in Ihrer Heimat.

Tu! Sprechen Sie **Personen, die Sie neu kennen lernen, mit denen Sie in offiziellen Zusammenhängen verkehren oder denen Sie Ihren Respekt zum Ausdruck bringen wollen**, nur mit *Monsieur / Madame / Mademoiselle* an (wobei *Mademoiselle*, wie in Deutschland «Fräulein», von Frauen nicht mehr gern gehört wird).

Besuche und Einladungen

- Es ist in Frankreich **nicht üblich, unverhofft zu Besuch «hereinzuschneien»**. Sollte dies dennoch und vielleicht just zur Essenszeit geschehen, so ist es ebenso unüblich, einen weiteren Teller für den Gast auf den Tisch zu stellen.

- Selbst Spielkameraden von Kindern, wenn sie denn überhaupt zum Spielen in die Wohnung kommen, werden zum Abendessen nach Hause geschickt. Dies rührt daher, dass man **das Abendessen als innerfamiliäre Institution pflegt**, sowie aus dem **Bedürfnis nach Distanz und Diskretion**. Einladungen und Besuche wollen deshalb wohl bedacht sein.

Tu & Tabu:
Einladungen

Tu! **Wollen Sie jemanden zu sich nach Hause einladen**, so überlegen Sie genau, ob Sie mit dieser Person bereits ausreichend bekannt sind. **In Frankreich sind Drinnen und Draußen sehr scharf getrennt,** so dass eine Einladung nach Hause einer Entblößung Ihrer Intimsphäre gleichkommt.

Tabu! **Treffen Sie keine berufliche Verabredung zu Hause**, auch wenn es Ihnen aus Arbeitsgründen sinnvoll erscheint. Dies gilt auch im studentischen Milieu: Arbeitsgruppen finden nicht reihum in den Wohnungen der Teilnehmer statt, sondern in der Universitätsbibliothek oder einem Café.

Tabu! **Laden Sie jemanden, der sozial wesentlich höher oder niedriger steht als Sie, nur in Ausnahmefällen zu sich ein.** Menschen, die – wie es im französischen Fachjargon so schön heißt – unterschiedlichen «sozio-beruflichen Gruppen bzw. Kategorien» angehören, laden einander nur nach Hause ein, wenn sie wirklich vertraut miteinander sind.

Tu! Beachten Sie **bei Einladungen innerhalb Ihrer Arbeitssphäre die soziale Rangordnung**. Ein Chef oder Abteilungsleiter wird stets **alle** Untergebenen zugleich einladen. Als Untergebener besteht für **Sie** allerdings die Möglichkeit, den Chef allein (mit Gattin!) einzuladen.

Tu! Überlegen Sie, ehe Sie eine Einladung aussprechen, ob **Ihr Gast zu einer Gegeneinladung in der Lage ist**. Andernfalls könnte Ihre Einladung für ihn eine Demütigung bedeuten.

Tu! Werden **Sie** eingeladen, so **sprechen Sie unbedingt bald eine Gegeneinladung aus**. Dafür bietet sich als günstigster Zeitpunkt Ihr Besuch bei den Gastgebern an.

Tabu! Wenn es sich nicht schon um einen sehr **vertrauten Kontakt** handelt, so laden Sie **nie eine Person ohne ihren Partner ein** – also Arbeitskolleg/innen immer mit ihren Ehegatt/innen beziehungsweise Lebensgefährt/innen.

Tabu! **Laden Sie als Frau einen Mann weder zu sich noch ins Restaurant ein.** Andernfalls hält er dies für eine unmissverständliche Aufforderung, noch am selben Abend seine Manneskraft zu beweisen.

Tabu! **Laden Sie als Mann keine Frau allein zu sich nach Hause ein.** Wählen Sie, auch wenn Sie ihr den Hof machen wollen, ein Restaurant und / oder eine Veranstaltung.

Tabu! Machen Sie **keine diffusen Einladungen.** Wenn Sie also jemandem Ihre einzigartige Schmetterlingssammlung zeigen wollen, sagen Sie nicht: «Kommen Sie doch irgendwann einfach mal vorbei, an irgendeinem Wochenende, wenn Sie gerade Lust und Laune haben!», sondern verabreden Sie ein Datum.

***Tu!* Einladungen nach Hause werden immer im Zusammenhang mit einem Essen ausgesprochen.** Das Mindeste wäre eine Einladung zum Apéritif. **Einladungen zum Apéritif** sind sehr beliebt. Zum einen können sie einen ersten Schritt auf dem Weg vom rein offiziellen zum privaten Kontakt bedeuten (etwa unter Kollegen). Zum anderen werden sie von Menschen, die in der sozialen Rangordnung höher stehen, gern genutzt, um eine gewisse Vertrautheit aufzubauen. Diese Apéritif-Rendezvous können sich von 18 bis 21, 22 Uhr hinziehen. Zwar reicht man Salzgebäck und ähnliches, doch sollten Sie zuvor eine Kleinigkeit essen. Ihr Gastgeber wird kaum auf die Idee verfallen, einen sättigenden Imbiss nachzureichen.

Tabu! Laden Sie jemanden zu einem **Abendessen** ein, muss dieses – wollen Sie Ihre Gäste nicht brüskieren – **französisches Format** haben. Versprechen Sie also nie lediglich: «Wir können dann ja auch etwas zusammen essen.» Und verstehen Sie darunter um Himmels willen nicht, dass Sie mit Ihren Gästen gemeinsam kochen. (Nur Studenten essen **und** kochen gemeinsam.) Und vergessen Sie ebensowenig, das Essen vorzubereiten. Öffnen Sie also nicht den Kühlschrank mit den Worten: «Mal gucken, was ich auf Vorrat habe. Tja ... nicht gerade sehr viel, aber für Spaghetti reicht's, und hinterher können wir ja um die Ecke ein Eis essen gehen.»

***Tu!* Zwar kennen die Franzosen nicht die Institution des nachmittäglichen Kaffee- und Kuchenverzehrs als soziale Zusammenkunft,** doch brauchen Sie nicht den Versuch zu scheuen, sie in Ihrem Bekann-

Wenn Sie einer Frau den Hof machen wollen, dient als schicklicher Rahmen die Einladung ins Restaurant, nicht aber zu sich nach Hause.

tenkreis einzuführen. Allerdings sollten Sie, damit Ihre Gäste wissen, worauf sie sich einlassen, beim Einladen erklären, dass Sie damit einer Ihrer heimatlichen Sitten entsprechen wollen und Sie folglich mehr als ein bescheidenes Stück Kuchen anbieten werden.

Tu! & Tabu! Auf noch mehr Unverständnis werden Sie stoßen, wenn Sie jemanden, wie es sich in bestimmten deutschen Lifestyle-Zirkeln eingebürgert hat, **zum Frühstück einladen**, da dieses im Bewusstsein der Franzosen so gut wie nicht existiert. («Zum Frühstück bereite ich mir eine Tasse Kaffee», sagen sie. Das gebutterte, halb vertrocknete oder gummiartige Baguette, das sie in den Milchkaffee tunken, vergessen sie zu erwähnen.) Jüngere Leute treffen sich heute zuweilen zwar schon zum Frühstück zu Hause, aber solch ein *petit déjeuner* besteht dann bestenfalls aus Kaffee, Tee oder Schokolade und Croissants. Verraten Sie deshalb, Ihr Frühstück werde eine Art ***brunch*** sein. Ein *Brunch* (*breakfast-lunch*) ist in einem gewissen schicken Milieu eine Zeitlang Mode gewesen, so dass viele zumindest aus der Zeitung davon erfahren haben.

Tu & Tabu: *Mitbringsel und Geschenke*

An bestimmten Sitten, die zum guten Ton gehören, hält man in Frankreich rigider fest als bei uns. Seien Sie beim Ritual des Schenkens und Beschenktwerdens besonders aufmerksam, denn dabei können Sie Franzosen nur allzu leicht verletzen.

Tu! Wenn **Sie zum Essen eingeladen wurden**, sollten Sie am besten Schnittblumen mitbringen. Auch Pralinen oder ähnliches sind ein beliebtes **Mitbringsel**. Alkoholische Getränke – etwa eine gute Flasche Champagner – oder auch Topfpflanzen schenkt man nur, wenn man einander besser kennt.

Tu! Möchten Sie **Ihren Gastgebern ein Geschenk nachträglich zukommen lassen**, so können Sie am Tag, der auf die Einladung folgt, **Blumen** schicken.

Tu! Soll Ihr Geschenk **mehr als ein Mitbringsel sein**, wählen Sie es so aus, wie Sie es zu Hause in einer vergleichbaren Situation täten.

Tu! Auch in Frankreich ist es ohne weiteres möglich, Menschen zu beschenken, mit denen man zwar nur **formellen Kontakt pflegt**, denen man jedoch **danken** möchte, etwa einem langjährigen Arzt oder Lehrer. Achten Sie allerdings darauf, dass Ihre Gabe nicht als Bakschisch missverstanden werden kann.

Tu! und Tabu! Überreichen Sie zu **Weihnachten** oder **Neujahr** Ihren **Hausangestellten** (Putzfrau, Au-pair-Kraft ...) und der Concierge ein kleines Geschenk. Soll es ein Geldgeschenk sein, so übergeben Sie Blumen oder Pralinen, in deren Verpackung ein Umschlag mit den Geldscheinen liegt. **Überreichen Sie Geldgeschenke niemals von Hand zu Hand**.

Tu! Für Fälle, in denen **Sie ein Geschenk nicht persönlich überbringen wollen**, bieten Geschäfte Botendienste an.

Tu! Auch bei **beruflichen Kontakten** sind kleinere Geschenke üblich – etwa wenn Sie regelmäßig als Ingenieur auf Montage eine Firma aufsuchen und dabei von derselben Person, z.B. einer Dolmetscherin, betreut werden.

Tu! Form ist Inhalt. **Verpackung** (Warenästhetik) gilt deshalb in Frankreich viel. Folglich: wenn Sie selber nicht Christo der Verpackungskünstler sind, lassen Sie Ihr Geschenk beim Kauf einpacken. Je bescheidener das Geschenk, desto mehr sollten Sie durch aufwendige oder phantasievolle Verpackung Ihre Lust am Schenken beweisen.

Tabu! Entkleiden Sie **Blumensträuße** und -töpfe nicht **vor** dem Überreichen ihrer raffinierten Floristenverpackung.

Tu! **Überreichen** Sie bei Einladungen zum Essen Ihr Geschenk der **Dame des Hauses**.

Tu! Sind Sie selbst der / die Beschenkte, so **packen Sie das Geschenk oder Mitbringsel sofort aus**. Und geben Sie Ihrer Freude, Überraschung, Dankbarkeit ... Ausdruck.

Tu! Zählen zu den **Ihnen überreichten Gastgeschenken** weingeistige Überraschungen, so öffnen Sie die Flaschen zum richtigen Zeitpunkt des Menus: den Rotwein zum Hauptgericht, den Calvados als *digestif* usw. Bieten Sie Pralinen, die man Ihnen geschenkt hat, am Ende des Essens an, beispielsweise zum Kaffee. Stellen Sie die Blumen in den Raum, in dem Sie mit Ihren Gästen den Abend verbringen.

Begrüßung und Verabschiedung

● Die **Begrüßung mit Wangenkuss *(bise)*** stellt eine Sozialphilosophie für sich dar. Während Jugendliche zu Beginn ihrer Adoleszenz von der Möglichkeit dieses Körperkontakts im Übermaß Gebrauch machen, werden *bises* zwischen Männern und Frauen bzw. Frauen und Frauen nur ausgetauscht, wenn man *copains* (gut miteinander bekannt oder befreundet) oder verwandt ist. War die *bise* zwischen zwei Männern früher gänzlich unüblich, so beginnt sie sich in bestimmten Milieus (Tendenz: eher jünger, eher intellektuell) auch hier durchzusetzen.

● **Standard waren früher zwei *bises*:** auf jede Wange eine, und zwar zuerst auf die linke, dann auf die rechte. Manchmal wechseln aber die Moden; dann sind gar vier (in Paris) oder drei (im Süden) üblich.

- **Die *bise* sollte keineswegs zum Schmatzer missraten.** Die Lippen dürfen bestenfalls wie ein Lufthauch die Wange berühren. Beugen Sie als Frau vor, so dass Männer, die Sie mit einer *bise* bedacht haben, nicht den ganzen Abend mit lippenstiftbeschmierten Wangen herumlaufen müssen.

- Sicherlich ist die *bise* der Grund, weshalb sich unter jüngeren Menschen keine vertraulichere Begrüßungsart als der Handschlag durchsetzen musste wie bei uns. Es ist folglich **nicht üblich, sich im Stil der Neuen Sensibilität zu umarmen**.

- Die **neutralen Grußformeln in der Öffentlichkeit** lauten *bonjour* (guten Morgen, guten Tag), *bonsoir* (guten Abend) und *au revoir* (auf Wiedersehen).

- Diesen Grußformeln fügt man, wenn man höflich sein möchte, die **Anrede** *Madame*, *Mademoiselle* (was seltener wird), *Monsieur* oder *Messieurs*, *Mesdames* (meist verkürzt zu *Messieurs-Dames*) hinzu. Das gleiche gilt bei persönlichen Kontakten, etwa wenn Sie Ihren Nachbarn grüßen.

- Betreten oder verlassen Sie ein Café oder ein Geschäft und wollen grüßen, beispielsweise auf dem Land, so können Sie unbeschwert statt *bonjour*, *bonsoir* und *au revoir* auch Messieurs-Dames sagen bzw. – ist nur eine Person anwesend – eines der anderen *M* verwenden. Diese **M ohne weitere Grußformel** können Sie auch verwenden, wenn Sie im Treppenhaus Ihre Nachbarn grüßen.

- **Im Treppenhaus Fremde zu grüßen ist in den Städten unüblich.** Selbst das Grüßen der Nachbarn geht verloren; in Paris ist es mittlerweile sogar in den alten Bürgerhäusern so gut wie verschwunden.

- **Auf dem Land** dagegen grüßen sich die Dorfbewohner. Verweilen Sie als Feriengast in einem innerdörflichen *gîte rural*, so reicht es, wenn Sie die unmittelbaren Nachbarn grüßen.

- **Kumpel** und **Freunde** (*copains*) begrüßen und verabschieden sich mit *salut* (hallo, tschüs), oft bei der Begrüßung mit einem Zusatz versehen: *Salut, mon vieux* (Grüß dich, Alter), *salut, les copains* (Hallo, Jungs)!

- Typisch ist es auch, sowohl auf *bonjour / bonsoir* als auf *salut* **die Frage *Ça va?* (Wie geht's?)** folgen zu lassen. Eine **ehrliche Antwort** wird darauf ebensowenig erwartet wie im Deutschen. Deshalb hat sich auch im Französischen eine Antwort in der Art von «Es muss ja», «Man tut, was man kann» herausgebildet: *On fait aller!* (was sich verschieden übersetzen lässt, z.B.: Wir schieben, man bringt's zum Laufen, es wird gegangen).

- Bei **Vorstellungen** gelten dieselben Regeln wie in D / A / CH. Wird Ihnen jemand vorgestellt, reichen Sie Ihrem Gegenüber die Hand (Frauen strecken als erste die Hand aus, bei der Begegnung von zwei Frauen zunächst die ältere) und sagen: *Bonjour*. Wollen Sie besonders höflich sein, so können Sie hinzufügen: *J'ai beaucoup entendu parler de vous*. (Man hat mir schon viel von Ihnen erzählt.)

Frankreich: Heimat für Fremde – Fremde Heimat

Nordafrikaner und Schwarzafrikaner

Sie sitzen auf der Cour Belsunce in Marseille, auf umgestürzten Obstkisten, gekleidet in ihre traditionellen *boubous* (eine Art Kaftan), auf dem Kopf die *chéchia* und an den Füßen spitznasig auslaufende, lederne *babouches*. Vor sich auf dem Boden haben sie ein Tuch über das Straßenpflaster gebreitet; darauf liegen elfenbeinerne Elefanten, silberne Armreifen und Schmuck und Taschen und Hüte aus Leder. Um sie herum quirliges Leben. Vor den Cafés, die einfache Tische und Stühle dicht an der Kaffeehausscheibe auf das Trottoir gestellt haben, sitzen Nordafrikaner vor einem Gläschen Minztee, gestikulieren und schicken geräuschvoll ihre Rachenlaute ins Autogetöse hinaus. Sie dagegen, die Männer aus Schwarzafrika, sitzen reglos und stumm. Sie fixieren den Boden, als erwarteten sie von ihm die Antwort auf eine Frage, die sie sich selber schon unzählige Male beantwortet haben: «Wie bin ich hierher gelangt?», «Ist das alles um mich herum wirklich?» Wenn sie aufstehen und gehen, schlurfen sie mit ihren *babouches* über das Pflaster, als wollten sie zu Fuß die Wüste oder den Urwald durchqueren. Und schlenkern ihre Arme wie Jugendliche, die nicht wissen wohin mit ihren plötzlich so groß gewordenen Gliedmaßen – nur müder, wesentlich müder wirkt das Geschlenkere dieser fliegenden Händler. Vielleicht sind es die Hände, die, weil sie in diesem Land fremde Griffe tun, hilflos baumeln.

Wie anders dagegen bewegt sich der schwarze Musiker auf dem gleichen Boulevard, unter dessen gehäkelter Mütze Hunderte kleiner Zöpfchen hervorspitzen, der zerfetzte Bluejeans trägt und ein weites, flatteriges T-Shirt. Auf seiner Mundharmonika spielt er eine Musik, in der Rock und fremdländische Folklore miteinander verschmelzen und von der sich sein Körper wie geisterbesessen bewegt.

Oder der Verkehrspolizist auf der Kreuzung zur Canebière, auch er ein Schwarzer: seine Haltung aufrecht und seine Art, sich zu bewegen, präzise und maßvoll – *comme il faut*, als hätte er es in einer Schule für höhere Söhne gelernt. Alles an ihm wirkt so französisch – oder, sagen wir allgemeiner: so europäisch –, dass man unwillkürlich meint, die schwarze Hautfarbe sei eine optische Täuschung. Gleich dreht er sich um, der Sonne zu, und dann wird sein Gesicht weiß sein, und seine Polizistenmütze wird sich als Baskenmütze entpuppen und der Gummiknüppel als Baguette, geht es dem Beobachter durch den Kopf.

Die fliegenden Händler kommen aus Mali, Kamerun oder einem anderen französischsprachigen afrikanischen Land und sind in der Mehrzahl keine Franzosen. Der junge Musiker könnte Franzose sein – oder auch nicht. Er könnte von einer der **französischen Karibik-Inseln**, Martinique oder Guadeloupe, stammen, aber ebensogut aus Afrika oder, warum nicht, aus Amerika. Der Verkehrspolizist ist ganz sicher Franzose und aus der Karibik; vielleicht wurde er schon en *métropole* (im Hexagon) geboren, vielleicht aber noch *dans les îles* (auf den Inseln).

Ein ähnliches Bild ließe sich entwerfen von den Chinesen und Vietnamesen und den Maghrebinern oder auch von den Polen, den Spaniern, Portugiesen, Italienern ... Manche sehen anders aus, manche sprechen mit Akzent – vielleicht verfügen sie über die französische Staatsbürgerschaft, vielleicht aber nicht.

18 Mio. der zwischen 1880 und 1980 geborenen Franzosen (also über ein Drittel der Bevölkerung) stammen von Einwanderern der sogenannten ersten, zweiten oder dritten Generation ab. Vergleichsweise gering dagegen ist der Ausländeranteil: wie in der BRD rund 7% der Gesamtbevölkerung.

Einwandereranteil

Die 1793, nach der Revolution, in Kraft getretene Verfassung garantierte allen Bürgern, die in ihrem Land für die Freiheit kämpfen und deshalb verfolgt werden, das Asylrecht. Damit wurde Frankreich zu einem bevorzugten Land für Flüchtlinge, zur *terre d'asile*. Die Flüchtenden kamen zunächst aus Europa, später aus der ganzen Welt.

Asylrecht

Daneben kamen als «**Gastarbeiter**» Ausländer, die man einlud, in Frankreich zu arbeiten. Zu Beginn des Jahrhunderts gingen Polen in den Bergbau, Spanier und Italiener wurden als Saisonarbeiter auf den Feldern im Süden gedungen; später kamen Spanierinnen und Portugiesinnen als Dienstmädchen und Putzfrauen. Zur Zeit des Wirtschaftswunders warb man Arbeitskräfte beispielsweise aus Jugoslawien und der Türkei an und auch aus den ehemaligen Kolonien, insbesondere aus Schwarz- und Nordafrika.

Überdies wanderten nach der Unabhängigkeit der ehemaligen Kolonien diejenigen Franzosen ins «Mutterland» *(métropole)* ein, die das Land verlassen mussten, ebenso wie jene Nichtfranzosen, die sich als Kollaborateure der französischen Kolonialmacht diskreditiert hatten (dies traf in erster Linie für Algerien zu).

Wird die «Miss France» im Trikolore-Badeanzug in Zukunft noch hellhäutig sein?

Wer eigentlich sind die Franzosen?

Asterix & Obelix waren Kelten.

Als ihre Vorfahren betrachten die Franzosen die Gallier – **Kelten**, deren älteste Spuren im heutigen Frankreich sich auf das 7. Jh.v.u.Z. datieren lassen. (Die Bretonen sind keine Nachfahren dieser Festlandkelten, sondern ein erst im 5. und 6. Jh.u.Z. aus Cornwall eingewanderter keltischer Inselstamm.) Neben den Galliern lebten in diesem Gebiet noch andere Völker, etwa die iberischen **Aquitanier** im Südwesten, deren ferne Nachfahren die Basken sein sollen, und die **Ligurer**, von denen heute nur noch Personen- und Ortsnamen zeugen. Nachdem das Römische Reich unter Caesar Gallien erobert hatte, überlagerte und verdrängte die römische Kultur in den ersten Jahrhunderten unserer Zeitrechnung Sprache und Tradition sowohl der keltischen als auch der nichtkeltischen Bewohner Galliens.

Karl der Große = Charlemagne

Seit dem 3. Jh.u.Z. begannen Einfälle **germanischer Völker**, unter anderem der Alemannen, Burgunder und Franken, die auch untereinander um Vorherrschaft kämpften. Als Sieger gingen Ende des 5. Jh. die Franken hervor, die unter Chlodwig den letzten Rest römischer Herrschaft auf gallischem Gebiet zerschlugen und das Frankenreich begründeten, das sich unter Karl dem Großen (768–814) über das heutige Frankreich, Deutschland, die Benelux-Länder bis Spanien, Italien und in östlicher Richtung bis in das heutige Ungarn, Österreich, Jugoslawien hinein erstreckte. (Weshalb die französischen Schüler lernen, Charlemagne sei Franzose gewesen, die deutschen dagegen, Karl der Große ein Deutscher.) Seine Erben haben sich das Riesenreich geteilt, und Karl der Kahle erhielt, grob skizziert, das ehemalige Gallien. Anders als zur Zeit der römischen Herrschaft, als die früheren Kulturen gänzlich verdrängt wurden, blieb die galloromanische lebendig. Fränkische Beeinflussung auf Sprache und Leben fand nur nördlich der Loire statt – in begrenztem, doch ausreichendem Maße, um noch lange Zeit wesentliche Unterschiede in Sprache, Rechts- und Alltagsleben zwischen Nord- und Südfranzosen zu markieren.

Schon im 8. Jh. setzten sich als Nachfolger (= Kalifen) Mohammeds verstehende **Araber** zur Eroberung zunächst der Iberischen Halbinsel, dann auch fränkischer Gebiete an: 721 besetzen sie Toulouse, 732 dringen sie bis Poitiers vor, werden jedoch geschlagen. Als Herrscher haben sie sich nur kurze Zeit in Frankreich festgesetzt (in Narbonne errichteten sie eine Moschee, Carcassonne als Festung entstand als eine Gründung der Kalifen); als Bewohner, die assimiliert wurden, sind jedoch viele geblieben: Sarrazin lautet noch heute ein häufiger Name – Sarazenen, so nannte man das Volk dieser islamischen Kreuzritter.

Die Wikinger kommen.

Erfolgreicher waren die ab dem 8. Jh. aus Hungersnot auf Raubzug gehenden **Normannen** (oder Wikinger). Mehrmals besetzten sie Paris, drangen über die Flüsse weit ins Landesinnere vor, raubten wiederholt die großen Städte aus (Bordeaux, Paris, Nantes, Angers, Orléans) und brannten sie nieder. «Befriedet» wurden sie 911, als Karl der Einfältige ihnen die **Normandie** zum Lehen gab: Die dort nun fest angesiedelten Nordmänner nahmen bald das Christentum an, ebenso die romanische Sprache und Kultur.

Sie alle wurden also die Franzosen des Mittelalters (d.h. der Zeit, in der sich der französische Nationalstaat herausbildete): Menschen, die aus verschiedenen Regionen Europas und Nordafrikas über Jahrhunderte eingewandert waren und sich in ihrer Kultur gegenseitig beeinflusst haben. Bis heute setzt sich der Verschmelzungsprozess fort.

Also, wer eigentlich sind die Franzosen?

Alle sind gleich, nur manche sind gleicher

Assimilation, Verschmelzung und Ausgrenzung als historischer Prozess

Viele der Einwanderer, die in den letzten 200 Jahren nach Frankreich gekommen sind, haben sich längst assimiliert. Sie wissen selbst nicht mehr, ob sie – beispielsweise – einen deutsch klingenden Namen tragen, weil ihre Vorfahren aus dem Elsass stammen oder aber weil sie Nachfahren emigrierter deutscher Revolutionäre von 1848 sind; oder, sagen wir, ob ihr slawisch klingender Name aus Polen oder Russland herrührt, und wenn aus Russland, ob sie Enkel so genannter Revolutionäre oder Konterrevolutionäre sind. (Ob deutsch oder slawisch klingende Namen, sie könnten auch von in den östlichen Gebieten Europas verfolgten Juden abstammen.)

Viele haben mittlerweile einen französisierten Namen angenommen. Er kann mit der ***naturalisation*** (Annahme der Staatsbürgerschaft) beantragt werden. Beaumont etwa heißt die französisierte Form von Schönberg. Dass nicht nur ihre Staatsbürgerschaft, sondern auch ihre Nationalität die französische ist, steht für niemanden zur Debatte.

Als gleichrangig akzeptierte Ausländer

Andere zeigen sich keineswegs assimiliert und verfügen ebensowenig über einen französischen Ausweis, werden aber von allen, ob von den Behörden oder im Privatbereich, zuvorkommend, oft sogar wie Franzosen behandelt. Zu dieser Gruppe gehören die US-Amerikaner und die Europäer aus den Ländern, von denen man meint, sie könnten Frankreich das Wasser reichen: die Schweiz, die Benelux- und die skandinavischen Staaten, die BRD und Österreich, Großbritannien ... Wenn die «Ausländerproblematik» diskutiert wird, denkt man an sie natürlich nicht. Wieder andere haben sich längst eingegliedert und angepasst oder setzen alles daran, sich zu assimilieren, aber ihr Bemühen, gleich, und ihr Wunsch, gleichberechtigt zu sein, wird nicht angenommen von denen, die sich für «echte» Franzosen halten *(des Français de souche)* – gleichgültig, ob die so Ausgegrenzten die französische Staatsbürgerschaft besitzen oder nicht. Zu dieser Bevölkerungsgruppe zählen die großenteils algerischen oder aus Algerien kommenden oder von algerischen Eltern abstammenden Nordafrikaner, von denen viele heute Franzosen sind, außerdem die zahlenmäßig geringere *communauté* (Gemeinschaft, Gemeinde) der Schwarzen aus den Überseedépartements und -gebieten *(D.O.M, T.O.M.)* und ebenso die Franzosen, die der jüdischen Gemeinschaft zugerechnet werden.

Asyl Suchende

Schließlich gibt es jene Menschen, die in neuerer Zeit als politische oder Glaubensflüchtlinge in Frankreich Asyl gefunden haben und die von der französischen Gesellschaft nicht erwarten, als Staatsbürger aufgenommen zu werden, da sie in ihre Heimat zurückkehren möchten. Es sind vorwiegend Flüchtlinge aus kommunistisch regierten Ländern Asiens – oft nennt man sie *boatpeople* –, aber auch Chilenen und Bürger aus den Ländern des ehemaligen «Ostblocks». Seit Europa sich auf eine Quotenregelung geeinigt hat, sind es weniger traditionelle Bindungen, die die Flüchtlinge bevorzugt das eine oder andere Land wählen lassen; und so sind die jüngsten Asylbewerber in Frankreich dieselben wie jene in Deutschland. Von ihnen, meinen die «echten» Franzosen, gehe keine Bedrohung aus.

Akzeptanzhierarchie für Fremde oder als fremd Empfundene

Wollte man eine Akzeptanzhierarchie aufstellen, so rangieren die Flüchtlinge zweifelsohne höher als die zuvor genannte Gruppe – selbst dann, wenn sie, wie viele Asiaten, nach langjährigem Aufenthalt im Hexagon schließlich doch französische Staatsbürger werden. Und auf welchen Stufen in dieser Hierarchie wären die *travailleurs immigrés* (die «Gast»-Arbeiter) einzuordnen: der Müllarbeiter von der Elfenbeinküste, der türkische Hilfsarbeiter im Baugewerbe, die portugiesische Putzfrau ..., die sich nicht assimilieren, weil auch sie eines Tages nach Hause zurückkehren wollen?

Romanische Fremde beunruhigen weniger.

Je nach Ethnie stehen sie in dieser Skala höher oder niedriger: Obgleich Italiener, Spanier und Portugiesen eine etwa gleich starke Gemeinde bilden wie Algerier, Marokkaner und Tunesier, beunruhigen sie die französische Öffentlichkeit weit weniger als letztere. Sie seien «weniger anders» *(moins differents)*, sie besäßen immerhin dieselbe Kultur – will heißen: denselben katholischen Glauben –, hört man allenthalben. Diese Auffassung vertreten die «echten» Franzosen, bestärkt von gewissen Politikern, bestärkt auch von den Behörden, die mit staatlich verordneter und persönlicher **Sachbearbeiter-Willkür** diese subtile Hierarchisierung nachgerade verfeinern bei der Vergabe von Aufenthaltsgenehmigung und Arbeitserlaubnis, beim Gewähren von Familienzusammenführung oder der Anerkennung als Asylant.

Im übrigen ist es nicht damit getan, dass ein Teil der Franzosen bestimmte Ethnien einer Beliebtheitshierarchie zuordnet. Untereinander kapselt man sich ebenfalls ab. Da wollen beispielsweise die französischen Schwarzen nichts zu tun haben mit den schwarzen *travailleurs immigrés*; die Algerier, die als Arbeitskräfte nach Frankreich gekommen sind, nichts mit den Algeriern, die als Kollaborateure ihr Land verließen, und die Algerienfranzosen wiederum nichts mit den einen wie den anderen. Die Korsen ihrerseits versuchten sich der Ansiedlung von rapatriés, also Algerienfranzosen, auf ihrer Insel mit dem Argument zu widersetzen, sie würden durch diese andersartigen Franzosen «überfremdet», die sie im Übrigen «Kolonisatoren» nannten – was sich keineswegs nur auf ihre alte Funktion in Nordafrika bezog, sondern ebenso darauf, welche Rolle ihnen auf Korsika nachgesagt wurde.

So ergibt sich eine verzwickte, verwirrende und absurde Hierarchie von Fremdenfeindlichkeit und Ausgrenzung. Und bei vielen Anlässen lässt sich fragen: Ist es nun Xenophobie oder die Überheblichkeit einer Schicht, wenn das spanische Au-pair-Mädchen nicht mit am Tisch essen darf? Oder: Ist es Xenophobie oder schnödes Ausnutzen einer Machtposition, wenn der französische Meister den nicht minder französischen Facharbeiter namens Hassan anschnauzt?

Eine verzwickte, verwirrende und absurde Hierarchie von Fremdenfeindlichkeit und Ausgrenzung

Tips & Knowhow

Pieds-noirs, harkis *und* beurs – *Kleines Lexikon der aus Nordafrika stammenden Bevölkerung Frankreichs*

Les pieds-noirs

Nachdem Frankreich sich in Tunesien, Marokko und Algerien als Kolonialmacht festgesetzt hatte, siedelte sich dort eine französische Funktionärsschicht an. Darüber hinaus wanderten Siedler aus Spanien, Italien und dem Elsass (das Elsass zählte damals zum Deutschen Kaiserreich) ein. Zwar wurden diese Siedler trotz ihrer französischen Staatsbürgerschaft von den *Français de souche* («Ur»-Franzosen) nicht als ihresgleichen anerkannt, doch ebensowenig wollten sie etwas mit den Arabern und Berbern gemein haben. Diese wiederum unterschieden nicht zwischen Siedlern und Besatzern. Für sie waren alle gleichermaßen **pieds-noirs («Schwarzfüße»)**, ein Name, der auf die schwarzen Schuhe zurückgehen soll, die diese Nicht-Einheimischen trugen und den sozialen Unterschied augenfällig machten. Nach der Unabhängigkeit der nordafrikanischen Staaten wurden die etwa 1,4 Mio. Zuwanderer, in erster Linie Algerienfranzosen, im Hexagon «wiedereingegliedert», doch die offizielle Bezeichnung *rapatriés* (Rückkehrer, Wiedereingegliederte) hat sich in der Öffentlichkeit nie wirklich eingebürgert.

Pieds-noirs nennt man häufig auch die **sephardischen Juden**, also die Juden, die in Nordafrika lebten, zum Zeitpunkt der Unabhängigkeit aber für die französische Staatsbürgerschaft optierten und ebenfalls nach Frankreich übersiedelten, denn sie fürchteten antijüdische Ausschreitungen der muslimischen Bevölkerung, um so mehr, als ein Teil von ihnen zur Kolonialzeit zur Staatselite gehört hatte.

Talmud-Lektüre im jüdischen Viertel (Paris, rue des Rosiers)

Les harkis

Die Algerier, die zur Zeit des Befreiungskriegs in speziellen französischen Milizeinheiten dienten und ihre Familien – insgesamt 200.000 Menschen, denen nach der algerischen Unabhängigkeit die Verfolgung als Kollaborateure drohte – konnten ebenfalls die französische Staatsbürgerschaft erwerben und nach Frankreich einwandern.

Offiziell werden sie «muslimische Franzosen» genannt, doch haftet ihnen nach wie vor der Name an, den sie schon im Maghreb trugen: **harkis**. *Harka* (arabisch für «Bewegung») bezeichnete man im Algerienkrieg die muslimischen, nicht kasernierten Hilfstruppen, die die militärischen Aktionen der Franzosen flankierten.

Während die Eingliederung der *pieds-noirs* – die als *anciens combattants* (ehemalige Kriegsteilnehmer) besondere Förderung erhielten und erhalten – halbwegs glückte, parkte man die *harkis* in «Übergangswohnvierteln», in denen sie noch heute leben und zwar **doppelt ghettoisiert**: Obwohl Franzosen, werden sie nicht als ehemalige Kriegsteilnehmer anerkannt und bei der Arbeits- und Wohnungssuche wie ausländische Arbeitnehmer diskriminiert; als einstige Kollaborateure werden sie zudem von den als Arbeiter nach Frankreich gekommenen Algeriern geschnitten.

Les beurs

Beur – eine Silbenverdrehung von arabe – war ursprünglich ein abwertendes Wort, das die so Beschimpften dennoch aufgriffen, um sich selber so zu nennen. Von der Presse, den Soziologen und Politikern werden sie *la deuxième génération* (die zweite Generation) genannt. Es sind ihre Eltern, die, überwiegend als Arbeitskräfte, aber auch als *harkis*, nach Frankreich kamen. Sie selbst wurden häufig schon dort geboren, und viele von ihnen besitzen die französische Staatsbürgerschaft.

Aufgewachsen zwischen zwei Kulturen, werden sie, wie sehr sie sich auch um ihre Assimilation bemühen, marginalisiert. Die **Jugendarbeitslosigkeit** mit all ihren Folgen trifft sie am meisten; sie sind die Hauptzielscheibe rassistischer Gewaltakte: 180 Maghrebiner bzw. Franzosen maghrebinischer Herkunft wurden zwischen 1980 und 1990 ermordet.

Doch was die *beurs* erschreckt, sind nicht nur die Morde, sondern ebenso die alltägliche Diskriminierung: bei den Behörden als Franzosen zweiter Klasse behandelt zu werden; Wohnungen in bestimmten Bezirken nicht zu erhalten; manche Diskotheken und Cafés nicht betreten zu dürfen; unversehens irgendwo nicht bedient zu werden; einen Job nicht zu erhalten, *seulement parce que ta gueule ne plaît pas au type* («nur weil dem Typen deine Visage nicht passt»).

1983/84 begannen die *beurs* sich zu organisieren, ihre eigene Kultur nach außen zu tragen. So entstand einerseits eine **arabisch-französische Subkultur**, besonders in der Musikszene. Und andererseits eine neue **Antirassismus-Initiative** (SOS-Racisme), die millionenfach Anstecker an sich mit ihr solidarisierende Franzosen verkaufte: *Touche pas à mon pote* (Rühr meinen Kumpel nicht an).

Konkrete, alltägliche Hilfe leisten die *écrivains publics* (die öffentlichen Schreiber). Sie sitzen in kleinen Läden und warten auf ihre Kundschaft, der sie helfen, Briefe abzufassen – private wie Schreiben an Behörden und Ämter –, Formulare zu verstehen und auszufüllen. Vielleicht sind auch für Sie die *écrivains publics* ein hilfreicher Anlaufpunkt in Ihrer ersten Zeit in Frankreich, wenn Sie gekommen sind, um länger dort zu leben.

Tips & Knowhow

Antillais, Africains und blacks: Kleines Lexikon der farbigen Bevölkerung Frankreichs

Les Antillais

Die *France d'outre-mer* besteht aus **Überseeterritorien** *(T.O.M.)* im Pazifik und **Überseedépartements** *(D.O.M.)* in der Karibik. Nur die *D.O.M.*, nicht die *T.O.M.*, sind einem Département im französischen Mutterland gleichgestellt. Faktische Gleichheit bedeutet dies freilich nicht: In den einstigen Kolonien haben koloniale Wirtschafts- und Machtstrukturen überdauert. Analphabetismus oder niedriger Bildungsstand und hohe Arbeitslosenzahlen unter der eingeborenen bzw. durch Slaverei angesiedelten Bevölkerung sind die Folge.

Als «voll gleichberechtigte» Franzosen werden so die *Antillais* aus den *départements d'outre-mer* als billige und meist unqualifizierte Arbeitskräfte in die *France métropolitaine* vermittelt: Putzfrau in einer Reinigungskolonne, Küchenhilfe oder niederes Pflegepersonal in Krankenhäusern, Mädchen für alles in Restaurants sind die Vorzugsstellen für Frauen; die Männer finden besonders leicht Plätze als Museumswärter oder Hilfspolizist. Gleichheit und Brüderlichkeit erfahren sie auch bei der Gestaltung ihres sonstigen Lebens, etwa bei der Wohnungssuche, nicht.

Les Africains

Burkina Faso (ehemals Obervolta), Togo, Mali (ehemals Sudan), Guinea, Mauretanien, Senegal, Benin (vormals Dahomey), Tschad ... Die Liste der **einstigen Kolonien Frankreichs in Afrika** ist lang. Seit 1958 sind sie unabhängig; in einem einzigen dieser Länder der vielen Ethnien und Sprachen ist Französisch heute nicht Amtssprache.

Fast alle dieser Länder binden Kooperationsverträge ökonomischer, militärischer und kultureller Art bis heute eng an Frankreich. Das heißt auf französisch *engagement* und ist bisweilen heftig umstritten (wie die Militärinterventionen im Tschad) oder sorgt gelegentlich auch für Skandale (wie die Affäre Bokassa in Giscard d'Estaings Biographie), mitunter gibt es auch Anlass für patriotische Feierlichkeit (so geschehen 1983, als Léopold Sédar Senghor, Dichter der *négritude* und zwischen 1960 und 1980 Präsident des unabhängigen Senegal, auch Träger des Friedenspreises des Deutschen Buchhandels, als erster Farbiger und Nichtfranzose in die Riege der Unsterblichen der *Académie française* aufgenommen wurde). Doch die Mehrzahl der frankophonen Afrikaner, die ins Hexagon kommen, sind Studenten und Billigstarbeitskräfte oder auch illegal eingeschleuste *nègres* (Sklaven-, Schwarzarbeitskräfte). Sie trifft die Ausgrenzung oftmals noch härter als die Menschen maghrebinischer Abstammung.

Les blacks

Métissage, Vermischung der Kulturen, manifestiert sich am ehesten bei der eingewanderten Minderheitenkultur, in Frankreich am deutlichsten in der **Musik der Farbigen**: Da begegnen sich Afrikanisches, Kreolisches, Nordamerikanisches (denn natürlich beobachtet man als Schwarzer besonders die schwarze Kultur der USA) und Französisches, und man hat auch ein Ohr für andere *métissages*, etwa die Musik der *beurs*. Insbesondere für die *blacks* (sprich: blak), die Kinder der Eingewanderten, ist die Musikszene ein Ort der Zugehörigkeit. Die Szene ist vielfältig, doch in die Presse gerät nur, was auffällig wird – vor einigen Jahren etwa die *zoulous*. Es waren sich nach US-amerikanischem Vorbild in «Stämmen» organisierende Jugendgruppen, die Rap hörten, Tags sprayten, Breakdance tanzten, schwarz Métro fuhren, sich an bestimmten Orten der Stadt trafen, einen bestimmten Kleider-*look* trugen; sie waren gegen Drogen, Alkohol und Gewalt. Doch die Bewegung zersplitterte sich und, ein Teil radikalisierte sich. Die friedlichen *zoulous* hörten auf, sich so zu nennen, die Bewegung bleibt.

Die Erben der Dreyfus-Affäre – Französische Xenophobie

1894 wurde Hauptmann Alfred Dreyfus, elsässischer Jude, wegen Landesverrats zu Gunsten der Deutschen zu Deportation auf Lebenszeit verurteilt und aller seiner militärischen Grade enthoben. Zu Unrecht. Der wahre Spion hieß Esterhazy, wofür bald hieb- und stichfeste Beweise vorlagen. Dennoch wurde erst 1899 der Prozess gegen Dreyfus erneut aufgerollt, der aus Gründen der Staatsräson mit einer erneuten Verurteilung Dreyfus' endete, auf die seine sofortige Begnadigung erfolgte. 1906 schließlich wurde Dreyfus rehabilitiert. Die ***affaire***, wie sie in Frankreich kurz genannt wird, spaltete die Nation in zwei Lager: in Dreyfus-Anhänger und Dreyfus-Gegner. Sie war zunächst Ausdruck eines französischen Antisemitismus, der gegen Ende des 19. Jh. in dem Maße wuchs, in dem die wirtschaftliche Krise sich zuspitzte, während zugleich die Juden zunehmend Zugang zum politischen, kulturellen und wirtschaftlichen Leben Frankreichs erhielten. (Ihnen waren mit der Revolution die vollen Bürgerrechte zugestanden worden.)

Wachsender Antisemitismus bei gleichzeitigem Bedeutungszuwachs der Juden

Zum anderen aber war Dreyfus nur mehr Spielball in einer innerfranzösischen Auseinandersetzung: Die klerikal-monarchistischen Kräfte versuchten mit Hilfe der *affaire*, die Dritte Republik zu Fall zu bringen. Erst als die politische Linke als Anhängerin der Republik dies begriff, begann sie sich für Dreyfus einzusetzen. Bis dahin behandelte sie die *affaire* als bourgeoisie-interne Auseinandersetzung und äußerte sich selbst antisemitisch, waren doch Juden auch Kapitalisten. (Antikapitalismus und Antisemitismus wurden allenorts zur Gleichung und wenig später auch Antibolschewismus und Antisemitismus – in vielen Köpfen im Übrigen als Amalgam.)

Marschall Pétain

Aus der Dreyfus-Affäre ging die Republik gefestigt hervor. Der Antisemitismus aber erlebte bald eine neue Blüte unter Marschall Pétain, als die französischen Behörden und auch einzelne Franzosen mehr als bereitwillig bei der Jagd auf Juden mit den Nazis kollaborierten.

Mythos Résistance, Tabu Kollaboration

Während nach dem Krieg die Résistance mythologisiert wurde, belegte man die Kollaboration insgesamt und die Mithilfe bei der Deportation von Juden im besonderen mit Zensur und dem Mantel des Schweigens. Dennoch blieb es nach 1945 einige Jahrzehnte lang unmöglich, Antisemitismus offen zu äußern. Dies hat sich spätestens seit Beginn der 80er Jahre merklich geändert. Le Pen, langjähriger Vorsitzender des ***Front National***, kann, ohne Wählerstimmen zu verlieren oder auch nur unter Politikern untragbar zu werden, vor laufenden Fernsehkameras von der «Auschwitzlüge» sprechen und in Interviews erklären, die Gaskammern seien lediglich «ein Detail der Geschichte».

Le Pen und die Geister, die er rief.

Xenophobie bedeutet mehr als Ausländerfeindlichkeit. Sie ist die Angst vor dem Fremden schlechthin. Die Angst vor dem Fremden, die in Frankreich in einer ökonomischen – und auch politisch-ideologischen – Krisensituation erneut steigt, nutzt der *Front National*, wo er kann: Er schürt nicht Hass gegen Ausländer insgesamt, sondern speziell gegen Kulturen, die sich (teilweise oder ganz) auf andere als christlich-abendländische Traditionen beziehen: gegen Maghrebiner, Juden, Asylanten aus Asien und Afrika. (Er versuchte auch Pogromstimmung gegen Schwule zu entfachen, nachdem das AIDS-Virus entdeckt wurde – dies misslang.)

Kampf des tendenziell antiparlamentarischen nationalistischen Frankreichs gegen das republikanische

Worum es dabei unterschwellig wieder einmal geht: um den Kampf des tendenziell antiparlamentarischen nationalistischen Frankreichs gegen das republikanische. In den ersten hundert Jahren nach der Revolution zeigte sich das Kräfteverhältnis gänzlich unentschieden. Dies war die Zeit, in der die antirepublikanischen Kräfte noch rein klerikalmonarchistisch bestimmt waren. Seit der Dritten Republik hat das konservativ-reaktionäre Lager konstant eine Anhängerschaft von zehn Prozent gehalten, die vorwiegend im Mittelstand zu suchen ist, in Krisensituationen aber anschwillt und Anhänger auch in anderen Schichten findet.

Vielleicht sind Sie als Deutscher verwundert, wenn Sie feststellen, dass französische Xenophobie die Franzosen weniger beunruhigt als deutsche. Zweifellos lässt das Mehrheitswahlrecht den Großteil der Franzosen ruhig schlafen. Es vermindert die Einflussmöglichkeiten kleinerer Parteien und fördert die Vorrangstellung der großen überproportional.

Doch von entscheidender Bedeutung dabei dürften das **französische Selbstbild** einerseits und das **Deutschenbild der Franzosen** andererseits sein. Frankreich sieht sich als das Geburtsland des Rationalismus, also der Herrschaft der Vernunft und des Maßes und das Geburtsland der Menschenrechte; dies flößt den Franzosen tiefes Vertrauen zu sich selber ein.

Berühmte Franzosen, die als Nichtfranzosen geboren wurden

Yves Montand und Lino Ventura (Italiener), Marc Chagall, Zoe Oldenbourg, Nathalie Sarraute, Henri Troyat (Russen), Charles Aznavour (Armenier), Eugéne Ionesco, Mircea Eliade und Émile Michel Cioran (Rumänen), Dalida (Ägypterin), Sylvie Vartan (Bulgarin), Manès Sperber, Alfred Grosser und André Glucksmann (Deutsche) …

Tips & Knowhow

Grabmal eines berühmten Franzosen, der Pole war.

Tips & Knowhow

Berühmte Franzosen, die keine sind

Von Staats wegen wird in Frankreich nur allzu gern zum Franzosen gemacht, wer in Wirklichkeit keiner ist, sondern nur dort lebend berühmt wurde: der Schriftsteller George Simenon, der Chansonnier Jacques Brel, die Maler René Magritte und Vincent van Gogh, der Komponist Frédéric Chopin, der Comic-Künstler Hergé …

«Ich liebe Deutschland so sehr, dass ich froh bin, dass es zwei davon gibt»

Mauerfall in Berlin – wider Erwarten ein «cooles» politisches Ereignis für junge Franzosen

Als die Mauer «Schweizer Käse wurde», wie sich französische Journalisten ausdrückten, war bei manchen Franzosen der Jubel so groß, als handele es sich um ein innerfranzösisches Ereignis. Was deutsche wie französische Beobachter überraschte, war die starke emotionale Teilnahme *junger* Franzosen an den deutsch-deutschen Ereignissen in den Novembertagen 1989. Die Jungen unter dreißig seien politisch desinteressiert; auf Deutschland sei ihr Blick schon gar nicht gerichtet und über deutsche Geschichte und die deutsch-deutschen Verhältnisse wüssten sie so gut wie nicht Bescheid. Diese Auffassung hatte man bis dahin vertreten.

Die *classe politique* hielt sich in den ersten Tagen nach dem 9. November mit Stellungnahmen zurück. Doch kaum sprach der damalige Bundeskanzler Helmut Kohl das Wort «Wiedervereinigung» aus, hagelte es Kommentare. Darunter waren immer wieder **Angstbekundungen**: vor der zahlenmäßigen Überlegenheit der Deutschen, vor der deutschen Wirtschaftsmacht, vor einem Deutschland, das sich wieder von Westeuropa ab- und dem Osten zuwende, vor einem womöglich militärisch wiedererstarkenden Deutschland, vor Berlin (statt Paris) als europäischer Metropole, vor einem deutschen Bundeskanzler statt eines französischen Präsidenten als politisch Führendem in der Europapolitik …

Diese Ängste, die ein führender französischer Politiker in den 50er Jahren mit dem in der Überschrift zitierten Satz zum geflügelten Wort werden ließ, äußerte vornehmlich die ältere Generation.

«Deutscher Öko-fundamentalismus»

Daniel Cohn-Bendit als Überwinder der Kluft zwischen französischen und deutschen Grünen?

Und noch etwas anderes macht schon seit längerem den älteren Franzosen Angst und befremdet zumindest die jungen: das, was sie den «deutschen Ökofundamentalismus» nennen. Franzosen verleugnen nicht, dass die Umwelt bedroht ist und bestimmte Prämissen der Industriegesellschaft zu überdenken sind. Vielmehr irritiert sie – auch die Kreise der Grünen (Les Verts) – der Pessimismus, nach dem die Deutschen vielfach handeln. Ein Pessimismus, wie sie meinen, der schlimmstenfalls Tür und Tor für irrationalistisches, fundamentalistisches Denken öffnet, für ein Denken, das die Ziele über das Leben stellt – was durchaus in einer deutschen Tradition stünde. Sie dagegen, die Franzosen, lassen sich nicht das Leben verargen – auch nicht von ihrem eigenen kritischen Denken. Das gute Leben des Einzelnen – heute, jetzt – wird in französischer Sichtweise nicht als Egoismus verdammt, sondern eher (wie in einer privaten Runde) als Beitrag zur allgemeinen Stimmung und zum Wohlbefinden auch der anderen verstanden. Moralinsaures oder schneidiges politisches Engagement aus sozialem Schuldgefühl ist extrem selten anzutreffen.

Was die Franzosen an den Deutschen beunruhigt, wenn nicht beängstigt, ist eine andere Sicht der Welt, des Lebens, ist eine **andere Denkstruktur**. Diesem deutsch-französischen Unterschied werden Sie immer wieder begegnen. Er gibt unermüdlich Anlass zu Missverständnissen, zur Überlieferung alter Klischees. Er schlägt sich nieder in ein jeder Unterhaltung – nicht allein inhaltlich, sondern und gerade auch darin, **wie** diese Unterredung geführt wird.

Sprache ist mehr als Reden

Worüber Franzosen reden …

Sie reden über den Friseur und das Wetter, über abgelaufene Schuhe und über verlorene Schlüssel, sie reden besonders gern über Essen und besonders ungern über Krawatten, sie schimpfen viel über Politiker und loben sehr deren Sprachgewalt, sie erzählen von ihrem Landhaus, aber nicht von den Verwandten, mit denen sie es teilen; dann reden sie auch über Benzinpreise und über die sauer gewordene süße Sahne, tratschen über eine Nachbarin, die auf demselben Treppenabsatz wohnt und immer wieder anderen Männern abends die Tür öffnet, oder über das ganze Dorf; sie hecheln das politische Weltgeschehen durch und ebenso die Lokalschiebereien, sie sprechen vom Aufstieg der örtlichen Fußballmannschaft in die Kreisliga, vom Dreivierteltakt und der fallen gelassenen Strickmasche, dem Unkraut im Garten und dem Spleen im Kopf eines anderen; sie reden weniger über Kinder und Autos, statt dessen mehr über Pferderennen und Retortenbabys, weniger über Umweltschutz und AIDS, statt dessen mehr über Kriminalität und Sicherheit; das Nord-Süd-Gefälle und die Zweidrittelgesellschaft beschäftigt sie weniger als die Umwälzungen im Osten, die Renten weniger als periodisch wiederkehrende Bestechungsaffären und Finanzskandale; sie reden weniger über Urlaubsziele, Liebesverhältnisse und Krankheiten, weniger auch über eigene Eheprobleme, Abmagerungskuren und Abfallbeseitigung, doch erheblich mehr über die Flöhe, Lieblingsspeisen und Schrullen ihrer Katzen und Hunde, über Jogging, Surfing und Doping, über Lieblinge unter den Fernsehstars und über Steffi Graf, über Telespiele und Telekommunikation, über die Zukunft der Welt und die Zukunft Europas und über Frankreichs Zukunft in all diesem Zukünftigen, über die Traditionen der Familie und den Fanfarenzug; mehr sogar reden sie über Strafmandate für überhöhte Geschwindigkeit, Alkohol am Steuer, Falschparken und Überfahren von roten Ampeln; mehr auch über die Steuern und was der Staat ihnen alles schuldig bleibt, mehr über Sportlotto und Pferdewetten, Angeln und Jagd, über Comics, Komiker, Literaturpreise und europäische Weltraumforschung, über Brigitte Bardots kastrierten Esel, über Privatfernsehen, über Kriegsveteranentreffen …

Die Franzosen sprechen ziemlich genau über dasselbe wie die anderen Europäer. Nur gewichten sie manche Probleme anders.

Die Franzosen sprechen ziemlich genau über dasselbe wie die anderen Europäer. Nur gewichten sie manche Probleme anders. Und wenn das Gespräch die erste Small-talk-Ebene verlässt, wird ihre **Redeweise** auch ein wenig anders.

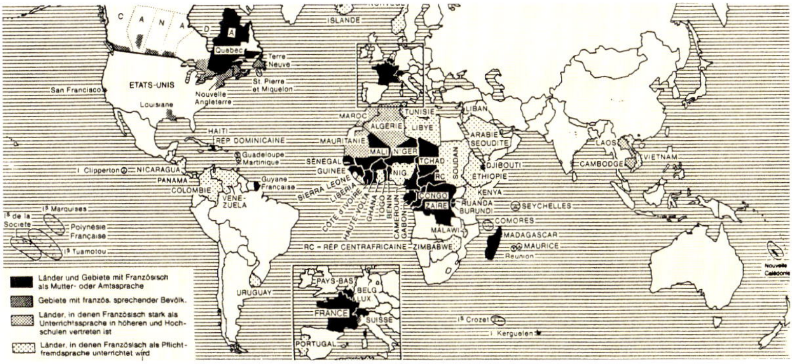

Die Verbreitung der französischen Sprache in der Welt

Sprechen über Sprache

Es ist Abend, ein Kreis von Freunden und Bekannten sitzt zum *dîner* beisammen: einige Franzosen – Michel, Hervé, Nicole; ein belgisches Ehepaar – George und Mareike; John – ein Schotte, und als Deutscher oder Deutsche – Sie. Zum Beispiel. Und Sie, dies soll weitere Voraussetzung sein, weilen erst seit kurzem in Frankreich. Französisch sprechen und verstehen Sie. Während Austernschalen aufgeknackt und ausgeschlürft werden, während über dem Tisch ein Geruch von Brackwasser liegt, werden Sie gefragt, woher Sie kommen. Wenn Sie dann, weil Sie diese Frage für einen guten Gesprächsauftakt halten, nicht nur «aus Köln» sagen, sondern auch noch «aus Göellnn», so bleibt das Lachen, das Sie danach zu ernten gewohnt sind, vermutlich aus. Doch hier könnte der Auftakt zu einem abendfüllenden Gespräch über Sprache liegen.

Dialekte, Regionalsprachen und Akzente

Schließen Sie, zum Beispiel, an Ihr «aus Göellnn» einen kleinen Vortrag über deutsche Dialekte an – vom Bayern in der Berliner Eckkneipe, vom Friesen in der hessischen Wirtschaft und vom Tiroler im Wiener Beisl –, so mag es Ihnen widerfahren, dass Ihre Zuhörer Sie eine Weile schweigsam und irgendwie verständnislos anschauen, bis einer schließlich auf Ihre Frage, ob er denn auch einen Dialekt spreche, erklärt, so etwas gebe es in Frankreich nicht. Dafür kenne man ***patois***, Sprachen, die im Grunde eigenständig sind, die aber keiner mehr spricht außer irgendwelchen vernagelten Regionalisten.

Aber John unterbricht den anderen, es war Michel, der Ihnen gerade seinerseits einen Vortrag über den Regionalismus in Frankreich halten wollte. John schildert, wie er in Südfrankreich einmal ins Bistro ging und mit seinem Schulfranzösisch in die Bredouille geriet, weil er gefragt wurde, ob er einen Kaffee «graa u pti» wolle, und er zwar «pti» noch als «klein» verstand, aber «graa» nicht mehr als «groß» (von *grand*), sondern als «fett» (von *gras*), wie er dann, weil er fetten Kaffee nicht trinken mochte, um eine Tasse Schokolade bat, ihm aber das gleiche «graa u pti» widerfuhr, woraufhin er das Bistro verließ, weil er meinte, der Kellner spotte über ihn und seinen schottischen Akzent. So beginnt, während das Essen weiterhin seinen Lauf nimmt, eine Verkettung von Späßen. Michels Vortrag über den Regionalismus werden Sie heute nicht mehr hören, auch wenn er noch zwei-, dreimal ansetzt, um Sie aus dem allgemeinen Gewitzel und Gelächter herauszuziehen. Hervé, dem der Schalk im Nacken und in den Augen sitzt, der ein begabter Akzent- und Stimmenimitator ist, fällt in rasendem Tempo von einer Sprechweise in die nächste, wechselt im Handumdrehen von den Frankokanadiern zu den neukaledonischen Franzosen und von den *Antillais* zu den Belgiern. Von wegen – **Akzente** gebe es nicht im Französischen ... Nicole, während sie sich noch die Lachtränen abwischt, schiebt eine Liste burgundischer Regionalismen ein, der

Region, aus der sie stammt. Dies bringt ganz besonders die Belgier zum Lachen. Hervé, der mit seinen rollenden Augen und seinen fuchtelnden Armen eher die Blaupause eines Klischeefranzosen ist als ein leibhaftiger Durchschnitts-Monsieur-Dupont, ist nicht mehr zu bremsen: Jetzt ist de Gaulle an der Reihe, dann Giscard d'Estaing, Le Pen und Daniel Cohn-Bendit. Hier klinkt sich George ein, auch nicht ohne Begabung, und macht den Argot aus den Pariser Arbeitervierteln sowie die schicke, sich schnell wandelnde Jugendsprache nach. Hervé geht bei der kleinsten Pause dazwischen. Er hat sich, weil sie ihm gegenübersitzen, in die Belgier verbissen; noch einmal müssen sie daran glauben. Und Michel, der zwar keine Akzente imitieren, jedoch Witze erzählen kann, flankiert ihn: «Kennen Sie den?», fragt er Sie: «Warum haben die Belgier bei den Autos die Scheibenwischer innen? … Weil sie immer *wroummwroumm* machen beim Autofahren», sagt er, während er beim «Brumbrum» ein Spucken andeutet und eine Lenkbewegung vollführt. Die Belgier sind die Ostfriesen der Franzosen.

Argot, Rotwelsch, Jugendsprache

Die Belgier sind die Ostfriesen der Franzosen.

Endlich, während es schon zum Käse geht, wird das Thema wieder ernster und können sich Ihre Bauchmuskeln entspannen. Zum ersten Mal ergreift Mareike das Wort. Sie klagt, worüber eine ganze Reihe Franzosen, Frankokanadier, -belgier und -schweizer klagen: Erstens: die französische Sprache werde von **Amerikanismen** infiltriert, die sie zersetzten, wenn nicht gar zerstörten (die Rede ist vom so genannten *franglais*); und zweitens: immer weniger Franzosen beherrschten ihre Muttersprache – besonders beklagenswerte Formen nehme das unter der Jugend an, und selbst den Nachrichtenjournalisten vom Fernsehen, die doch sprachpflegerisch wirken sollten und könnten, unterliefen pausenlos Fehler. Und vielleicht gibt Mareike sogar den *Académie*-Mitgliedern Recht, die sagen, die französische Sprache, diese Sprache der Zivilisation, des Rationalismus und des Fortschritts, diese Sprache voller Klarheit und Strenge, werde von innen heraus zersetzt, vom Argot, vom *pataouète* – das ist das Französisch der Algerienfranzosen – und anderen Jargons.

«Franglais», Schreckgespenst oder wirkliche Gefahr für die französische Sprache?

Jetzt beginnt zweifellos eine Debatte unter den Frankophonen, die für Sie ebenso unverständlich sein mag wie für John. Ob diese Jargons die französische Sprache wirklich zersetzen oder aber bereichern. Ob das, was als gepflegtes Französisch gilt, zwar eine schöne klassische, aber doch tote Sprache ist und wo die eigentliche Sprachkreativität stattfindet – bei den Intellektuellen, die mit ihren Wortschöpfungen Löckchen auf einer Glatze drehen oder am Bistrotresen, auf den Märkten und bei denjenigen Sängern, Schriftstellern, Komikern, die selber aus den Mietskasernen des 19. Arrondissements und der Vororte oder vom Lande stammen.

Vielleicht werden Sie sich wundern, wie scharf diese Debatte geführt wird und warum man nicht auf Ihren Einwand hört, dies sei doch alles eine Sache des Maßes (der *mesure*). Ein Einwand, dem Sie Beispiele aus der deutschen Sprache anfügen, die, Ihrer Auffassung nach, um ein Vielfaches amerikanisierter erscheint. In Frankreich stiftet die Sprache mindestens so stark nationale Identität wie die Revolution von 1789, mit der sie im historischen Bewusstsein der Franzosen untrennbar verknüpft ist.

In Frankreich stiftet die Sprache mindestens so stark nationale Identität wie die Revolution von 1789.

Französisch ist die Sprache, mit deren Hilfe Frankreich geeint wurde. Dies gilt sowohl für die Ausbreitung der Macht als auch für die Verbreitung der Ideen von Rationalismus und Humanismus.

Schon vor der Französischen Revolution wählten die Gebildeten, die bis dahin ihre Schriften in Latein abgefasst hatten, das auf der Ile de France gesprochene ***francien*** (Franzische), um fortan darin zu schreiben. Sie betrachteten es als eine Sprache, die allen Menschen zugänglich und Ausdruck des humanistischen Denkens sei. Mit der Revolution wurde dieses *francien*, auf welches das heutige Französisch zurückgeht, zum Symbol und Ausdruck der «Sprache von Freiheit und Fortschritt». Und mit der allgemeinen Schulpflicht, mit der Alphabetisierung aller Schichten, geriet es tatsächlich zum Vehikel bei der Verbreitung der neuen Ideen bis in den verstecktesten Krähwinkel des Hexagons. Und bis weit über Frankreichs Grenzen hinaus. Als der Gedanke der Aufklärung mit der Französischen Revolution gewissermaßen physische Gestalt annahm, sprach das gesamte gebildete Europa Französisch.

«Beau-parler» ist das schöne Reden, aber keineswegs Schönrednerei.

Doch ebenso mag Sie am Ende dieser heftigen Debatte über den Zustand der französischen Sprache verwundern, dass keiner so recht auf seiner Position beharrt, dass es sogar scheint, zwei Kontrahenten hätten ihre Positionen ausgetauscht: Der zunächst A sagte, meint später B und umgekehrt. Und dass sich alles schließlich in ein großes Lachen auflöst – nämlich über die «Unsterblichen» der *Académie française* und über die von ihnen verbannten oder abgesegneten Wörter –, mag Ihnen als Indiz dafür erscheinen, dass alles nur geistiges Spiel, intellektuelles Gefecht um des Gefechts willen war. Es geht in Frankreich bei solchen Gesprächen in der Tat nicht nur um die Inhalte, sondern auch um das Sprechen an sich, um die Lust am Streit, um den Sprachwitz, um das beau-parler (das schöne Reden, das aber keineswegs mit der Schönrednerei verwechselt werden darf).

In Frankreich Französisch zu lernen, dies bedeutet im besten Fall nicht nur das Büffeln eines Sprachmittels, sondern auch den Erwerb des «savoir-dire», des kultivierten Spiels mit Worten.

Le savoir-dire Sozialer Rang durch wohlgesetzte Worte

Alljährlich findet in der Bibliothèque Nationale ein Diktatwettbewerb statt. Schüler und Studenten aus dem In- und Ausland unterziehen sich unter den Scheinwerfern der Medien diesem Wettlauf um überflüssige oder notwendige S und E, um Accents, um O-Laute, über deren graphische Wiedergabe sich nachgrübeln lässt, um all diese unzählbaren **Hürden der französischen Orthographie**. (Die beteiligten Ausländer werden auf Kosten des französischen Staates in die Hauptstadt eingeflogen.) Und zu Hause vor Hunderten, wenn nicht Tausenden von Radioapparaten und Fernsehgeräten sitzen weitere Teilnehmer in den Startlöchern, die anonym und außer Konkurrenz antreten, mit gezücktem Schreibgerät vor weißem Papier. Wer dann an nicht allzu vielen Hürden wie an einer Fußangel hängenbleibt, wer nicht allzu oft stolpert und stürzt, wer beim Auszählen der Fehler einigermaßen glimpflich davonkommt, kann ruhigen und erleichterten Herzens zum Alltagslangstreckenlauf zurückkehren, denn er beherrscht noch ausreichend die französische Sprache, dieses machtvolle Statussymbol, um seinen Platz in der Gesellschaftshierarchie als weiterhin gesichert zu betrachten. Ein Mittel, das helfen soll diesen Platz zu erwerben und zu sichern, ist *Le bon usage* von Grévisse, ein Nachschlagewerk über den «guten Gebrauch» der französischen Sprache, das in jedem Haushalt steht.

Erfolgreich bestandener nationaler Diktatwettbewerb als soziales Rangzeichen

Allerdings sind korrekte Orthographie und Grammatik als Breitensport bestenfalls der Sockel des eigentlich interessierenden Kunstwerks: des **savoir-dire** (Zu-reden-Verstehen). Dies bedeutet Feilen am Wort, Drechseln von Wendungen, Ziselieren von Sätzen, Modellieren der Äußerung, dazwischen das eine oder andere Bonmot als Intarsie. Und sollte am Ende das Bildwerk außen Marmor und innen Gips sein, so wird es nicht minder bestaunt als ein Werk aus Granit. Es kommt weit weniger darauf an, was gesagt wird, als vielmehr, wie es gesagt wird. Dies galt schon zur Zeit der Troubadoure und hat bis in das heutige Zeitalter der Telekommunikation hinein seine Gültigkeit bewahrt; es gilt für den Flirt ebenso wie für die politische Rede.

Es kommt beim «savoir-dire» weniger darauf an, was gesagt wird, als vielmehr, wie es gesagt wird.

Schüler und Studenten wird dies durch Aufsatzschreiben *(dissertation)* eingebimst. Da werden nicht so sehr Kenntnisse geprüft als vielmehr ihre Gestaltung. Ebenso wird bei mündlichen Prüfungen über den Inhalt hinaus die Vortragsweise bewertet, und zwar von der Wortwahl bis zur Gestik.

Wer die hohe Schule des *savoir-dire* durchlaufen hat, der weiß auch ein ganzes **Gespräch zu gestalten**, einen Abend bei Tisch: Er wird geistreich zum ausgewogenen Nebeneinander von mondänem Klatsch einerseits

Beim «savoir-dire» wirkt die hohe Kunst der einstigen Troubadoure nach.

und von Streitgesprächen über literarische und ästhetische Fragen andererseits beitragen, über politische Auseinandersetzungen wird er mit Hilfe von Humor hinwegtänzeln, und wenn es wirklich einmal privat wird und es ihm an die Seele geht, wird er mit Zynismus das ganze Gespräch in ein großes Gelächter auflösen.

Die französische Nation ist sich einig: Wäre de Gaulle nicht ein solcher Sprachgigant gewesen, hätte er das Volk nicht hinter sich gegen die Okkupanten vereint. Und wer seinerzeit Mitterrand gehört hat, wie er sich mit kristallenem Wortschliff und gemessen pathetischer Stimme zum Präsidenten aller Franzosen ausrief und in irgendeiner «schweren Stunde» an die Einheit der Nation appellierte, der ist geneigt zu glauben, das französische Volk schätze tatsächlich in jedem Politiker den ***homme de lettres***, was sich nur allzu unzulänglich mit «Literat» übersetzen lässt. Es meint einen belesenen, eventuell sogar (wie der verstorbene Mitterrand) selber schreibenden Menschen von Geist, einen Geisteswissenschaftler, dem aber auch die Naturwissenschaften nicht fremd sind, einen Humanisten und Aufklärer.

Populistische Kontrarhetorik

Doch neben jenen, die sich einer halb bürgerlichen, halb aristokratischen Tradition der Rede verschrieben haben, gibt es eine andere Garde, die der **populistischen Redner**. Jahrelang stand hier Georges Marchais (langjähriger Generalsekretär der KPF) unangefochten an der Spitze. Späterer Sieger nach Punkten – nach Wahlprozenten – wurde nach 1983 Jean-Marie Le Pen vom rechtsextremen *Front National*. Diese beiden klotzten und klotzen ihre klobigen Worte ins Mikrophon, ihr ganzes Gebaren darauf angelegt zu behaupten: «Ich nehme kein Blatt vor den Mund, ich sage, wie es ist, und rede, wie mir der Schnabel gewachsen ist. Ich rede wie du, das einfache Volk», soll der Zuhörer glauben. Da wird behauptet und nicht begründet, da wird ohne Taktik diffamiert und ins Gesicht gelogen; da stammen die Wörter, wenn es sein muss, auch aus der Gosse. Beim

Manche Leser werden sich noch an den O-Ton von Charles de Gaulle erinnern können – ein Zelebrieren wohlgesetzter Worte in geradezu literarischer Demagogie.

wählenden Fußvolk, den Erniedrigten und Beleidigten, kommt dies an. Zu glauben, anders als die «kulturlosen, barbarischen» Deutschen stünden die Franzosen wie ein Mann hinter dem Geist und der Aufklärung, verkennt die Widersprüchlichkeiten, die in Frankreich wie in jedem anderen Land wirken. Am unteren Ende der sprachlichen – und damit sozialen – Gesellschaftshierarchie stehen 20% der Franzosen, die, ungeachtet einer durchlaufenen Schulausbildung, Analphabeten oder zumindest des Lesens und Schreibens so wenig kundig sind, dass sie einfache Texte nur mit großer Mühe entziffern oder schreiben können. Frankreich hat, als letzte der Industrienationen, erst 1982 die Existenz des Analphabetismus im eigenen Land offiziell anerkannt. Bis dahin behaupteten Politiker und *Académie-française*-Mitglieder unisono, in einem Land, das die Sprache pflege wie kein anderes, könne es Analphabetentum schlichtweg nicht geben.

L'argot und anderes Kauderwelsch

Französisch ist nicht nur *savoir-dire* und *beau-parler*, Französisch bedeutet auch Argot. Anfänglich war der Argot eine reine Gauner- und Bettlersprache wie das Rotwelsch im Deutschen, das heißt eine chiffrierte Sprache, die von Außenstehenden nicht verstanden wurde. In ihrem Schutz konnte man, wie im 15. Jh. der Dichter François Villon, nach einem Totschlag oder Diebstahl Kassiber an andere Galgenvögel richten und so mit deren Hilfe den Häschern entkommen.

Argot war früher eine Art Rotwelsch.

Doch nie schloss sich das Gauner- und Bettlermilieu hermetisch genug ab, dass nicht andere diese Sprache bald erlernten. Villon selbst mag als bestes Beispiel gelten: Er, der an der Sorbonne den Magistertitel erlangt, bewegt sich in der Gauner- und Hurenwelt wie in der Welt der Klöster und Universitäten. In seinen Versen aber wird die mittelalterliche Dichtkunst gerade deshalb kraftvoll und lebendig, weil er sich des Argot bedient. Doch ein Argot, den Literaten verwenden, oder selbst ein Argot, den das breite Volk verwendet, bietet keinen Schutz mehr. Der Argot wandelt sich.

Notgedrungen schneller Wandel des chiffrierten Gauner-Argots

Bis heute dauert dieser Wechsel an: Der noch (in der Halbwelt, im Knast beispielsweise) als Chiffre verwendete Argot verändert sich sehr schnell; und wenn Sie sich nicht in diesem Milieu bewegen, werden Sie den momentan dort verwendeten und gültigen nie kennen lernen. Derweil haben viele ehemalige Gaunerwörter Eingang in die Umgangs- und auch die Hochsprache gefunden (dies gilt im übrigen für das Rotwelsch gleichermaßen).

Seit dem 19. Jh. entwickelte sich immer stärker auch eine Form des Argot, die man – vereinfacht – vielleicht «**Proletensprache**» nennen könnte. Sie entstand in den Arbeitervororten von Paris: *aux zincs* (an den Tresen), auf der Straße, dort, wo Armut und Kleinkriminalität sich berühren.

Und wieder gab es die Grenzgänger zwischen den Milieus – z.B. Aristide Bruant, Chansonnier und Conférencier im Moulin Rouge, der nicht nur seine Lieder im Argot verfasste, sondern auch ein ganzes Wörterbuch zusammentrug.

Das verbreitete heutige Argot ist ein Kauderwelsch.

Was aber Sie normalerweise im Alltag als Argot vernehmen, ist weder Sprache als reine Chiffre noch eine reine Gassen- und Gossensprache, sondern: Kauderwelsch. Sie finden Wörter darunter, die tatsächlich einmal Argotwörter waren, weil aber Gott und die Welt und selbst der Justizminister und die Wörterbuchverfasser sie kennen, gehören sie genaugenommen schon der Umgangssprache an. Hinzu kommen verschiedene Jargons, z.B. die der Polizei, der Schwulen und Lesben, der Computerfreaks, Prostituierten, Soldaten, Taxifahrer, Jugendlichen ... (Dergleichen Jargons finden sich, wenn auch nicht immer auf gleich ausgeprägte Weise, ebenso im Deutschen.) Und schließlich gibt es noch so genannte Modesprachen im Französischen. Es fällt nicht immer leicht, sie auf Anhieb von den Milieusprachen und den Jargons zu unterscheiden. Es sind Redeweisen und Wörter, die nur für kurze Zeit und nahezu ausschließlich von Jugendlichen verwendet werden. Was also von der Jugendsprache die Zeit nicht überdauert – manchmal keine Wochen –, bezeichnet man als Modesprache.

Jargons, Milieusprachen und Trendsprachen

Vielleicht noch mehr als in Deutschland sickert das eine oder andere Wort aus dem Argot (im engen Sinne des Wortes), den Milieusprachen und Jargons recht schnell in die französische Umgangssprache und über diese in die Zeitungen, die Chansons und die Literatur. Teilweise verhält es sich auch umgekehrt: Literatur und Medien tragen den Slang in die breite Bevölkerung. So steigt der Argot (im weiten Sinn des Wortes: der Slang, das Kauderwelsch) schließlich in den Sprachgebrauch aller und sogar in die Hochsprache auf. Daran ändert auch die sprachpflegerische Politik der *Académie française* und des *Commissariat général à la langue française* nichts, die manche dieser Wörter jahrelang mit Bann belegen, so dass sie nicht in den Wörterbüchern erscheinen, wenngleich sie von allen Franzosen alltäglich verwendet werden.

Der Bannfluch der französischen Sprachpfleger ist weit härter als der der Duden-Redaktion, die keine Geldbußen an Journalisten verhängen kann.

Im Zusammenhang mit dieser sprachpflegerischen Politik, die die Reinhaltung der französischen Sprache vor fremdländischen Einflüssen und Überfremdung verfolgt, erscheint alljährlich ein Neuwörterbuch, das ein Leitfaden mit Normierungscharakter sein will – insbesondere für Fernseh- und Rundfunkjournalisten. In diesem Wörterbuch werden für die ausländischen Wörter, die die Puristen sanktionieren, Ersatzvokabeln angeboten, vor allem für verpönte Amerikanismen. Ein sinniges Beispiel: Dem Wort *star* ist *vedette* vorzuziehen; *starisation* («Zum-Star-Werden») dagegen erhielt ihr Plazet. Es wäre zum Lachen, belegte man in Frankreich nicht Journalisten, die sich über diese Direktiven hinwegsetzen, mit Geldbußen! Tatsächlich besteht ein Gesetz, das derlei ermöglicht. Und während in Deutschland der angebliche Verfall der Sprache nur wenige Gemüter erhitzt, wird er in Frankreich zum Streitpunkt zahlreicher Debatten und Publikationen.

Das Kauderwelsch aus (in die Umgangssprache aufgestiegenem) Argot, aus Versatzstücken verschiedener Jargons und Milieu- und Modesprachen, dieser Alltags-Argot signalisiert eine Auflehnung gegen den guten Geschmack; er bedeutet Durchbrechen von Tabus, aufmüpfiges Durchlöchern von Fassaden, Aufkündigung des herrschenden Alltagsernstes und des verordneten Optimismus zugleich. Vielleicht kann man ihn als den für missraten geltenden, aber überaus pfiffigen und lebenstüchtigen Zwillingsbruder des *savoir-dire* sehen, dieser Sprachmächtigkeit, die (idealtypisch) in der ebenso strikten wie virtuosen Anwendung sprachlicher Regeln besteht. Und damit ihren Sprecher als ernsthaft, konventionsbereit und potentiell staatstragend erscheinen lässt.

Tips & Knowhow

Wörterbuch der Milieusprachen und Jargons

● **Le verlan:** *Verlan* ist ein silbenverdrehtes Wort, das eigentlich *à l'envers* (verkehrt herum) heißt. Der Name dieser Sprachform erklärt bereits, wie sie funktioniert: Die **Inversion von Silben** führt oft zu einer orthographischen und/oder klanglichen Verschiebung, so dass Sie als Ausländer vor einem Buch mit sieben Siegeln stehen. Während sich aus *laisse béton* (lass Beton) noch leicht *laisse tomber* (vergiss es) rekonstruieren lässt, ist es schon schwieriger, von *rebeu* auf *beur* zu schließen, was selbst schon ein *Verlan*-Wort ist, abgeleitet von *arabe* (Araber). *Verlan* ist keineswegs nur eine Jugend(szene)sprache. Sie können *Verlan*-Wörter ebensogut aus dem Mund eines Kameramanns oder mittleren Büroangestellten vernehmen. Es bedeutet auch keineswegs eine neue Erfindung. Die Silbeninversion war ein beliebtes Mittel des Argot der Gauner und Bettler, z.B. *louffe* für *fou* (verrückt). In diesem Jahrhundert haben sich Schriftsteller wie Raymond Queneau und Boris Vian nicht nur vorhandener *Verlan*-Wörter bedient, sondern sich diese Methode zunutze gemacht um ihre ureigensten Wortschöpfungen zu bilden; manche davon geistern noch heute in der Umgangssprache umher.

● **Le pataouète:** *Pataouète* lautet die Sprache, die die *pieds-noir*, die Algerienfranzosen, mitgebracht haben. Es sind im geringeren Maße eigenständige Wörter, die aus dieser Redeweise Eingang in die französische Sprache gefunden haben, häufiger **syntaktische Eigenarten**, etwa: *Ça va pas, la tête?* («Wohl nicht ganz dicht im Kopf oder was?»)

● **Le franglais:** Auch diese Bezeichnung, die aus *français* und *anglais* zusammengesetzt wurde, verrät sofort, wovon die Rede ist: von den **englischen** bzw. **amerikanischen Wörtern** und ihren **französisierten Varianten**. Davon findet sich auch im Deutschen eine ganze Reihe: *timer* (gesprochen: «teimee», für Deutsch: timen), *look* (Styling, Outfit), ...

● **Le français branché:** *Etre branché* heißt «in, up to date sein» (obwohl diese Wendungen im Szenedeutschen längst out sind; freier und länger, dafür moderner übersetzt: jemand hat echt abgefahrene Klamotten und ist tierisch cool bzw. endkrass drauf). Das *français branché* ist also die aktuelle Modesprache, der **Szene-Jugend-Jargon der Saison.** Doch zeichnet sich schon seit etwa zehn Jahren eine Tendenz ab, dass keineswegs mehr *branché* ist, wer noch *français branché* spricht: Heute gibt man sich eher **câblé** und spricht eine mit Computer- und sonstigem ätzenden Technikjargon vernetzte Sprache. (Auf Normalfranzösisch heißt *branché* an den Stromkreislauf angeschlossen sein, *câblé* dagegen am Kabel hängen – das ist zweifellos moderner.)

Neben dem Vokabular gehören zum *français branché* eine Reihe von Ticks, die breite Bevölkerungsschichten übernommen haben. So können Sie aus aller Munde die mal liebevoll, mal spöttisch gemeinte **O-Endung** hören: *écolo* für *écologiste*, *mégalo* für *mégalomane* (größenwahnsinnig), *clodo* für *clochard* …

«Es ist verboten auf den Boden zu spucken und bretonisch zu sprechen»

Das höfische «le francien» (das Franzische) der Ile de France wird absolutistisch gegen andere Mundarten oder Sprachen durchgesetzt.

Die Sprache, die die *Académie française* schon zu ihrer Gründungszeit (im 17. Jh.) verteidigen sollte, war die Sprache der Machthaber aus der Ile de France. Während die Krone ihre Vormachtstellung gegenüber dem Adel aus- und schrittweise den zentralistischen absolutistischen Staat aufbaut, wird die Pariser Variante der in den unterschiedlichen Regionen gesprochenen Mundarten und Dialekte, *le francien* (das Franzische), zur juristisch verbindlichen Amtssprache. Fortan gilt als aufständisch und muss mit Verfolgung rechnen, wer weiterhin *patois* (Mundart) oder *dialecte* verwendet. Mit diesen Begriffen werden im Alltag Mundarten, Dialekte und ebenso deutlich vom Französischen unterschiedene Sprachen undifferenziert bezeichnet – selbst solche, die wie Baskisch, Elsässisch und Bretonisch nicht einmal zu den romanischen Sprachen zählen.

An den Höfen wird diese Sprache übernommen und ebenso von den Gebildeten. So dass in Frankreich, wo es einen größeren Dialekt- und Sprachenreichtum gab als in Deutschland, ehemalige Schriftsprachen (wie das Okzitanische) zu nur mehr mündlich und in einfachen Schichten gesprochenen «Mundarten» herabsinken. Bauern, Fischer und Handwerker allerdings sprechen Französisch bis ins 19. Jh. de facto nicht.

Nach der Französischen Revolution und der Einführung der allgemeinen Schulpflicht und des allgemeinen Wehrdienstes aber werden seit dem 19. Jh. alle Menschen gezwungen ihre Sprache und ihre Kultur – falls abweichend von der zentralistischen – zu verleugnen. Andernfalls werden sie erniedrigt, benachteiligt, sogar bestraft. Diese Durchsetzung des Französischen als eine Sprache, die von jedem Franzosen gesprochen wird, wurde erst in den 50er Jahren dieses Jahrhunderts abgeschlossen. Des-

halb sprechen die Älteren und Alten ihre Regionalsprachen und Dialekte durchaus noch untereinander.

Aufleben von kulturellen Autonomieforderungen nach 1968

Als Antwort auf diese politisch-kulturelle Unterdrückungspolitik entstanden bereits im 19. Jh. Regionalbewegungen. Nach 1968 leben die Forderungen nach kultureller, wirtschaftlicher und politischer Autonomie frankreichweit von neuem auf. Sie führen schließlich zur Einrichtung eines Unterrichtsfachs, in dem die Regionalsprache gelehrt wird, und weiterhin zur erstmaligen Erforschung der Sprachen und Dialekte und nach dem Amtsantritt von François Mitterrand zu einer **kulturellen Dezentralisierung**, die zwar noch immer wesentlich geringer ausfällt als die so genannte Kulturhoheit der Länder in der BRD, die aber dennoch mehr als eine folkloristische Spielwiese bedeutet.

Heute bestehen, was den sprachlichen Bereich betrifft, Vor- und Grundschulen, in denen die jeweilige **Regionalsprache** gesprochen wird, und auch Lokalradios, die in diesen Sprachen senden. Und es gibt zahlreiche Sänger, die in ihrer Sprache singen. Schließlich findet man Schriftsteller und Dichter, die durch die Verwendung so genannter Regionalismen die französische Literatursprache ähnlich bereichern wie jene, die sich des Argot bedienen.

Radikalere Korsen, Basken und Bretonen

Jener Minderheit von Korsen und Basken, die eine Loslösung von Frankreich anstreben, ist dies ebensowenig genug wie den radikalen Antizentralisten, die es insbesondere in der Bretagne gibt. Die Mehrzahl der Menschen in den betreffenden Regionen scheint hingegen akzeptiert zu haben, dass mehr an sprachlicher Autonomie kaum möglich ist – ja verspürt wohl nicht einmal mehr das Bedürfnis danach: Das alltägliche sprachliche Umfeld der mittleren und jüngeren Generation ist Französisch (auch zu Hause); ihre Regionalsprache müssen sie als Fremdsprache erlernen.

Eines hat sich nach wie vor nicht geändert: Verspottet wird im Alltag immer noch derjenige, der im Klang von Sprachmelodie und Lauten seine

«Mundart» nicht verleugnen kann. (Besonders gern nehmen die Franzosen die Frankokanadier, die Frankoschweizer und die wallonischen Belgier aufs Korn.) Und in der Gesellschaftshierarchie avanciert nur, wer das *savoir-dire* des Normfranzösischen beherrscht.

Dies gilt umso mehr für **ethnisch-kulturelle Minderheiten**, unabhängig davon, wie lange sie in diesem Staat schon leben – ob Juden und Roma bzw. Sinti oder *immigrés* (eingewanderte Arbeiter und Asylanten und deren Kinder), die dem französischen Sprachatlas eine weitere Dimension erschließen: Neben Französisch und den traditionellen Regionalsprachen und -dialekten werden heute in Frankreich einige weitere Sprachen gesprochen und geschrieben: Kreolisch, Arabisch, Armenisch, Hebräisch, Jiddisch, Romani, Portugiesisch, Spanisch, Türkisch, Vietnamesisch, Soninke und die Sprache der Berber.

Bannzil kreyol – Kreolischer Archipel

Kreolisch nennt man alle Sprachen, die aus der Berührung von europäischen Kolonisatoren und nichteuropäischen Völkern entstanden sind.

«Yo tout la sé yich bata, san mamman, san papa, san ras, téritwa, ni listwa, ni mémwa …» («Alles Bastarde, Kinder ohne Vater und Mutter, ohne Abstammung und Heimat, ohne Geschichte und Erinnerung …», Gedichtzeile aus L.-F. Prudents *Kreolischer Archipel*). Kreolisch nennt man alle Sprachen, die aus der Berührung von europäischen Kolonisatoren und nichteuropäischen Völkern entstanden sind. Dazu zählt man heute circa 200 Sprachen, die aus dem Aufeinandertreffen von Portugiesisch, Holländisch, Englisch, Spanisch und Französisch mit anderen Sprachen geboren wurden. **Kreolisch auf französischer Basis** wird von etwa 8–10 Mio. Sprechern auf den Antillen, auf einigen Inseln vor Madagaskar und im amerikanischen Bundesstaat Louisiana gesprochen, und zwar sowohl in unabhängigen Staaten als auch in den französischen Überseedépartements Guadeloupe, Martinique, Guyana und Réunion. Aus diesen *départements doutre-mer (D.O.M)* kommend, leben etwa 400.000 Kreolophone und ihre Kinder im Hexagon.

Das Kreolisch der Antillen

Das Kreolisch der Antillen (um eine der Varianten zu wählen), bildete sich aus dem Zusammenprall zweier Indianer-, einer afrikanischen und der französischen Sprache. Es wurde das Kommunikationsvehikel unterschiedlichster ethnischer Gruppen, eine mündliche Sprache. In den *D.O.M* bedeutet dies bis heute: Einerseits besteht die gesprochene Alltagssprache, Kreolisch (wie seinerzeit im alten Frankreich die Dialekte und Regionalsprachen), und andererseits eine Hochsprache, Französisch, die dem offiziellen Bereich vorbehalten bleibt: der Schule, den Medien, der Verwaltung. Und wer ein «vollwertiger» Franzose sein will, in diesem Überseedépartement wie im Hexagon, der zeigt sich nur allzu leicht geneigt diese Zweiteilung hinzunehmen und bei sich das Kreolische als «minderwertig» auszumerzen.

Die einzigen, die jahrzehntelang Kreolisch offen und offensiv in offiziellen Zusammenhängen verwendeten, waren die Verfechter der Unabhängigkeit. Erst in den 70er Jahren begann unter den Kreolophonen selbst eine Bewusstwerdung ihrer kulturellen Identität. Musik, Literatur, Filme entstanden, die auch in Europa bekannt wurden. Und *en métropole* (in Frankreich selbst), in einer Gesellschaft, die sie zurückweist, wie sehr sie sich auch assimilieren mögen, organisieren sich seit den 80er Jahren auch die Kinder der Kreolischsprecher in Clubs und Vereinen im Versuch, eine eigene Identität zu entwickeln. Gegenwärtig befindet sich Kreolisch auf halbem Wege dazu, eine vollwertige, d.h. eine Schriftsprache, zu werden und damit Ausdruck einer eigenständigen Kultur.

Parler petit nègre – Französisch radebrechen

Wenn Sie sich in Frankreich aufhalten und kein Französisch sprechen, werden Sie auch als Deutscher oder Österreicher zum *nègre*. Können Sie wenig Französisch, werden Sie dies auch als Schweizer. Beherrschen Sie es halbwegs, so eröffnen sich einige Chancen. Doch als vollwertigen Menschen werden die Franzosen Sie erst akzeptieren, wenn Sie sich nicht nur fehlerlos, sondern auch akzentfrei ihrer Sprache bedienen. Will man diese Behauptungen ein wenig differenzieren, so kann man noch hinzufügen: Kommen Sie als Tourist nach Frankreich, so wird man Ihre geringen Französischkenntnisse mit Nachsicht beurteilen, doch wehe, Sie wollen dort leben. (Natürlich bestätigen die Ausnahmen wie immer die Regel.)

Nur durch fehlerloses und akzentfreies Französich werden Sie vollwertiger Mensch.

Sind Sie als Tourist in Frankreich, wird man Ihre geringen Französischkenntnisse mit Nachsicht beurteilen.

Franzosen sind Fremdsprachenmuffel.

Glauben Sie aber nicht, Sie könnten dieses Verhalten den Franzosen in D / CH / A mit gleicher Münze heimzahlen. Denn auch im Ausland sprechen sie nichts als Französisch. Erst seit den vergangenen 15 Jahren lernen 85% der Schüler Englisch. Allerdings fällt der Fremdsprachenunterricht nach wie vor so schlecht aus, dass die wenigsten wagen ihre Sprachkenntnisse anzuwenden.

«Deutsch spricht man nur mit den Pferden.»

Was als Arroganz oder Ignoranz erscheinen mag, kann sich geschichtlich entschuldigen. Von 1714 bis zum I. Weltkrieg gilt Französisch als die einzige **Sprache der Diplomatie**. So erklärt es sich, weshalb u.a. im internationalen Postwesen Französisch verwendet wird. Auch an den europäischen Höfen wird über mehrere Jahrhunderte nur Französisch gesprochen. Der russische Adel beispielsweise spricht Russisch gar nicht oder nur gebrochen. Die russische Literatur wird lange Zeit in französischer Sprache abgefasst. Franzosen dienen in Deutschland und Italien als Minister oder Kammerherren, als Ingenieure, Ballettmeister, Architekten, Maler und Wissenschaftler und auch mit ihnen wird selbstverständlich nur Französisch gesprochen. In Deutschland klagen die Dichter, Deutsch spreche man «höchstens noch mit den Pferden».

Wenngleich das Französische seit dem Untergang der monarchistischen Staaten seinen bestimmenden Weltrang verlor, hat Frankreich doch durch eine vehemente Sprachpolitik bewirkt, das Französische als internationale Verkehrssprache in ehemaligen Kolonien und sogar über diese hinaus als Amts- oder zumindest Verkehrssprache zu halten. So ist, neben Englisch, Französisch die Arbeitssprache der UNO.

Es muss nicht Arroganz oder Hochmut bedeuten, wenn Sie sowohl mit Ihrem Englisch als auch Französisch starke Kommunikationsprobleme haben.

Dass aber **Englisch** heute die **beherrschende Weltsprache** (nicht nur der Diplomatie) ist, drang erst allmählich (nach dem II. Weltkrieg und später nach dem «Verlust» ihrer Kolonien) verstärkt in das Bewusstsein der Franzosen, obwohl dieser Prozess schon in den 50er Jahren des 19. Jh. begann. Erschwert wurde dieser Bewusstwerdungsprozess im Kopf der Durchschnittsfranzosen noch dadurch, dass sie weit weniger als manch andere Europäer ins Ausland reisten (und reisen), dass erst seit Ende der 70er Jahre eine ernst gemeinte Aufmerksamkeit der französischen Verlage gegenüber ausländischer Literatur entstand, die zu einer steigenden Zahl von Übersetzungen führt. Werten Sie es also nicht immer als Dünkel, wenn Sie mit Ihrem Allerwelts-, Ihrem Tramp-, Ihrem Pidgin- oder Ihrem Oxford-Englisch bei Franzosen auf taube Ohren stoßen.

Ebenso wenig muss es Hochmut bedeuten, wenn ein Franzose sich nicht auf Ihr Französisch-Niveau einzustellen und langsamer zu reden vermag. Es jagen ihn nämlich Phonetikgesetze. Während im Deutschen hinter jedem Wort ein Hackbeil niedersaust und es scharf vom nächsten trennt, werden im Französischen Wortgruppen gebildet. Und darüber hinaus werden bestimmte Vokale phonetisch gänzlich gestrichen. Ein einfaches Beispiel: *Mais je vous le dit* («Ich sage es Ihnen doch») wird folgendermaßen gesprochen: «mäschwuldi» – mit der einzigen Betonung auf «di».

Doch sollen die Franzosen hier nicht allzu sehr in Schutz genommen werden. Viele unter ihnen sind wirklich arrogant. Sie meinen, wer radebrecht, der tauge nichts. Ihm gilt der Ausdruck ***parler petit nègre*** (wie klein Neger reden) und manch andrer Spott dazu. Und wenn dann noch soziale Überheblichkeit mitschwingt, wird es gänzlich unerträglich.

Aber manche Franzosen sind doch kulturell arrogant.

Au-pair-Kräfte (und desgleichen portugiesische Putzfrauen oder ceylonesische *maître d'hôtel*) werden manchmal mit einer elterlichen Herablassung behandelt, als seien sie das eigene geistig etwas minderbemittelte, aber dennoch geliebte Kind. Hier paaren sich soziale Arroganz und eine Überheblichkeit, die sich aus dem eigenen Sprachgeschick ergibt, denn, wie erwähnt, Franzosen gewinnen einen erheblichen Teil ihres Selbstbewusstseins aus dem *savoir-dire*.

Au-pair-Kräfte, die vier bis sieben Jahre Französisch in der Schule lernten, die als Austauschschülerinnen oft in Frankreich waren und in ihren Gastfamilien gut zurechtkamen, erzählen nun nicht selten, dass die Familie, in der sie jetzt als Au-pair arbeiten, behaupte, sie nicht zu verstehen. Und selbst redeten die Familienmitglieder so schnell und kompliziert, dass wiederum sie nichts begriffen. Eine solch verfahrene Situation weist meist darauf hin, dass es Missstimmigkeiten gibt, die in anderen als Sprachproblemen begründet liegen.

Tips & Knowhow

Unterschiede zwischen der deutschen und der französischen Sprache

Wenn Sie Franzosen sprechen hören, sei es einen *homme de lettres* oder einen Meister des Argot, könnten Sie meinen, Französisch sei leichtfüßiger als Deutsch. Sie kommen sich vor wie in der Manege eines Zirkuszeltes. Ihr Gegenüber ist ein vollkommener Jongleur, seine Bälle sind die französischen Wörter. Sie scheinen nicht aus festen, sondern aus ätherischen Stoffen geschaffen zu sein. In der Tat ist **Französisch** eine Sprache mit «geringerer Bodenhaftung», es ist **abstrakter**.

Die Wurzel eines Wortes, sein sinnlich anschaulicher Ursprung wird im Französischen kaum noch empfunden, während er im Deutschen meist gegenwärtig wird, denn Französisch hat sich allzu weit vom Lateinischen entfernt.

Vergleichen Sie z.B.: Haus – *maison*, häuslich – *domestique*, Hausierer – *colporteur*, Hauslehrer – *percepteur*, Haushalt – *ménage*, unbehaust – *déraciné*.

Ein französisches Wort vereint zudem wesentlich **mehr Bedeutungen** in sich als ein deutsches. Dies wird zum Beispiel deutlich bei den Verben *entrer* und *sortir*. Das Deutsche präzisiert: herein-/heraus- (oder: hinein-/hinaus-) -kommen, -gehen, -fliegen, -kriechen, -schwimmen, -laufen usw. Doch faszinierende Möglichkeiten ergeben sich bei einem Wort wie *coup*. Schon in seiner Grundbedeutung wird es übersetzt mit: Schlag, Hieb, Stich, Stoss, Schuss, Knall, Ton, Blick, Fall, Coup, Treffer, Strahl, Kniff, Pfiff, Zug, Fang, Wunde, Wurf, Streich, Hub. Dann gesellen sich noch endlose Möglichkeiten der Zusammensetzung hinzu: *coup de foudre*, was nicht nur «Blitzschlag» bedeutet, sondern auch «Liebe auf den ersten Blick», *coup de main* – (militär.) Handstreich, *coup de pouce* – Nachhelfen, *coup d'eau* – Wassereinbruch, *coup de rouge* – Schluck Roter usw. usf. Und schließlich bieten sich noch Wendungen wie: *encore un coup* – noch einmal, *tout à coup* – plötzlich, *à tout coup* – jedesmal etc. Schlagen Sie einmal im Wörterbuch unter *coup* nach (oder unter *feu, jeter, mettre* ...) und machen Sie dann die Gegenprobe, ob Sie unter einem deutschen Wort eine ebensolche lange Liste an französischen Übersetzungen finden.

Es ist folglich nicht nur der gänzlich verschiedene kulturelle und geschichtliche Hintergrund des Französischen und des Deutschen, der das andere Verhältnis der Franzosen zu ihrer Sprache hervorgebracht hat, sondern auch die Sprache selbst, ihr Wortschatz, ihre Aussprache, ihr Satzbau.

Kommunikation ist mehr als Sprache

Gestik, Mimik, Körperhaltung, Lächeln, Lachen, Intonation und Stimmlage sind in Frankreich ebenso wichtig, wenn nicht gar wichtiger als das Gesagte selbst.

Das französische Gespräch kennt eine spezifische Gewichtung von Spiel und Ernst, Mimik/Gestik und Wort.

Frankreich war vom Süden her römischen und arabischen Einflüssen ausgesetzt, vom Norden her aber normannischen und germanischen. Diese unterschiedlichen Einflüsse können Sie noch heute entdecken: Je südlicher Sie kommen, desto schneller wird der Redefluss, desto lauter die Stimme, die Gestik vielfältiger und die Mimik bewegter. Doch hat der Süden den Norden stark genug beeinflusst, dass auch dort die Menschen nicht skandinavisch gelassen wirken.

Meckern als grundlegende und leidenschaftliche Ausdrucksweise

Eine der grundlegendsten französischen Ausdrucksgewohnheiten ist das Meckern. Bevorzugt schafft es sich in verstopften Straßen Luft, wenn etwa ein Lieferant seinen Lastwagen mitten auf dem schmalen Sträßchen parkt und seelenruhig mit dem Ausladen beginnt. Bei Frauen vernehmen Sie dann häufig ein unangenehm hohes und hysterisches Falsett, als zeterten sie über die größte Ungerechtigkeit, die ihnen je widerfahren ist. Bei Männern drückt sich das gleiche Empfinden durch eine laute und aggressionsgeladene Stimme aus, als stünde eine Schlägerei unmittelbar bevor. Begleitet wird die *rouspétance* durch ein Hupkonzert. Wer aber meint, der Lieferant werde dadurch zu größerer Eile angetrieben, täuscht sich. Der hält in seinem Kommen und Gehen erst einmal inne und meckert und grantelt zurück. Wenn das Geschimpfe anfängt sich zu wiederholen und die Meckerer des Schlagabtausches überdrüssig werden, kehrt der Lieferant zu seiner Arbeit zurück, die er nun vielleicht doch ein wenig schneller verrichtet. Die andern suchen entweder eine pragmatische Lösung, indem sie sich bemühen, den stehenden Convoi von sieben, acht, neun … Wagen rückwärts aus der Straße zu lotsen, oder sie fügen sich in ihre Situation und beginnen die Zeitung zu lesen. Die ihnen vermutlich Nahrung für die nächste *rouspétance* bietet.

Granteln unter Freunden

Ein Granteln unter Freunden, Partnern und anderen sich näher stehenden Menschen beginnt übrigens oft mit einem vorwurfsvollen: Ecoute! oder Mais écoute! *(… je t'ai déjà dit cent fois qu'il ne fallait pas faire ça!)* (Hör mal, Mann, ich hab dir doch schon tausendmal gesagt, dass du das bleiben lassen sollst!)

Tips & Knowhow

Tu & Tabu: *Sprache und Sprechen in Frankreich*

Tu! Bleiben Sie, wenn Sie wenig oder gar nicht Französisch sprechen, dennoch hartnäckig. Zwingen Sie die Franzosen sich klar zu werden, dass sie mit einem Ausländer reden. Auch Franzosen sollten gelegentlich einen **Kulturschock** erleiden. Die Bereitwilligen werden sich daran gewöhnen und mit der Zeit Rücksicht nehmen; die andern … nun gut.

Tu! Verzweifeln Sie nicht an Ihren Französisch-Kenntnissen – sie sind **immer** besser, als Sie nach einem Gespräch mit Franzosen glauben.

Tu! Beachten Sie, dass ein traditionell **gewachsener Unterschied** zwischen der deutschen und der französischen Sprache und ihrer Verwendung besteht. In Arbeitszusammenhängen werden Sie oft feststellen können, dass Ihr französischer Partner nicht dieselbe Gründlichkeit und Grundsätzlichkeit zu verfolgen scheint wie Sie. Er versucht nicht immer, alle Aspekte eines Themas oder einer Problematik zu erfassen und zu ordnen, sondern er konzentriert sich auf einen oder zwei Aspekte, schweift scheinbar ab – und: findet auf diese Weise vielleicht überraschende Lösungen.

Tu! Behalten Sie stets im Auge, dass dem ***savoir-dire*** in Frankreich eine entscheidende Bedeutung beigemessen wird und dass sich nicht zuletzt davon das Verhalten der Franzosen Ihnen und anderen Ausländern gegenüber ableitet.

Tu! **Essen, Unterhaltung & Arbeit** werden anders komponiert und kombiniert als in D / CH / A. Im Arbeitsbereich mag es deshalb vorkommen, dass Ihr Partner das Mittagessen über Gebühr verlängert und eine angenehme Unterhaltung mit Ihnen führt, dass er gar aus einem Arbeitsessen ein Feuerwerk voller Bonmots und Humoresken sprühen lässt. Seien Sie kein Spielverderber, denn so wird ein **gutes Grundklima** für die nachfolgende Arbeit geschaffen.

Tabu! Im Gespräch selbst herrscht in Frankreich eine **andere Gewichtung** von Spiel und Ernst, Aufrichtigkeit und Sprachglanz. Reagieren Sie deshalb nicht brüskiert oder pikiert, wenn Ihr Partner mitten in einem ernsten Gesprächs- oder Arbeitszusammenhang etwas Witziges erzählt, eine Posse reißt.

Tabu! Vergessen Sie nicht, dass Gespräche über **«Risikothemen»** meist gescheut werden – also über Themen, die politische oder soziale Differenzen zutage fördern könnten.

Tu!* und *Tabu! Sprechen Sie mit Franzosen über alles, worüber Sie auch mit Ihren Landsleuten reden würden. Bedenken Sie dabei aber, dass es bei einzelnen Themen **Tabugrenzen** gibt, die im jeweiligen Land anders gezogen werden. Beispielsweise sollten Sie auch nähere Bekannte nicht direkt nach ihrem Ehe- oder Partnerleben fragen. Gehen Sie Themen, deren französische Tabugrenzen Sie nicht kennen, sehr weitschweifig und eher witzelnd an (z.B. wenn es um Lust und Liebe geht, indem Sie über Wolinskis oder Bretéchers Comics reden) und nähern Sie sich dem Sie interessierenden Kern in behutsamen konzentrischen Kreisen, damit Ihr Gesprächspartner und Sie jederzeit, ohne die Tabugrenze überschritten zu haben, das Thema abbrechen können.

Tu! Denken Sie daran, dass Sie möglicherweise nicht die **wirkliche Meinung** Ihres Gegenübers erfahren, wenn Sie sich mit ihm über Risikothemen wie beispielsweise Politik, Intim-Privates und berufliche Karriere unterhalten.

Tu! Behalten Sie im Auge, dass Sie sich in Frankreich, besonders im Süden, bereits in einem **Latino-Land** aufhalten. Einer bestimmten Dramatik in der Stimme Ihres Gesprächspartners (bei Männern eine erhöhte scheinbare Aggressivität, bei Frauen ein Hang zu Manieriertheit und Hysterie) brauchen Sie also nicht dieselbe Bedeutung beizumessen wie in Ihrer Heimat.

Tabu! In Frankreich gelten die klassischen bürgerlichen Höflichkeitsformen. Üben Sie deshalb **nie direkt Kritik**, auch nicht an Freunden. Sätze wie: «Du, ich hab' da ein Problem mit dir: Mir geht deine Art in dieser Beziehung ungemein auf den Wecker» oder: «Hören Sie, ich mag es nicht sonderlich, wenn Sie (… dies und jenes tun)» zeugen für Franzosen von ungeheurer Grobheit, und zwar gilt dies auch unter Freunden und Bekannten.

Tu! Seien Sie lieber **zu höflich als nicht genug**. Franzosen entschuldigen sich häufig so oft, dass es Ihnen gar lächerlich erscheinen mag. Kleiden Sie folglich Bitten wie Kritiken immer in Höflichkeitswendungen ein. Verwenden Sie lieber eine Floskel zu viel als eine zu wenig.

Höflichkeitsformeln

- Eine feste Grundregel lautet: **Verwenden Sie den Konjunktiv.** *Je voudrais (… vous demander), pourriez-vous (… me dire)* usw.

- **Aufforderungen** können Sie abmildern, indem Sie *veuillez, soyez, ayez* oder ähnliches verwenden: *Soyez gentil, laissez-moi votre adresse.* («Seien Sie doch so freundlich und lassen Sie mir Ihre Adresse da.») Weitere feststehende Floskeln: *faites-moi le plaisir* («Tun Sie mir den Gefallen»), *ayez la bonté/la gentillesse* («Haben Sie die Güte/die Freundlichkeit»).

- **Beantworten Sie Fragen** mit ja oder nein, **begrüßen** Sie jemanden oder **verabschieden** Sie ihn, so lassen Sie dem ein *Monsieur, Madame, Mademoiselle* oder *Messieurs-Dames* folgen. Ohne diese Zufügung gilt man entweder als unerzogen oder als ungebildet.

- Bei Personen mit offizieller Funktion wird der **Titel** angehängt, der bei Frauen in **männlicher** Form bleibt: *Monsieur le Président de la République, Madame le Ministre, Madame le Professeur.*

- **Briefe** werden (dort wo im Deutschen «Sehr geehrte/r» oder heutzutage häufig einfach «Liebe/r» steht) ebenfalls mit diesen vier *M* begonnen, gefolgt von einem Komma. Hier einige Briefabschlüsse: *veuillez agréer, Monsieur (Madame …), mes salutations distinguées* (neutral) oder – immer nach dem §-Zeichen: *l'expression de ma haute considération* (förmlich), *l'expression de mes sentiments (très) respectueux* (respektvoll). Bei größerer Vertrautheit unterzeichnet man einfach mit *amicalement* oder *amitié*; gute Bekannte oder Freunde schließen einen Brief auch mit *je t'embrasse* oder mit *grosse bise* ab.

Telefonieren

- Früher einmal war Frankreich dafür bekannt, dass man dort zum Telefonieren ins Café ging und spezielle Telefonmünzen *(jetons)* verwendete. Haben die Franzosen weder Zigaretten- noch Kondomautomaten angenommen (einen weiteren Versuch in dieser Richtung unternahm das französische Gesundheitsministerium im Zusammenhang mit AIDS), so zeigen sie sich gegenüber den Neuerungen im Bereich der sogenannten Telekommunikation äußerst aufgeschlossen.

- In Frankreich **meldet sich der Angerufene** nicht mit Namen; er reagiert vielmehr mit: *Allô.* Obwohl die Höflichkeit verlangen würde auch dann seinen Namen zu nennen, wenn man eine andere Person zu sprechen wünscht, sagt die Mehrheit der Franzosen einfach: *Bonjour Madame / Monsieur, pourrais-je parler à Monsieur Bernard, s'il vous plaît.* Erst wenn die gewünschte Person sich meldet, stellen Sie sich vor.

- Rufen Sie ein **Amt** oder eine **Firma** an, so mag die Sekretärin am andern Ende der Leitung allerdings fragen: *C'est de la part de qui, s'il vous plaît?* Dann nennen Sie Ihren Namen und fügen gegebenenfalls eine Erläuterung hinzu: *Ici Hans Müller* (oder *Hans Müller à l'appareil*). *J'appelle pour l'annonce que vous avez passée dans* … («Mein Name ist H.M. / H.M. am Apparat. Ich rufe wegen der Anzeige im … an.»)

Das Tier mit den zwei Rücken:
Von Liebe, Lust und Unlust

Bernard, seine Frau Marie-Anne und sein langjähriger Freund Cédéric, alle um die vierzig und in geisteswissenschaftlichen Berufen tätig (Gymnasiallehrer bzw. Hochschuldozenten), trafen sich manchmal zum Essen in einem der guten Restaurants ihrer Stadt. Bernard, ein Liebhaber von guten Speisen und espritreichen Gesprächen, pflegte dann die Speisekarte zu studieren, empfahl den anderen ein Menu und beratschlagte mit ihnen, welcher der Weine zu bestellen sei. Das Essen nahm seinen Lauf, Unterhaltung und Menu zergingen gleichermaßen auf der Zunge. So zumindest erscheint es Bernard noch im Nachhinein. Er kann sich nicht erinnern, je irgendeine Angespanntheit oder Unruhe oder geistige Abwesenheit an seiner Frau bemerkt zu haben. Er kann sich ebenfalls nicht erinnern, irgendeine Komplizenschaft – vielsagende Blicke, chiffrierte Gesten, ein zweideutiges Mienenspiel – zwischen Cédéric und seiner Frau beobachtet zu haben. Natürlich, die beiden flirteten miteinander, wenn es das Gespräch anbot, aber das ist ja üblich, das macht jeder, auch er, Bernard, ohne dass es Folgen hat. Als Marie-Anne bei einem dieser Essen – sie waren schon beim Nachtisch angelangt – in eine Gesprächspause hinein emotionslos bemerkte: «Cédéric ist seit einem Jahr mein Liebhaber», traf ihre Äußerung, die sie wie eine sachliche Mitteilung von sich gegeben hatte, Bernard wie ein Meteoriteneinschlag. Im ersten Moment setzte sie ihn schachmatt. Er befreite sich aus dieser Matt-Position, indem er den Tisch umkippte, an dem sie gerade so heiter gespeist hatten, und Scherben sowie Rechnung den beiden überließ.

«Haushalt zu dritt»

Bei diesem *ménage à trois* («Haushalt zu dritt») hatte noch eine Person die Finger im Spiel – der Haushaltsvorstand gewissermaßen: ein anderer Freund von Bernard, Matthieu, der den Geliebten seine Wohnung für ihre heimlichen *tête-à-tête* zur Verfügung gestellt hatte. Von Matthieu sagt seine Ex-Lebensgefährtin, er sei ein *homme à femmes* und habe es selber auf Marie-Anne abgesehen. Außer einem Kind, das in einem kleinen normannischen Dorf lebt und von dem sowohl Bernard als Matthieu der Vater sein könnte, finden sich allerdings keine Beweise in dieser Richtung, meint wiederum Bernard. In dem Dreieck Bernard – Cédéric – Marie-Anne jedenfalls beschränkte sich Matthieus Rolle auf die des Schach spielenden Don Juan.

Bernard und Marie-Anne ließen sich scheiden. – Alles in allem ein Szenario, wie es sich ebensogut in einem Haushalt hierzulande abspielen könnte.

Verlaufen Liebe und Geschlechterkampf in Frankreich wie bei uns?

Bei oberflächlicher Betrachtung drängt sich der Eindruck auf, dass sich in Sachen Liebe und **Geschlechterkampf** die Dinge bei uns und in Frankreich weitgehend gleichen:

In hohen Staatsämtern und Managerpositionen sind Frauen dies- wie jenseits des Rheins und des Genfer Sees unterrepräsentiert, dafür überdurchschnittlich als Arbeiterinnen in so genannten Leichtlohngruppen beschäftigt; nach wie vor wählen die Frauen vorzugsweise geisteswissenschaftliche Studienfächer, die Männer dagegen naturwissenschaftliche. Und während in den ersten Studienjahren die Männer zwischen den weiblichen Geistes-Studierenden übersehen werden, streben sie später eine

Dozentur an, wohingegen die Frauen sich häufig mit Lehrerinnen-Stellen zufriedengeben. Den Konflikt der Unvereinbarkeit von Karriere und Kindererziehung tragen die Frauen noch immer allein aus, und ebenso fällt ihnen die so genannte Doppelbelastung zu, wenn sie Familie und Beruf haben. *Last not least* sind es keineswegs nur die unverbesserlichen Macho-Männer, die ihre angestammten Plätze nicht räumen und eingeschliffene Verhaltensweisen nicht verändern wollen, sondern die Frauen selbst tragen ein gut Teil dazu bei: Eine Umfrage unter Französinnen ergab vor einigen Jahren, dass drei Fünftel mit ihrer Situation als Frau zufrieden seien. Diesen drei Fünfteln stehen 37% jener Frauen gegenüber, die lieber als Mann das Licht der Welt erblickt hätten. Sobald man aber den Blick auf das Alltagsdetail heftet, verblassen die Ähnlichkeiten.

Club Origan

Vom brav-biederen Mädchen zur attraktiven, selbstbewussten Frau

An den Sonntagnachmittagen führen die Franzosen ihre kleinen Kinder in den Parks spazieren. Die Mädchen sind adrett gekleidet. Yvonne, acht Jahre, Tochter eines Buchhändlers und einer Verlagsvertreterin, liebt das sehr. Sie quengelt und bettelt, bis sie das rüschenbesetzte Hängerkleidchen tragen darf, das ihr zu Tante Marthes Hochzeit gekauft wurde und eigentlich noch eine Weile für besondere Familienfeste aufgespart werden sollte. Sie verspricht, unterwegs nicht herumzutollen, und schwört sogar, der Sauberkeit zuliebe auf das Eis zu verzichten. Himmelblaues Kleidchen, dunkelblaue Lackschühchen, ein leichtes dunkelblaues Mäntelchen und zu allem Überfluss Löckchen bis weit auf den Rücken, offen, blond, mit einer Schmetterlingsspange, so herausgeputzt geht Yvonne eine Stunde an der Hand ihres Papas über die fest gestampften Kieswege des *Jardin d'acclimatation* (des Zoologischen Gartens) im Pariser Parc de Vincennes; beim Anblick mancher Tiere, die sie besonders mag, wagt sie, ohne die Hand des Vaters loszulassen, ein paar Hopser und zieht ihn Richtung Zaun, auf den sie sich dann gemeinsam zu bewegen – mit Spaziergängerschritten.

Artige kleine Mädchen, die in der Pubertät zunächst schreckhaft noch braver werden.

Überall in Frankreich sehen Sie sonntagnachmittags in den Parks diese artigen Mädchen, die weder auf dem Rasen – Betreten verboten – Ball spielen noch mit kreischendem Lachen auf den Wegen Fangen spielen und dabei die Rentner erzürnen. Werden diese Mädchen älter, hat gesittete Wohlerzogenheit sie vom Kopf bis zum Zeh imprägniert, so dass sie, sobald die Pubertät sie zu verwandeln beginnt, aus Verschrecktheit noch ein bisschen braver werden. Das geschieht umso leichter, als zwischen Ganztagsschule und Familienessen wenig unkontrollierte Zeit zum vorsichtigen Herantasten an dieses neue Universum verbleibt.

Bis in die 70er Jahre erschwerten zudem getrennte Vor- und Grundschulen den Mädchen und Jungen das Kennenlernen des anderen Geschlechts und das Hineinwachsen in die Sexualität. Die **Koedukation**, *éducation mixte*, trägt seit dem 19. Jh. zu jenem Streit zwischen Vertretern der Republik und Anhängern von Monarchie und Geistlichkeit bei, der um die Bildungsfreiheit kreist. Die Auseinandersetzung um die gemeinsame Unterrichtung von Mädchen und Jungen kristallisierte sich auf diesen Schultyp, wohingegen die *mixité* in Gesamtschule wie in Gymnasium schon in den 60er Jahren schrittweise und sang- und klanglos Einzug hielt. Erst am 28.12.1976, Jahrzehnte später als zum Beispiel in Deutschland, wurde per Dekret die Koedukation für Vor- und Grundschulen verordnet.

Die zwischengeschlechtliche Annäherung geschieht recht spät und zunächst fast nur durch Flirt.

Wenn sie das Alter von 16, 17 Jahren erreicht haben, beginnen die Mädchen sich für die Jungs schick zu machen und die nach Geschlechtern getrennten Gruppen sich zu vermischen: Man geht gemeinsam ins Kino oder ins Café, wo man irgendeinen künstlichen grellfarbenen Sirup trinkt und flippert. Da wird mit Augenaufschlag und zufälligen Berührungen, mit witzelnden und flapsigen, leicht zweideutigen Bemerkungen, mit Balgereien und gemeinsamem Aus-einem-Glas-Trinken geflirtet, aber wenig Händchen gehalten oder geknutscht; und später geht man, wieder in getrennten Gruppen, nach Hause. So jedenfalls sieht das Bild in einer breiten Mittelschicht aus; dies ändert sich auch nicht, wenn die Jugendlichen junge Erwachsene werden und die Hochschule besuchen. Da hat sich bis heute eine Prüderie bewahrt, die deutsche Austauschschüler und Studenten immer wieder erstaunt. In den Wohnsilogebieten, wo die nichtbürgerlichen Schichten leben, geht es unverblümter zu. Da treten die Jungs wie Männer auf, und die Mädchen zieren sich nicht. Allerdings sind viele bereits in jugendlichem Alter schwanger.

Prüderie – die Gegenrealität zum «frivolen» Frankreich, zumindest in den bürgerlichen Schichten

Im 19. Jh. galt «moralischer» Lebenswandel als ein Privileg der Bourgeoisie; im 20. Jh. ist ihr Privileg die Emanzipation der Frau. Die braven Bürgermädchen und -jungen besuchen die Universität, erlernen einen Beruf, schaffen sich eine *situation* (eine Position). Das nimmt viel Zeit in Anspruch, so dass für schwärmerische Jugendlieben und taumelige Erfahrungen kein Raum bleibt.

Karriere – späte Liebe – frühe Scheidung

Doch irgendwann im Lauf ihres Einstiegs ins Berufsleben, vielleicht noch in den letzten Universitätssemestern, begegnet den meisten ein Partner/eine Partnerin; mit dieser Person zieht man zusammen, heiratet später – häufig, wenn sich ein Kind ankündigt –, und noch ein wenig später tauchen die Probleme auf, die zur Scheidung führen: Eine von drei Ehen wird in Frankreich geschieden, 28% der Scheidungen erfolgen in einem Zeitraum von fünf bis zehn Jahren nach der Hochzeit, 35% wegen **Untreue** eines der beiden Partner.

Marie-Anne hatte, bevor sie Bernard kennenlernte, noch nie mit einem Mann geschlafen. Die Liebe – bzw. das, was sie damals dafür hielt –, sagt sie, sei über sie hereingestürzt. Bernard habe sie wenig galant hofiert, stattdessen aber lebhafter als üblich geflirtet und ihr offen Avancen gemacht. Da sie fast 23 Jahre alt war, fand sie es an der Zeit, endlich einmal das Liebemachen auszuprobieren. Das Verhältnis zog sich in die Länge, die beiden zogen zusammen. Im Grunde hatten sie einander nie viel zu sagen, aber Bernard ging abends ohnehin mit Freunden aus, und sie kehrte oft erst gegen zehn von der Arbeit heim, so dass ihnen ihre Fremdheit kaum merklich wurde. Anne-Marie verspürte aber stets die Angst, Bernard könne sie verlassen, und überredete ihn deshalb, als sie dreißig war, zu heiraten. Zur selben Zeit begann sie sich aufgrund ihrer beruflichen Erfolge (sie arbeitete in einem Werbebüro) selbstsicherer zu fühlen. Sie entdeckte, dass das Leben nicht nur aus Schule/Studium/Beruf einerseits und Familie andererseits besteht. Eine Weile versuchte sie sich im Fotografieren; im Urlaub verreiste sie statt mit Bernard mit einer alten Schulfreundin. Zu Hause geriet sie auf die Idee, auch Bernard Verantwortung für den Haushalt tragen zu lassen. Doch unterm Strich blieb alles auf zähe Weise alltäglich fade. Cédéric wurde der Pfeffer. Eine Zeitlang. Als das, was sie für *amour fou* hatte halten wollen, schal schmeckte, brachte sie den Meteoriten zum Einschlagen – und richtete ihn treffsicher auf beide Männer: Sie trennte sich von ihrem Mann wie von ihrem Liebhaber.

«Amour fou»

Sie wechselte die Stadt, holte per Fernstudium ihren Studienabschluss in Wirtschaftswissenschaften nach. Heute ist sie eine der wenigen weiblichen leitenden Angestellten in einer großen Firma am Rande von Paris. Seit zwei Jahren lebt sie mit einem festen Partner zusammen, unverheiratet. Die Gefahr von Emanzipationskonflikten im Haushalt haben sie gebannt: Die beiden beschäftigen ein spanisches Dienstmädchen. Marie-Anne strahlt Selbstbewusstsein aus, aber weder zu Hause noch bei der Arbeit tritt sie je auf, als sei sie ein Neutrum oder gar Mann; im Gegenteil – sie setzt ihre Weiblichkeit sehr wohl ein: «Warum soll ich mich abrackern bis zum Herzinfarkt wie ein Mann», sagt sie, «oder mich autoritär aufplustern, wenn ein bestimmter, sagen wir ruhig: erotischer Unterton in der

Weiblichkeit als Karrieremittel

Vom brav-biederen Mädchen zur attraktiven, selbstbewussten Frau

Stimme, ein leicht flirtender Blick, na ja und etwas Parfum und eine weibliche Kleidung mir auf eine viel genussvollere Weise zum Erfolg verhelfen? Es gefällt mir, nicht allein als Mensch, sondern auch als Frau anerkannt zu werden.»

Was das Flirten vom «Anmachen» unterscheidet

In Frankreich will eine Person nie vergessen, dass sie Mann bzw. Frau ist.

Marie-Annes Bemerkung bringt den wohl wichtigsten Unterschied zwischen D / CH / A und Frankreich zum Ausdruck: In Frankreich vergisst eine Person nie, dass sie Mann bzw. Frau ist.

Die Frauen geben sich immer ein wenig kokett, die Männer ein bisschen *à la latin lover* (natürlich im Süden mehr als im Norden, wo der skandinavische und der deutsche Einfluss von einst noch zu spüren sind); zu einem Flirt sind beide Seiten jederzeit aufgelegt. Da sitzen Sie als Frau auf dem Weg zur Arbeit in einem städtischen Bus. Es ist Winter, es hat geregnet, die feuchten Mäntel riechen ein wenig muffig. Die Leute stehen dicht gedrängt, bald werden sie in den Raum zwischen Ihrem und dem gegenüberliegenden Sitz hineingedrückt. Sie selber sitzen am Fenster, was Sie innerlich aufatmen lässt; Sie schauen nach draußen, halb verträumt, halb verschlafen, möglichst abwesend, um die Menschenmenge weniger zu spüren. Durch die Scheibe können Sie beobachten, wie an den Haltestellen die Leute aus den Türen auf die Straße quellen wie Leberwurst, die man aus dem Darm drückt, und wie die meisten von ihnen, nachdem einige wenige ausgestiegen sind, sich erneut hineinquetschen. Dann ruht Ihr Blick auf den Fahrgästen im Einstieg, die mit je einer Hand an den Haltestangen hängen und, solange sie oben auf dem Trittbrett keinen festen Fuß gefasst haben, den Fahrer daran hindern, die Türen zu schließen und die Fahrt fortzusetzen. Wenn endlich die Türen zugehen, wird immer wieder ein Stück Mantel eingeklemmt und flattert bis zur nächsten Haltestelle im Fahrtwind.

Bei der dritten oder vierten Haltestelle fällt Ihnen ein Mann auf, der die innere Unruhe der anderen, nicht wieder in den Bus hineinzugelangen, nicht teilt: Er steht seelenruhig vor der Tür, während die Szene des Hinein- und Herausdrängelns aufs Neue eifrig geprobt wird, und liest in seiner auf Taschenbuchgröße zusammengefalteten Zeitung; manchmal schaut er kurz auf; er steigt als letzter zu. Während der Fahrt sehen Sie ihn auf dem unteren Trittbrett Richtung Türglas stehen, seine Zeitung zehn Zentimeter vor der Nase. Sie beobachten ihn bei der nächsten Haltestelle. Wieder wartet er gleichmütig lesend auf dem Trottoir, wobei er die Ein- und Aussteigenden im Auge behält. Diesmal treffen sich Ihre Blicke. Er macht eine Was-soll-man-schon-machen-Geste und verzieht fröhlich das Gesicht. Sie lachen kurz zurück. An der nächsten Haltestelle steigt der Mann wieder aus, steckt diesmal aber die Zeitung in seine Manteltasche und setzt sich in Bewegung. Er hält kurz inne, und als der Bus anfährt, wagen Sie noch einmal einen offenen Blick in seine Augen. Er erwidert ihn und Sie **flirten** beide, bis Sie den Mann trotz verdrehten Kopfes aus den Augen verlieren. Schon ist der Tag nicht mehr ganz so mantelmüffelnd und regenmenschengrau.

Flirten auch unter widrigsten Umständen – oder gerade dann?

An einem andern Tag sitzen Sie im Café. Sie rühren gerade in Ihrer Tasse Milchkaffee und schauen sich neugierig um. Während Sie Ihren Blick mal zu dieser Gruppe an einem der Tische oder zu jener Frau, die ein Buch liest, mal zu den Leuten, die am Tresen stehen, schweifen lassen, bemerken Sie, dass ein Mann Sie fixiert. Selbstbewusst und gutgelaunt, wie Sie sich heute fühlen, erwidern Sie einen winzigen Moment lang seinen Blick, ohne wirklich zu flirten …

… Trotzdem steuert der Kerl schon auf Ihren Tisch zu, als hätten Sie dieses Angebot in Ihre Augen gelegt, und grüßt mit einer Stimme wie schaumig geschlagene Butter: «Bonjour.» In unterkühltem Ton entgegnen Sie: «Bonjour.» Prompt fragt er: «Schlecht gelaunt?» Und Sie erwidern, eiskalt, mit aller Aggressivität, derer Sie fähig sind: «Non.» Jetzt erstrahlen die Augen des selbst ernannten Frauenhelden erst recht vor zimtsternsüßem Geflirte, und er fängt an, Sie mit allerlei Komplimenten zu umgar-

Flirten ist keine zielgerichtete Anmache, sondern erfolgs- und selbstverliebtes Vor-Spiel.

nen, vielleicht mit der Schmeichelei, Sie besäßen eine wunderbare Stimme – wie Samt und Seide. Womöglich schweigen Sie nun in der Annahme, wenn Sie ihm jetzt den Triumph seiner Rache überlassen, werde er sich zurückziehen. Weit gefehlt: Nach einer kleinen Pause überrascht er Sie mit einer wirklich charmanten Äußerung. Ein sicherer Instinkt hat ihn wittern lassen, wie er Sie ködern kann. Wenn Sie sich jetzt auch nur ein bisschen geschmeichelt fühlen und ein klein bisschen weniger hart «Merci» sagen, haben Sie verloren. Bei diesem Spiel geht es nicht darum, dass der Anmacher Ihnen eine Verabredung entlocken will, gar versuchen möchte, zudringlich zu werden: Er wird lediglich nicht eher lockerlassen, bis er einen Flirt aus Ihnen herausgekitzelt hat – und damit: eine Anerkennung seiner Person als Supermann.

Vom strebsamen Musterschüler oder Halbstarken zum männlichen Mann

Bürgerliche Musterknaben: Mathematik und Philosophie statt Mädchen

Beobachten Sie sonntagnachmittags in den Parks die Knirpse, so wird Ihnen auffallen, dass die Jungen sich kaum wilder gebärden als die Mädchen. Prügeleien im Sandkasten gibt es nicht, ebenso wenig aufgeschlagene Knie oder spielerische Boxkämpfe mit dem Vater. Auch die Jungen spazieren einher wie kleine Erwachsene. Auf dem Land sieht man sie allein oder zu zweit mit der meditativen Ruhe von in Weisheit ergrauten Greisen beim Angeln sitzen. Und jene, die, besonders in der Pubertät, eine motorische Unruhe in sich spüren, betreiben Radfahren oder einen anderen Sport oder drehen mit ihren Mopeds Schleifen durchs Dorf. Dass nicht alle Jungen Musterschüler sind, schält sich erst heraus, wenn sie die **Pubertät** erreichen. Dann entwickeln die Bürgersöhne eine Zielstrebigkeit, die das Lernen für das Leben mit dem Pauken für Schule und Hochschule gleichsetzt: Mathematik und Philosophie statt Mädchen, so scheint die Formel zu lauten – und aus unerfindlichem Grunde lässt sie sich tatsächlich anwenden.

Das soziale Gegenmilieu: Halbstarke mit Machogehabe

Die Heranwachsenden aus den nichtbürgerlichen Schichten mausern sich zur selben Zeit zu Halbstarken mit Machogehabe. In Cliquen stehen sie herum an Kreuzungen und Plätzen, auf den Heimwegen der Mädchen, denen sie Anzüglichkeiten und Obszönitäten hinterherrufen. Als Banden ziehen sie aus den Vororten in die Stadtkerne, wo sie, auf Gehwegbreite, nebeneinander laufen und die Reaktionen der Entgegenkommenden auskosten – wobei biedere Bürgerstöchter als Lieblingsopfer dienen: Je nachdem, wie sehr sich einer hervortun will, flüstert er ihr halblaut ein *bonjour* zu; oder er schreitet scheinbar gelassen auf sie zu und fragt, höflich, um den Eindruck zu erwecken, er wolle sich lediglich nach der Uhrzeit oder dem Weg erkundigen: «Excusez moi … Entschuldigen Sie, ich würde gern mit Ihnen ficken», woraufhin der Rest des Trupps in Grölen ausbricht; oder er grapscht sie im Vorbeigehen an. – Das *bonjour* der das Mannsein probenden Pubertierenden, aber auch das *bonjour* der Ausländer, in deren Kultur die Frauen von den Männern ferngehalten werden, verfolgt Sie, wenn Sie eine junge Frau sind, in den Großstädten ohne Unterlass. Es umsirrt Sie wie eine aufdringliche Schmeißfliege morgens beim Hellwerden, während Sie noch träumen wollen: lästig, aber lächerlich und ungefährlich.

Anmache – lästig, aber lächerlich und ungefährlich

Wenn die Männer Ende zwanzig, Anfang dreißig sind und ihr übersteigertes Machogebaren nachlässt bzw. bei den Bürgerssöhnen das übermäßige, aus der Angst vor dem Versagen genährte Karrierestreben, dann gewinnen sie langsam eine ruhigere Männlichkeit. Dabei verlieren sie gleichwohl nicht den Habitus des Männchens. Franzosen sind zwar keine römischen *latin lovers*, aber von den Männern in D / CH / A, die sich im Fahrwasser der Frauenbewegung gesoftet haben, sind sie weltenweit entfernt: Männergruppen, die sich den Kopf zermartern, wie sie den inneren Macho vertreiben und zu einer weiblichen Zärtlichkeit gelangen könnten, werden Sie nicht finden. Ebenso wie die französischen Frauen lieben sie das **Kampfspiel der Geschlechter**.

Das «Kampfspiel der Geschlechter» endet bei jeder dritten französischen Ehe in Scheidung.

Der Kampf von Begierde und Tabu

Meist bleibt es beim raffinierten Flirt. Treibt man das Spiel weiter, heißt es *histoire de fesses* – ein Wort, das nichts verhüllt: *fesses* ist der Hintern.

In Frankreich stolpern Politiker nicht über außereheliche Liebesbeziehungen. Im Gegenteil, es scheint ihr Prestige manchmal gar zu erhöhen.

Tips & Knowhow

Tu & Tabu: *Tratschen über Affären*

Über Affären im eigenen Bekannten- oder Familienkreis redet man durchaus mit einem schelmisch zwinkernden Auge, wenn nicht anerkennend. Allerdings gilt es, strenge Tabugrenzen zu respektieren:

Erstens: man redet nie mit den Betroffenen selber darüber – weder mit dem/der Seitenspringer/in noch mit dem/der Gehörnten;

zweitens: man spricht nie über seine eigenen Affären;

drittens: man plauscht darüber in scherzhaftem Ton. Denn Liebe und Sexualität sind Privatsache und stehen unter Verschluss.

Sexualität ist als ernstes Gesprächsthema tabu.

In dieser Beziehung zeigt Frankreich sich ganz als ein Land des Katholizismus: Während der einzelne mit der Sexualität relativ entkrampft umgehen mag, ist sie als ernstes Gesprächsthema tabu. Über das Dreieck Bernard–Cédéric–Marie-Anne konnte Matthieu abendfüllend erzählen. Alles verlief nach den Gesetzen einer **französischen Beziehungskomödie**. Mit dem höchsten Genuss malte er wieder und wieder die Restaurantszene aus: wie der espritreiche, humorvolle und zu Späßen immer aufgelegte, der pfiffige, intelligente männermagazinschöne Bernard plötzlich schach-

Die gesellschaftliche Tabuisierung des Themas Sexualität steht nicht in Widerspruch zu Flirt, Koketterie und erotischem Flair.

matt saß; wie er aus dem Nichts heraus zum wütenden Stier wurde, der seine Hörner zeigte, so dass Cédéric, obwohl ihm körperlich überlegen, in Deckung ging; wie Bernard den Tisch umkippte mit der Flasche kostbaren Chablis' und den edlen Weingläsern, mit der stilvollen Obstschale und dem Gedeck, den Stoffservietten, dem Blumenschmuck; welche Peinlichlichkeit die Szene den beiden Zurückbleibenden bereitete, die von allen Seiten mit belustigten Blicken heimlich beäugt wurden; und wie der Kellner voller Ernst und Würde und ohne das geringste Wimperzucken den Schaden taxierte und auf die Rechnung setzte.

Wie alle wussten, hatte Matthieu diesem Eklat gar nicht beigewohnt, aber man amüsierte sich stets aufs neue köstlich, wenn er diese Szene wie ein leibhaftiger Augenzeuge schilderte. Spielte dann jemand auf das weniger sinnliche Ende von Matthieus eigener langjähriger Beziehung an, schnitt er diesem derart aggressiv das Wort ab, dass einen Moment lang alle betreten schwiegen.

Die gesellschaftliche Tabuisierung der Gesprächsthemen Sexualität und, allgemeiner, Partnerschaft birgt den Vorteil, dass man unter dem schützenden Deckmantel eingehaltener Konventionen meist straflos seinen Liebeslüsten nachgehen kann. Diese Medaille besitzt natürlich ihre **Kehrseite**: Sexueller Missbrauch von Mädchen und Jungen, Vergewaltigung, Gewalt gegen Frauen (und manchmal auch gegen Männer) in der Ehe oder schlichte Ehe- und Sexualprobleme werden ebenfalls als Privatsache behandelt.

Anders als bei uns, wo es sich – zumindest in den letzten zwanzig Jahren bei einer breiten Schicht der unter 45-jährigen – eingebürgert hat, im engeren Bekanntenkreis oder in Selbsthilfegruppen offen über «Beziehungsprobleme» (ein Wort, das es auf Französisch gar nicht gibt) zu sprechen, meinen Franzosen und Französinnen häufig ihr Problem allein lösen zu müssen. Und wenn Familienmitglieder oder Nachbarn **Zeugen von Gewalttaten** werden, verschließen sie nur allzu leicht Augen und Ohren. Immerhin werden 64,5 % der Scheidungen wegen Tätlichkeiten, Misshandlungen oder Beschimpfungen eingereicht; jährlich sterben circa 700 misshandelte Kinder an den Folgen ihrer Qualen.

Das Wort «Beziehungsprobleme» gibt es auf Französisch nicht.

Als Flirt oder bestenfalls Kavaliersdelikt wurden bislang auch **sexuelle Belästigungen** verbucht. Seit 1992 sind sie nun ein Straftatbestand.

Etre homo
Die französische Schwulen- und Lesbenbewegung

Gai (fröhlich), wie auf englisch *gay*, nennen sich die homosexuellen Männer selbst, während die anderen von *être homo* sprechen, auf französisch schwul sein. Ähnlich wie in der Bundesrepublik ging es nach der Studentenbewegung von 1968 in der Tat immer fröhlicher unter Schwulen und Lesben zu. Auch in Frankreich organisierten sich die gleichgeschlechtlich Liebenden und probten ihr *coming out* zunächst gemeinsam in Form von Demonstrationen, später auch beherzt als Paar, das sich in der Öffentlichkeit nicht mehr verbarg. Die Liberalisierung der Sitten kam Homosexuellen wie Heterosexuellen zugute: Gleichgeschlechtliche Liebe galt fortan in den Augen breiter Bevölkerungsschichten nicht mehr als Krankheit.

«Stadtluft macht frei.»

Dennoch lebt es sich für Schwule und Lesben – wie hierzulande – nur in Städten wirklich gut. Noch immer stoßen sie auf Vorbehalte, wenn nicht Vorurteile und Diskriminierungen, denen sich in der Anonymität der Städte, wo sich zudem eine Homosexuellen-Infrastruktur entwickelt hat, besser ausweichen lässt.

«Der ist ein *pédé* (ein Schwuler)», diese Aussage diene in ländlicheren Gegenden noch immer als Mittel, jemanden an den Rand der Gesellschaft zu schieben, erzählt Philippe, der deshalb nach Paris gegangen ist.

«Wenn ich dabei war, taten alle so, als wüssten sie nichts. Die Leute waren freundlich, aber ich spürte ganz deutlich, dass es geheuchelt war. Ich glaube, sie verurteilen nicht das Homosexuell-sein; es macht ihnen eher Angst. Den Männern ganz besonders. Ich hatte manchmal den Eindruck, als rückten sie am Tresen instinktiv von mir ab. Nicht so sehr, weil sie befürchteten, ich könnte sie anmachen, denke ich. Mir kommt es eher so vor, als hätten sie insgeheim die Nase voll, immer so hart gesotten auftreten zu müssen, und als würde schon meine Anwesenheit an diesen unbewussten Punkt rühren. Frauen dagegen zieht es gerade an, dass Schwule von den herrschenden Männlichkeitsvorbildern abweichen. Aber einige von denen schienen es als Sport zu betreiben, mich anzumachen. Jedenfalls kam's mir manchmal so vor. Das hätte ihr Selbstbewusstsein aufgemöbelt, dass ein schwuler Mann sich von ihnen erotisch angezogen fühlt. Na ja, in Paris ist das nicht anders. Aber hier kann ich dem besser ausweichen. Abends gehe ich gern ins Marais, in unsere Bars. Da kommen auch Heteros hin, das finde ich gut, aber da sind sie wenigstens mal in der Minderheit. Und auf der Straße ... Die Leute sehen tagtäglich so viele Verrücktheiten; die können sich nicht jedes Mal umdrehen, nur weil einer mit einem Loch im Kopf oder ein schwules Paar vorbeigeht. Man spürt hier nicht immer die vorgehaltene Hand, hinter der getratscht wird.»

Frauen und Schwule

Zwar ist es bereits seit der Französischen Revolution nicht mehr strafbar homosexuell zu sein, doch sorgte eine Reihe von Gesetzen, die teilweise unter der mit den Nazis kollaborierenden Vichy-Regierung verabschiedet worden waren, für Diskriminierung. 1981, als Mitterrand seine Präsidentschaft antrat, wurden diese Gesetze abgeschafft. Jugendliche ab 15 Jahren gelten nicht nur in hetero-, sondern auch in homogeschlechtlicher Liebe als mündig; bei der Polizei wurden die Homo-Sonderkommandos und die Homo-Kartei aufgelöst; im öffentlichen Dienst stellt Homosexualität nun keinen «Angriff gegen die Sittlichkeit» mehr dar. Per Gerichtsurteil vom 11.7.89 wird gleichgeschlechtlichen Partnern jedoch weiterhin verweigert sich wie andere unverheiratete Paare beim Bürgermeisteramt als eheähnliche Gemeinschaft *(concubinage)* registieren zu lassen.

Lieber feminin als feministisch Die französischen Frauen und die Frauenbewegung

1985 erschien das auch ins Deutsche übersetzte Buch *Le ras-le-bol des superwomen (Zum Teufel mit den Superfrauen)* von Michèle Fitoussi. Mit diesem Titel scheint das definitive Ende der französischen Frauenbewegung eingeläutet worden zu sein. Für zahlreiche Frauen in D / A / CH lieferte die Lektüre von Simone de Beauvoirs *Das andere Geschlecht* ein Schlüsselerlebnis zum Aufbruch in die Frauenbewegung. Auch andere Bücher, die, besonders in den 70er Jahren, herumgereicht wurden, kamen aus Frankreich und erweckten den Eindruck, die französischen Feministinnen seien, wie die amerikanischen, die radikalsten Verfechterinnen frauenemanzipatorischer Ideen. Dem war höchstens in den ersten zwei, drei Jahren nach 1968 so. Die französische Frauenbewegung unterschied sich immer von der bei uns.

Die französische Frauenbewegung war immer anders.

Von vornherein setzten sich nur wenige Frauenbewegte mit der Frage auseinander, ob es eine **spezifisch weibliche Wahrnehmung** der Welt und damit auch eine **spezifisch weibliche Ästhetik** gebe. Frauen drehten Filme über Frauen, verstanden diese aber nicht als Filme nur für Frauen. Frauen schrieben Bücher mit Frauen als Hauptfiguren, beanspruchten aber nicht für sich, feministische Literatur zu schaffen. Es finden so gut wie keine Frauen-Exklusiv-Veranstaltungen statt. Bei einem einzigen Filmfestival werden nur Frauenproduktionen vorgestellt, ein einziger Frauenverlag existiert. Spezielle Frauenbuchreihen wurden in den Verlagen nie

Lieber feminin als feministisch (Hafen von Cannes)

veröffentlicht. Der Vorteil: die französischen Frauen müssen sich heute nicht mit der «positiven Diskriminierung» auseinandersetzen, einer geschlechtsbedingten, von besonderen, «weichen» Kriterien ausgehenden Bewertung dessen, was sie produzieren, die zugleich eine Abschiebung in eine Nische bedeutet.

Hauptanliegen der französischen Frauenbewegung

Ihr Hauptanliegen sah die französische Frauenbewegung darin, Druck auf den Staat auszuüben, um bestimmte Forderungen durchzusetzen: volle Gleichstellung der Frauen im Beruf (z.B. gleicher Lohn für gleiche Arbeit); Abschaffung des Abtreibungsparagraphen (seit 1975 gilt eine Zehn-Wochen-Fristenregelung); Streichung noch existierender Gesetze, die in der Ehe die Frau dem Mann unterordneten (erst seit 1975 kann eine Frau ohne die Einwilligung ihres Mannes ein eigenes Konto eröffnen) u.a.m.

Die Frauenbewegung als bloße Bürgerinneninitiative und Pressuregroup

Auf gesetzgeberischer Seite erfüllte der Staat einen Großteil der Forderungen; seit 1974 gibt es zudem eine Staatssekretärin für Frauenrechtsfragen, die die Umsetzung der staatlichen Beschlüsse überwacht und sich mit Fragen und Problemen der Gleichstellung befasst. Damit war im Grunde die Aufgabe der Frauenbewegung – als breite Bürgerinneninitiative eine Pressuregroup darzustellen – erledigt. Denn in Frankreich trachteten die wenigsten Frauen danach, unabhängige Parallel- bzw. Alternativeinrichtungen zu den staatlichen zu schaffen.

Natürlich beseitigen Gesetze allein noch nicht die Ungleichheiten zwischen Männern und Frauen. Doch was die Mentalitäten betrifft, das Bild der Frauen in den Köpfen der Männer und umgekehrt, den gelebten Alltag, so betrachtet man diese Veränderungen wiederum als private Angelegenheit: Zu Hause arrangiert sich jede, so gut sie kann. Und dort ist, wie bereits erwähnt, Emanzipation ein Privileg der Mittel- und Oberschicht, wo man sich den Luxus von Putzfrau, Kindermädchen und Haushälterin gönnen kann. Im Berufsleben zeigt sich ein ähnliches Bild: Arbeiterinnen können es sich kaum leisten, sich um ihre Emanzipation oder gar Selbstverwirklichung zu kümmern; in ihrem Leben geht es schlichtweg darum, Geld zu verdienen, um über die Runden zu kommen.

Vielleicht führt diese Kluft zwischen den hohen Forderungen der Feministinnen und dem eigenen Alltag dazu, dass die Frauen der Frauenbewegung müde wurden: Wenn man (d.h.: frau) sich arrangiert – ein bisschen emanzipiert und ein bisschen Weibchen –, lebt es sich leichter, weil man so weniger an den eigenen Ansprüchen scheitert.

Von Hetären und Stoßgeschäften

Die rue St.-Denis gilt als die «heißeste Straße» von Paris. Sie beginnt als rue du faubourg St.-Denis in unmittelbarer Nähe der Gare de l'Est. Dort oben ist sie eine enge Gasse mit Gemüse- und Zeitungsläden, mit einer Schuhmacherei und einer Seilerei. Alte Frauen in Pantoffeln und Kittel-

Pariser Nachtleben – ein weltweiter Mythos

schürzen, mit ungepflegten, glatten, schulterlangen Haaren oder mit Lockenwicklern schlurfen von Laden zu Laden, um ihre Einkäufe zu machen. Manchmal lassen sie sich in einem der Läden ächzend auf einen Schemel fallen und wechseln ein paar nichtige Worte mit dem Besitzer, den Verkäufern oder starren einfach gedankenverloren vor sich hin. Keiner käme auf die Idee, sie hinauszuwerfen. Wären da nicht die Autos, die stinkend und lärmend wie zähflüssiges Magma sich vorwärtswälzen, könnte man meinen, hier sei die Zeit erstarrt zu einer Fotografie von Doisneau oder Cartier-Bresson aus den 40er Jahren. Auf den Trottoirs wandern Frauen auf und ab, grell geschminkt, wankend auf Pfennigabsätzen und in einen Ministretch gezwängt, der an ihrem Beruf keinen Zweifel lässt.

Bordelle gibt es nicht in Frankreich. Allerdings Hotels. Sie liegen wie gewöhnliche Hotels inmitten dieser obstbunten Marktstraßenwelt.

In Frankreich gibt es keine Bordelle, sondern Hotels mit «Außendienst».

Das ändert sich, je weiter Sie der Straße abwärts folgen Richtung Forum des Halles und Centre Beaubourg, dem touristischen Zentrum der Stadt. Dort hat sich das Bild seit dem Abriss der Markthallen 1974 grundlegend gewandelt: Da werben schrill neonblinkend wie überall in der westlichen Hemisphäre **Peep-Shows** und **Bars**, deren Animierdamen, die den Behörden gegenüber als Kellnerinnen geführt werden, bereitwillig mit dem Kunden hinauf in ihre Wohnung (ihr *studio*, wie Einzimmerwohnungen in Frankreich heißen) gehen.

Von 1871 bis 1944 besaßen die Bordelle in Frankreich einen «anerkannt öffentlichen Nutzen» *(reconnus d'utilité publique)*; unter der Vichy-Regierung wurden sie geschlossen. Während ein Teil der Anti-Homosexuellen-Gesetze und das Abtreibungsverbot aus der Besatzungszeit wieder aufgehoben wurden, sind Bordelle weiterhin nicht zugelassen. Frankreich unterzeichnete 1960 die UNO-Konvention, die den Mädchenhandel untersagt. Strafrechtlich wird Zuhälterei (und damit das Führen eines Bordells) also verfolgt. In der Realität gehen im Hexagon schätzungsweise 15.000 bis 30.000 Berufsprostituierte dem horizontalen Gewerbe nach, die zu 95% der Willkür eines Zuhälters ausgeliefert sind, sowie 60.000 Gelegenheitsprostituierte.

«Irma la Douce» – ein romantisches Märchen

Die Prostitution selbst gilt nicht als Straftat, sondern als ein «privater Akt», als eine «Sache der individuellen Freiheit und Moral». Verboten hingegen ist, «Verhaltensweisen» (Gesten, Worte o.ä.) an den Tag zu legen, «die zur Unzucht auffordern» – sprich: die Kunden anzuwerben. Dieser Paragraph lässt sporadische Razzien, vorübergehende Festnahmen und Verhöre zu, bei denen die Prostituierten der polizeilichen Willkür ebenso ausgesetzt sind wie in ihrem Alltag der Willkür ihrer Zuhälter.

Prostitution wird zwar als freie Profession besteuert, aber nicht als Beruf anerkannt.

1975 erregten frankreichweit spektakuläre Aktionen von Prostituierten Aufsehen. Sie forderten die Legalisierung der Prostitution und damit ihre volle Anerkennung als Beruf. Denn ungeachtet der Tatsache, dass die französischen Gesetze die Prostitution als Privatsache ansehen, treibt der Staat von den Prostituierten Steuern ein, wobei er sie finanzrechtlich den Freiberuflern (Rechtsanwälten, Ärzten, Übersetzern ...) gleichstellt und auf diese Weise besonders hohe Profite erzielt. Auch müssen die Prostituierten eine regelmäßige Gesundheitskontrolle über sich ergehen lassen. Dies bedeutet im Klartext: Die Prostituierten besitzen Pflichten, jedoch keine Rechte; da ihr Beruf offiziell nicht vorhanden ist, bestehen auch keine Gesetze, die sie schützen – z.B. vor ihren Zuhältern, vor polizeilichen Übergriffen, vor Gewalttätern.

Deshalb gingen die Prostituierten 1975 an die Öffentlichkeit, besetzten Kirchen, veranstalteten Pressekonferenzen, Solidaritätskomitees wurden ins Leben gerufen, die Medien unterstützten die Frauen nach Kräften, Simone de Beauvoir setzte sich für ihre Forderungen ein. Die Gesetze wurden bis heute nicht geändert.

Längst ist es wieder still geworden um die Prostituierten, auch AIDS hat daran nicht gerüttelt. Als Prostituierte arbeiten viele **Ausländerinnen**, unter ihnen zahlreiche Wirtschaftsflüchtlinge, die auf Grund der mangelnden Kenntnis des Landes und der Sprache besonders wehrlos und gefährdet sind. Und natürlich gibt es auch eine **männliche Prostitution**: in Paris im Bois de Boulogne, der weniger für die schwulen Stricher als vielmehr für seine Transvestiten und Transsexuellen bekannt ist, die sich dort prostituieren – weil es der Staat so will: in einem privaten Akt.

AIDS an Bord der Liebe

In Frankreich liegt die AIDS-Rate doppelt so hoch wie bei uns. Auch die Zahl der HIV-Träger *(les séropositifs)* schätzt man auf das Doppelte. Bei diesen Werten gilt es zu berücksichtigen, dass neben den hierzulande bekannten Hauptrisikogruppen (Homosexuellen, Prostituierten, Drogenabhängigen) AIDS sich in den Übersee-Départements auf den Antillen nach dem so genannten «afrikanischen Modell», nämlich allgemein unter der heterosexuellen Bevölkerung, verbreitet. Doch muss man bei einer Erklärung der hohen AIDS-Rate zweifellos weitere Fakten berücksichtigen. Wenn das Gespräch auf *le sida* (so heißt AIDS auf Französisch) kommt, werden Sie zynisch-witzige Abwehrkommentare hören wie: «Die einen trippt's, die andern sieden dahin.» Vielleicht gelingt es Ihnen auch, ein ernsthaftes Gespräch zu führen. Dann wird Ihr Gesprächspartner allerdings nie von sich selber, seinen eigenen Sexualpraktiken oder seinen Ängsten reden: Sexualität ist schließlich Privatsache. So kristallisiert sich der heutige Stand des Bewusstseins der Franzosen in der Aussage: «Ich bin normal, mich betrifft es nicht.» In keiner Aufklärungskampagne wird der Tatsache Rechnung getragen, dass 33% der männlichen Franzosen in einer Umfrage bekannten, zumindest einmal eine Prostituierte aufgesucht zu haben. Höchstens 15% der Personen mit wechselnden Partnerbeziehungen verwenden Präservative. Daran ändern auch rituell wiederkehrende Aufklärungskampagnen nichts, ja es bedurfte einer ganzen Weile, bis endlich Präservativautomaten, die es zuvor nicht gab, aufgehängt wurden: Es bestanden «moralische Bedenken»!

Besonders hohe AIDS-Rate

Höchstens 15% der Personen mit wechselnden Partnerbeziehungen verwenden den «Pariser».

Wie bei uns haben einzig und allein die Homosexuellen durch veränderte Verhaltensweisen unmittelbar reagiert. Doch auch hier trifft man, wie zuvor in der Frauenbewegung, auf den kleinen französischen Unterschied zu CH / D / A: Die **Selbsthilfegruppen**, die sich auch in Frankreich zusammengefunden haben, verstehen sich nicht als alternative Institutionen zum Staat, sondern als Pressuregroup.

Die Liebe in den Zeiten der Technologie

Frankreich ist ein Land des Katholizismus, doch in Sachen Sexualität lassen sich die Franzosen schon seit 200 Jahren vom Klerus keine Predigten mehr halten. Insbesondere nicht bei der Geburtenkontrolle. Die meisten Frauen verhüten, 50% von ihnen durch Einnahme der Pille. Zwar findet ein Beratungsgespräch statt und muss eine Bedenkfrist eingehalten werden, doch die Entscheidung pro oder contra Schwangerschaftsabbruch liegt allein bei den Frauen. Seit die Gentechnologen in der Lage sind, Befruchtungen im Reagenzglas durchzuführen, weist man in Frankreich nun auch den lieben Gott in seine Schranken und nimmt die Schöpfungsgeschichte selber in die Hand. Erregte 1982 das erste französische Retortenbaby, Amandine, monatelang die Medien, so gehört die künstliche Befruchtung als «Kampf gegen die Sterilität» heute längst zum Alltag. 1988 wurden bereits 3.800 Kinder *in vitro* gezeugt; hinzu kommen (bereits seit 1973) jährlich über tausend Schwangerschaften, bei denen sich Frauen

Geburtenkontrolle und Schwangerschaftsabbruch

Künstliche Befruchtung

mit tiefgefrorenen Spermien meist anonymer Spender inseminieren lassen. Ethische Bedenken erwachten allerdings beim Thema **Leihmütter**. Nachdem zwischen 1983 und 1987 insgesamt 66 Kinder von *mères porteuses* ausgetragen wurden, hat man diese Praxis Anfang 1988 verboten.

Erotik in Literatur, Fotografie und Digitaldarstellung

Als erotische, obszöne oder pornografische Darstellung hat die Erotik das Feld der Literatur spätestens seit Beginn des bürgerlichen Zeitalters und der Verbreitung von Massendruckerzeugnissen erobert, wenngleich sie als literarisches und künstlerisches Werk wesentlich älter ist. War die Buchdruckerkunst eine vergleichsweise behäbige Reproduktionsmöglichkeit, so haben die Entwicklung der Drucktechnik, die Fotografie und der Film den Umsatz beschleunigt und verbreitert. Nicht nur die Kunst hat sich gewandelt, seit sie in das Zeitalter ihrer technischen Reproduzierbarkeit eingetreten ist, sondern auch die Erotik.

In Frankreich ist sie mit dem Bildschirmtext-System nunmehr wiederum in eine neue Phase getreten: *Le Minitel rose* ermöglicht es Ihnen, anonym über eine Mailbox *(messagerie)* Erotisches, Obszönes oder Pornografisches per Telefon und Tastenfeld auf den Bildschirm eines/r Partner/in zu senden oder selbst zu empfangen.

Konkurrenz für die Hand lesende Zigeunerin: Liebeshoroskop in den Zeiten der technologischen Kommunikation

Dabei können Sie zwischen zwei Möglichkeiten der Kommunikation wählen. Zum einen können Sie von Ihrem Gerät mit einem anderen privaten Gerät in Kontakt treten, und zwar mit einer Person, deren Steckbrief Sie zuvor der *messagerie*, so wie einst in Zeitungskontaktanzeigen, skizziert haben. Zum anderen können Sie sich an einen *Minitel-rose*-Kontaktservice professionellen Zuschnitts wenden. An Ihrem anderen Ende erwartet Sie in diesem Fall eine Animierdame.

«Safer sex at it's best»

Minitel rose bietet Ihnen mehr als die ewig gleiche höhnisch-hochglanzpapierene Einwegerregung eines Männer- (oder Frauen-) Magazins; da verspüren Sie endlich prickelnde Authentizität in Ihren Fingerspitzen, da verschmelzen Phantasie und lebendige Realität: Sie sind 23, blond und knabenhaft? Erzählen Sie mir Ihre Erfahrungen ... Ich bin 30, 1,89 und suche ... und mache gern ... Sagen Sie mir ... Stellen Sie sich vor, ich würde Sie ... – Das ist Safer Sex, zweifellos. Telefonsex, um die Stimme bereinigt.

Eine lukrative Angelegenheit für die Mailboxbetreiber und den Staat. Das Geld streicht zunächst einmal die staatliche Gesellschaft *Télécom* ein; zwei Drittel der Einnahmen fließen weiter an die privaten *Messageries*-Gesellschaften. Knapp drei Viertel der stattlichen Gewinne aus sämtlichen Btx-Verbindungen werden mit dem *Minitel rose* erzielt.

Tips & Knowhow

Kleines Wörterbuch der Liebe

Die Liebe ist kompliziert genug; machen Sie es sich (und anderen) nicht noch schwieriger, indem Sie die folgenden Begriffe verwechseln:

- ***la bise:*** der Kuss – in der Umgangssprache; üblich in der Wendung *se faire la bise* (auch: *s'embrasser*): sich zur Begrüßung oder zum Abschied auf die Wange küssen
- ***embrasser qn:*** jdn. küssen, jdn. umarmen
- ***le baiser:*** der Kuss – doch Achtung:
- ***baiser:*** bumsen, vögeln – umgangssprachlich, lt. offiziellem Wörterbuch allerdings vulgär. Ähnlich wie die beiden deutschen Begriffe hat sich *baiser* unter jüngeren Leuten weitgehend «banalisiert». *Baiser qc* (mit direktem Objekt!) heißt: etwas küssen (und zwar aus Respekt, Liebe, Zuneigung, z.B.: das Kruzifix).
- ***la baise:*** das Bumsen, Vögeln – laut Wörterbuch ebenfalls vulgär: s. oben
- ***faire l'amour:*** «Liebe machen», miteinander schlafen – ist die umgangssprachliche Wendung, die Sie am wenigsten zu scheuen brauchen, gilt unter jüngeren Leuten aber eher als veraltet und euphemistisch.
- ***coucher avec qn*** bzw. ***ensemble:*** mit jdm. schlafen sagen diejenigen unter den Jungen, die *baiser* vermeiden, die geschlechtliche Liebe aber dennoch klar benennen wollen.
- ***aimer:*** lieben, mögen – wird im Alltag für jeden und alles verwendet, was einem schlicht und einfach gefällt; eine Variante ist *aimer bien:* mögen, gern haben.

Tips & Knowhow

Eheleben und «freie Assoziation» Tips für Sie

- Ein Ehepaar überreicht Ihnen seine Visitenkarte, mit der es sich als «M et Mme Frédéric Mercier» zu erkennen gibt. Wenig später werden Sie einem anderen Ehepaar vorgestellt: «Permettez-moi de vous présenter Madame Joffre et son mari Monsieur Malmonté.» («Gestatten Sie mir, Ihnen Frau Joffre und ihren Gatten Herrn Malmonté vorzustellen.») Selbst wenn es Ihnen wenig behagt, dass **eine Ehefrau unter dem Vornamen ihres Mannes mitgeführt wird**, können Sie dies immerhin auf überkommene Traditionen zurückführen. Ist es bei uns inzwischen möglich, dass Ehepartner ihren jeweiligen Geburtsnamen beibehalten, so ist dies in Frankreich per Gesetz grundsätzlich der Fall. Doch steht es den Partnern frei, einen **gemeinsamen «Gebrauchsnamen»** zu wählen (ebenso können volljährige Kinder ihrem offiziellen Familiennamen den des anderen Elternteils als *nom d'usage* anhängen).

- Sie können **als Ausländer/in ohne Schwierigkeiten einen Franzosen / eine Französin heiraten** und auf Wunsch sofort die **französische Staatsbürgerschaft** annehmen. (Die Staatsangehörigkeit Ihres Kindes dürfen Sie bestimmen oder später das Kind selbst.)

- Trotz weitgehender **juristischer Gleichstellung von Mann und Frau** erhalten bestimmte Gesetzesklauseln die **Stellung des Ehegatten als Familienoberhaupt** aufrecht: So bestimmt etwa das Zivilgesetz in Besitz- und juristischen Fragen, die das gemeinsame Kind betreffen, den Vater zur Rechtsperson – «mit Unterstützung der Mutter». Ehepartner sollten, heißt es ferner, gemeinsam ihren Wohnsitz wählen, doch darf der Gatte, falls sie sich nicht einig werden, das letzte Machtwort sprechen und dergleichen mehr.

- Seit 1978 erkennt der französische Staat **eheähnliche Gemeinschaften** *(concubinage)* an. Eine gemeinsame Anschrift reicht hin, um sich, in Gegenwart von zwei Zeugen, beim Bürgermeisteramt als *concubins* registrieren zu lassen. Partner, die in legalisierter «wilder Ehe» zusammenleben, genießen **nahezu alle Vorteile**, die der Staat Eheleuten einräumt. Man kann sich über seinen Partner bei der *Sécurité sociale* mitversichern lassen; uneheliche Kinder *(enfants naturels)* sind ehelichen *(enfants légitimes)* gleichgestellt; stirbt der Mann im Pensionsalter, so bezieht die Frau einen Teil seiner Rente weiter; auch in erbrechtlichen und anderen Fragen

Diesem Paar reichte offensichtlich der gesetzliche Schutz, den auch «wilde Ehen» genießen, nicht aus.

genießen eheähnliche Gemeinschaften Gleichbehandlung. (Auch als **ausländische Touristen** können Sie, sofern Sie denselben Wohnsitz haben, als *concubins* einige Vorteile ausschöpfen, z.B. bei der Eisenbahn mit der *carte couple*.) Bei einer **Trennung** allerdings bestehen keine rechtlichen Regelungen; man kennt also keine Unterhaltsverpflichtung, gemeinsame Kinder bleiben «selbstverständlich» bei der Mutter etc.

Tips & Knowhow

Kleine Chronologie der Frauenemanzipation

- **1791** folgt der Erklärung der Menschenrechte die von Olympe de Gouges verfasste **Erklärung der Frauen- und Bürgerinnenrechte**. Dies läutet den **Beginn der Frauenbewegung in Europa** ein. Die Hauptforderungen lauten: aktives und passives Wahlrecht, Zulassung zu allen Ämtern. Frauenclubs und eigene Journale werden von den Frauenrechtlerinnen gegründet. Schließlich fordern sie die Frauen auf, Männerkleidung zu tragen, um jede äußerliche Unterscheidung der Geschlechter zu beseitigen. Wenig später entzieht der Konvent den Frauen das Versammlungsrecht, ihre Clubs werden geschlossen, 1793 wird Olympe de Gouges hingerichtet. (1789 hatte sie erklärt: «Die Frauen steigen aufs Schafott, folglich müssen sie auch das Recht besitzen, die Tribünen zu erklimmen.»)

- Der ***Code Napoléon***, der **1804** in Kraft tritt, schreibt die **Entmündigung der Frauen** auf allen Gebieten fest; u.a. gelten darin Ehefrauen als Eigentum ihrer Männer und können daher selber keinen Besitz erwerben.

- **1837** taucht in der französischen Sprache das Wort ***feminisme*** auf.

- Seit der **Februarrevolution 1848** erstarkt die Emanzipationsbewegung, die schon 1830 zur Zeit der Julirevolution wieder in Erscheinung getreten war, und ihre Ideen verbreiten sich über ganz Europa. In Frankreich werden **Mädchenschulen** gegründet und Frauen (seit 1863) zum **Studium** zugelassen, doch entwickelt sich die Frauenemanzipation nur schwerfällig. Zu Beginn des 20. Jh. gibt es Arbeiterinnen, Wissenschaftlerinnen und Künstlerinnen, doch **feministische Forderungen** (wie Legalisierung der Abtreibung oder Wahlrecht) werden juristisch nicht durchgesetzt.

- Zwischen **1940** und **1944** wird unter der **Vichy-Regierung** des Marschalls Pétain die Losung «Freiheit, Gleichheit, Brüderlichkeit» ersetzt durch «Arbeit, Familie, Vaterland». Zur **Stärkung der Familie** erlässt man Gesetze, die zum Teil noch heute gültig sind:
  – Erneute **Strafverfolgung der Abtreibung**, die zuvor zwar nicht erlaubt war, jedoch nicht mehr hart bestraft wurde (legalisiert wurde die Abtreibung 1975).

– **Verkauf von Präservativen nur in Apotheken** sowie Verbot, für diese zu werben (erst 1986 – wegen AIDS! – hob man dieses Gesetz auf); es führte dazu, dass die *capotes anglaises* («englischen Kapuzen», will sagen: Pariser) als Verhütungsmittel in Frankreich nie angenommen wurden und sich heute als Präventivschutz gegen AIDS nur schwer durchsetzen lassen.
– Verschiedene hohe **finanzielle Zuschüsse für Familien ab drei Kindern**. Diese Gesetze sind noch heute in Kraft, in einer Zeit, in der, statistisch gesehen, französische Paare nur noch 1,9 Kinder in die Welt setzen.

- Das **aktive und passive Wahlrecht**, das in den meisten Ländern Europas und in den USA den Frauen in den 20er Jahren zugestanden wurde (in Deutschland z.B. 1919), erhalten die französischen Frauen erst **1944** nach dem Sturz der Vichy-Regierung.
- **1965** schließlich werden die **Frauen als juristische Rechtsperson** den Männern **gleichgestellt**.
- Seit **1975** benötigen Frauen nicht mehr die **Einwilligung ihres Ehemanns**, um einer Arbeit nachzugehen oder ein Bankkonto zu eröffnen.

Die deutsch-französische Liebe

Der Mythos von der französischen Frivolität

In Frankreich ist man in Liebesdingen leichtfertig und libertär. Dieses (Wunsch-) Bild behauptet sich im Lande D und wohl auch in CH und A. Zweifellos fanden sich im 18. Jh. in der französischen Aristokratie Libertins, wie es sie in Deutschland nicht gab, die dazu beitrugen, den Mythos von der französischen Frivolität zu speisen: De Sade, sein Leben und seine Schriften, sowie Choderlos de Laclos mit seinem Roman *Gefährliche Liebschaften* seien hier stellvertretend als zwei der berühmt-berüchtigtsten Lebemänner erwähnt.

In der Zeit nach dem II. Weltkrieg waren Unterhaltungsfilme wie auch Filme des ambitionierten Kinos geeignet, die erotischen Phantasien der Deutschsprachigen von den Ketten der Fortpflanzungs- und Gebärverbrämung zu befreien – etwa *Irma la Douce* oder *Außer Atem*, *Jules und Jim* oder *Pourquoi pas!*, *Die Geschichte der O.* und *Emanuelle*. Wenn dann seit Ende der 50er Jahre die vor dem deutschen Mief davontrampenden Jugendlichen und jungen Erwachsenen auf junge Franzosen / Französinnen trafen, ereigneten sich Szenarien wie die folgenden:

Szenarien der interkulturellen Liebe

Szenario 1: Herbert, Deutscher, trifft auf Sylvie, Französin. Er erzählt ihr, wieviele Länder in Europa er schon bereist hat. Sylvie scheint beeindruckt. Sie verbringt alljährlich ihre Ferien mit den Eltern an der Côte d'Azur. (Dort haben sich die beiden soeben kennengelernt.) Herbert erzählt weiter, dass er Sartre und Camus gelesen hat, dass er Godard für den größten Filmemacher hält, dass er die Franzosen um ihre Französische Revolution beneidet. Sylvie sitzt schweigsam da und nippt an ihrem Getränk. Herbert erzählt weiter: von seinen beengenden Familienverhältnisse und seinen individuellen Freiheitsideen ... Sylvie nimmt er im Grunde nicht wahr, weil in seinem Kopf Bilder französischer Frauen spuken, die er im Kino gesehen hat, und er der festen Überzeugung ist, so wie im Film seien die Frauen in Wirklichkeit.

Versuch, einen Mythos wahr werden zu lassen

Später gehen die beiden spazieren. Herbert versucht, den Arm um Sylvies Taille zu legen. Sylvies Körper wird starr wie ein Stock; schließlich tut sie einen Schritt zur Seite, so dass Herberts Arm von ihrer Hüfte rutscht. Dies wiederholt sich noch einmal; danach lässt Herbert Sylvie erst einmal in Ruhe.

In den nächsten Tagen trifft er sie wieder. Diesmal akzeptiert Sylvie seinen Arm um ihre Taille oder auf ihrer Schulter. Sie lässt sich schließlich sogar küssen, zeigt aber, dass es ihr unangenehm ist. Herbert zuckt die Schultern, denkt bei sich «So eine prüde Kuh!» und trampt weiter. Sylvie denkt: «So ein merkwürdiger Typ. Und ohne jeden Humor. Er hat kein einziges Mal mit mir geflirtet, und dann will er mich aus heiterem Himmel küssen. Was glaubt der eigentlich, wer ich bin?!»

Szenario 2: Lizzy, Österreicherin, trifft auf Robert, Franzose. Sie erzählt ihm, dass sie mit einem Interrail-Ticket allein unterwegs ist und schon fast überall in Europa war, dass sie aber Frankreich besonders toll findet, weil die Menschen alle so lebensfroh seien und zu genießen verstünden. Die beiden kommen ins Reden und Lachen. Robert flirtet Lizzy an, und sie flirtet zurück.

Zwischendurch macht Robert auch den einen oder anderen zweideutigen Witz. Das erscheint Lizzy etwas «mackerhaft», aber sie schluckt es herunter: So lebhaft und aufregend hat sie immerhin noch nie geflirtet. Die beiden beschließen, sich eine Flasche Rotwein, ein Baguette und Käse zu kaufen und ihr Abendessen auf einer Parkbank einzunehmen. Robert hat Lizzy erzählt, dass er in der Stadt ein Zimmer hat, und während es dunkel wird, überlegt sie insgeheim bereits, ob sie mitgehen soll, wenn er sie weiter «anmacht».

Nur: Robert flirtet zwar heftig, bleibt aber im Spielerisch-Unverbindlichen; und als er um elf nach Hause gehen will, fragt er nicht einmal, wo sie übernachten wird. Da ergreift sie die Initiative, indem sie auf ihn zurückt mit der unmissverständlichen Absicht, ihn zu küssen. Er tritt den Rückzug an. Lizzy denkt: «Idiot! Erst flirtet er mit mir, dann haut er ab.» Und Robert: «Wohl nymphoman veranlagt!»

Flirt – ein interkulturelles Missverständnis

Natürlich verlaufen die Szenarien je nach Schicht und Alter unterschiedlich. Doch gemeinsam ist ihnen fast immer ein interkulturelles Missverständnis: Der Flirt ist für uns ein Teil der «Anmache» *(drague)*, ein Anfang für mehr. Für Franzosen bedeutet er ein Spiel, bei dem Fortsetzung nicht folgen muss. Dieses Missverständnis hat in den letzten Jahrzehnten als Gegenpol auch auf **französischer Seite einen Mythos**

Vor dem amourösen Kulturschock?

genährt: Weil Skandinavierinnen und Deutsche, wenn sie sich auf einen Flirt einlassen, es unter Umständen nicht dabei belassen und sogar selber das Feuer schüren, haftet ihnen der Ruf an, sexuell freizügig zu sein. Solange sie gar nicht flirten, gelten sie dagegen als prüde, zumindest als unweiblich und nicht charmant.

Tips & Knowhow

Tu & Tabu:
Die deutsch-französische Liebe:

Tu! Französische Frauen halten deutsche Männer oft für humor- und reizlos; französische Männer meinen von deutschen Frauen häufig, sie seien nicht feminin. Glänzen Sie (ob Frau oder Mann) nicht allein mit Ihrem Wissen und Ihren Taten, sondern versprühen Sie Ihren Charme und **genießen Sie es, zu flirten**, selbst wenn Sie keine weitergehenden Absichten verfolgen.

Tu! oder ***Tabu!*** **Emanzipiertes Verhalten von Frauen** kann in Frankreich auf Widerstände stoßen, denen Sie nur durch **sehr** emanzipiertes Auftreten begegnen können. So ist es z.B. möglich, dass Sie als Frau nachts allein ein Café besuchen. Sie ziehen damit jedoch unweigerlich die Aufmerksamkeit der Machos, der wirklichen Machos, auf sich und sind gezwungen, wenn Sie nicht den Rückzug antreten wollen, **souverän** und **phantasievoll zu (re-)agieren**.

Tu! oder ***Tabu!*** Seien Sie sich **als Mann** dessen bewusst, dass Sie in Frankreich, wenn Sie **Mutter- und Hausfrauenrollen** (vor allem in der Öffentlichkeit) übernehmen, nicht unbedingt von einem Heiligenschein umflort sind, sondern eher von einer Aura der Komik. Hier gilt das Gleiche wie für die ungewohnt emanzipiert auftretende Frau: **Rückzug oder Flucht nach vorn**.

Tu! oder ***Tabu!*** Reden Sie mit losen Bekannten nicht über **Ehe, Beziehung** und **Sexualität**. Diese Themen unterliegen einem Tabu und kommen allenfalls unter engen Freunden auf den Tisch. Und nun das Paradoxon: Sprechen Sie ruhig über die Liebe und das Liebemachen. Franzosen reden gern darüber. Nur: Unterhalten Sie sich nie ausführlich und in ernstem Ton über Ihre und anderer Beziehungsverflechtungen. Kleiden Sie die Realität in Späße ein, sodass die Wahrheit, wie bitter sie auch sein mag, als Produkt der Phantasie, als gelungene Komödie erscheint.

Moden und *looks*

Die Französinnen – und auch die Franzosen – stehen im Ruf, besonders chic zu sein. Im Allgemeinen schreibt man dies der *haute couture* zu. *Haute couture* wiederum ist Synonym für Exklusivität. Natürlich kann sich kaum ein Franzose oder eine Französin eines dieser in durchschnittlich hundert Stunden handgefertigten Einzelmodelle für fünfstellige Francs-Beträge und mehr leisten. Und auch nicht die etwas erschwinglicheren Einzelanfertigungen der *créateurs de mode* (Modedesigner) – wie sie sich der sozialistische Kulturminister Jack Lang offensichtlich zu leisten vermochte, der seinerzeit in einem Thierry-Mugler-Anzug mit Mao-Kragen vor dem französischen Parlament erschien, was ihm Eingang in die Annalen der *haute couture* verschaffte. Die meisten der zwischen 1970 und 1983 von 20.000 auf 3.000 zusammengeschrumpften Käufer kommen aus dem Ausland.

«Haute couture»

Wenn *haute couture* Exklusivität bedeutet, so muss Exklusivität jedoch nicht *haute couture* heißen. Das beweisen die Boutiquen einiger französischer Modehäuser, deren Filialen seit einer Weile auch hierzulande Exklusives von der Stange verkaufen. Doch auch dies vermag nicht erschöpfend zu erklären, weshalb Französinnen und Franzosen weltweit als diejenigen gelten, die sich anzuziehen und in der Kleidung aufzutreten wissen. Immerhin zählen sie im europäischen Vergleich zu denjenigen, die wenig Geld für Kleidung ausgeben.

Franzosen geben vergleichsweise wenig Geld für Mode aus.

Setzen Sie sich an einer belebten Straße oder einem belebten Platz – ob in Paris, Marseille, Strasbourg oder Reims, Limoges, Rouen – vor ein Café, bestellen Sie sich ein Getränk, und studieren Sie für die Länge dieses Getränks die Kleidung der Passanten. Sie werden erstaunt sein, wie bieder die meisten gekleidet sind. Die Röcke sind etwa knielang; verblüffend wenige Frauen tragen Hosen; die Schuhe haben flache Absätze und klassische Formen ... Die Kleidung der Frauen erweckt fast immer den Eindruck zeitloser, eleganter Kostüme, die der Männer den von gepflegten, allzeit gefälligen Jackett-Hosen-Kombinationen, vielleicht mit einem diskreten Touch von Yuppietum. Und alles wirkt so korrekt.

Französische Alltagsmode: bieder, korrekt, zeitlos – und dennoch chic

Und dennoch chic. Wenn Sie für eine längere Weile sitzen bleiben und die äußere Erscheinung der Passanten genauer betrachten, werden Sie vielleicht noch ein anderes Merkmal entdecken: Die Franzosen tragen auffallend viele **unauffällige Accessoires**. Und diese sind **aufeinander abgestimmt**, als wären sie alle in ein und demselben Geschäft und zur gleichen Zeit gekauft worden (was manchmal tatsächlich zutrifft). Die Handtasche hat die azurblaue Farbe der Schuhe, der Brosche und des Lidschattens, und dieser Farbton harmoniert mit dem Tiefseegrün des einfarbigen Kleides; im Schlips wiederholt sich das Farbspiel (Beige und Englischrot) von Hose und Weste, und die Braun- und Beigetöne von Schuhen bzw. Trenchcoat sind genau auf die anderen Kleidungsstücke abgestimmt.

Zur Art der Kleidung passt die Person: Halb erwachsene Schulmädchen und 17-, 16-jährige Studentinnen, die sich Ton in Ton in dezentes Dunkelblau kleiden und in Röcken, Mänteln und flachen festen Schuhen stecken und an Diakonissenschwestern erinnern, haben dunkelbraunes, weit über den Rücken fallendes und durch eine Haarspange aus der Stirn zurückge-

Zur Art der Kleidung passt die Person.

Die französische Mode ist nicht «modisch».

haltenes Haar und sind nicht geschminkt; die Frauen in Jeans und T-Shirt sind die burschikosen, zierlichen, mit den blonden sehr kurzen Haaren … – Das ist es, was den Schick der Französinnen und Franzosen ausmacht: Mit Hilfe von Kleidung und Accessoires stellen sie eine Persönlichkeit her, und zwar eine, die ihren «vorgegebenen» Typus stimmig unterstreicht. **Extravaganz** dagegen scheuen sie.

Dies hat zur Folge, dass man sich in Frankreich den Schwankungen der Mode nur bis zu einem gewissen Grade beugt. So wie nach 1965 sich der Minirock nirgendwo so wenig verbreitete wie in Frankreich, so setzten sich dort auch andere Modewellen in der breiten Bevölkerung kaum durch: die indisch inspirierten Hippiekleider und die langen Haare, die für die City bonbonfarben eingefärbten wattierten Bergsteigerjacken, das mit Jogging, Skate-Board, BMX-Rad und Walkman aus den USA nach Europa gekommene Fitness-Outfit, die von den Punkern abgekupferten Löcherjeans, asymmetrischen Frisuren und buntscheckigen Haare …

Nur ein Teil der Jugendlichen macht mit, was einstmals Mode hieß und sich neudeutsch bzw. neufranzösisch *look* (Outfit, Styling) nennt. Um *looké* zu sein, muss man erstens: sich einer von verschiedenen Modeströmungen anschließen, die gerade als *branchés* (in) gelten, und zweitens: sich durch irgendein selbst entdecktes «schräges Teil» ein individuelles Outfit geben. Darin zeigt sich eine Abkehr vom früheren Modediktat, dem es sich zu unterwerfen galt, ungeachtet dessen, was das eigene Grundaussehen und das Selbstempfinden hergaben. Und damit unterscheiden sich die *lookés* gar nicht so sehr von der Mehrheit der Franzosen, die sich in ihrem Wunsch nach Ausgewogenheit dem absoluten Diktat der Mode ebenfalls verweigern zugunsten einer unauffälligen Eleganz.

Nahtstellen der Mode

Das Jahr **1789** löst eine Revolution auch der Kleidungssitten aus. Waren im Mittelalter ständische Kleiderordnung und zur Zeit des Absolutismus die Grillen des Herrschers und seines Schneiders Diktat – politisches Diktat –, so emanzipieren sich zu Beginn des 19. Jh. die Schneider und betätigen sich als autonome Modeschöpfer: **1858** wird in Paris das erste *maison «Couture-Création»* («Modeschöpfungs»-Haus) von dem Engländer Worth gegründet, der seine Modelle von Mannequins vorführen lässt. Etwa zeitgleich, **1850**, werden in den USA von Lévi-Strauss die Blue jeans «kreiert».

1889 war der Büstenhalter Symbol weiblicher Körperbefreiung.

Mit dem Entwurf des ersten Büstenhalters **1889** beginnt sich der weibliche Körper aus seinem Korsett zu befreien – nicht nur im buchstäblichen Sinne des Wortes: Zunehmend darf der Körper Licht und Luft ausgesetzt werden; er wird nicht mehr versteckt und eingeschnürt, sondern in Sport und Spiel genossen und gezeigt. **1928** lanciert, gemäß dieser neuen Ideo-

Mode, Modell, Montmartre

logie, Elsa Schiaparelli in Paris einen Kleidungsstil, den sie «Sportswear» nennt und der die Exklusivität der *Haute-couture*-Produkte mit dem Luftigen und Praktischen verbindet.

Es sind auch die **20er Jahre**, in denen zum ersten Mal die strikte Trennlinie zwischen Weiblichem und Männlichem in der Mode aufgehoben wird. Und seit den Zwanzigern kommen Parfum und Mode häufig aus demselben Haus: 1919 gründet Coco Chanel ihr Unternehmen, wenig später wird das berühmte Parfüm *No 5* lanciert.

Der II. Weltkrieg bedeutet eine erneute, durch politische und gesellschaftliche Entwicklungen hervorgerufene Zäsur: Die Massen treten nach 1945 als Modeabnehmer auf den Plan; das *prêt-à-porter* entsteht. Modedesigner, die nicht den großen Modehäusern entstammen, entwerfen Konfektionskleidung, indem sie möglichst getreu die Modelle der *haute couture* kopieren (ohne dass die Konfektionsware wirklich ein 1:1-Imitat ist).

«Style»

Als **1959** Brigitte Bardot Jacques Charrier in einem rot-weiß-gewürfelten Baumwollkleid heiratet, gibt dies nicht nur den Auftakt für eine rot-weiß-gewürfelte Modeinvasion, sondern auch für eine neue Richtungsbestimmung in der Mode: Der *style* entwickelt sich zur Mode der Jugend, die als gesellschaftliche Gruppierung sich zu manifestieren beginnt. Der *style* will schockieren: Nach Brigitte Bardot, die barfuß mit gelöstem Haar und in leichten kurzen Kleidern auf der Leinwand erschien, gelingt ab **1965** den jungen Frauen europaweit mit dem Minirock der scheinbar endgültige und vollständige Ausstieg aus Schnürkorsetten jeglicher Art.

Der *style* geht in die Kaufhäuser – von den edlen, wie etwa die Galeries Lafayette, bis zu den billigen, beispielsweise Monoprix. Mitte der 60er Jahre entsteht Promostyl, heute ein weltweit operierender Designertrust für Konfektionsware.

Yves Saint-Laurent erweitert das Accessoire-Angebot und gründet weltweit Boutiquen.

Eine schöpferisch eigenständige Kreation des luxuriösen Prêt-à-porter beginnt um die Wende von den Fünfzigern zu den Sechzigern mit der Gründung des Hauses Yves Saint-Laurent. Seine und anderer Erfolge lassen sich in Frankreich, in A / CH / D und andernorts anhand von Boutiquengründungen und der Verbreitung des Firmensignets verfolgen. So wie die Häuser der *haute couture* immer auch Parfums kreierten, so bieten die *créateurs de mode* des gehobenen *prêt-à-porter* nicht nur Kleidung an, sondern auch verschiedenste Accessoires. Und mit ihrem Namenszug, den sie in Lizenz verkaufen, einen Hauch des Dazugehörens zum erwählten Kreis der *Haute-couture*-Träger.

Waren und sind die *grands couturiers* Künstler und die Modedesigner kreative Handwerker, so tritt seit Mitte der **60er Jahre** ein neuer Typ von Modeschöpfer in Erscheinung: der «Endverbraucher» selbst. Die 68er Generation mit ihrem Kleidungsstil, der Konsumverzicht und Nonkonformismus ausdrückt, bildet lediglich den Anfang eines Prozesses, der sowohl Modedesigner als auch *grands couturiers* zwingt, Modeelemente «von der Straße» in ihre Kollektionen aufzunehmen, wobei sie eine standardisierte und kommerzialisierte Form erhalten.

Weitere Folgen dieser Entwicklung: die *Haute-couture*-Häuser stellen in jeder Saison zwei Kollektionen vor – eine traditionelle *haute couture* und eine *prêt-à-porter*; seit 1977 wird Luxus-Konfektionsware über Versandhäuser verkauft, und zwar bis heute mit alljährlichen Zuwachsraten – trotz der gewachsenen Mobilität der Landbevölkerung. (Les Trois Suisses und La Redoute sind in Frankreich die größten Versandhäuser.) Das Luxus- und Mittelklasse-*prêt-à-porter* wird in Straßburger und Pariser Hinterhöfen hergestellt; an den Nähmaschinen sitzen asiatische Immigrantinnen, das Be- und Entladen von LKWs besorgen tamilische Asylbewerber; auch illegal eingewanderte Türken sind beliebte Arbeitskräfte für einen kümmerlichen Stundenlohn. Die Billigkonfektionsware dagegen wird in Asien geschneidert.

Explosion der Moden

In der Gesellschaft bringen der *style* vom Anfang der 60er Jahre und die «Mode von unten» seit den frühen Siebzigern neue Differenzierungen zum Ausdruck: War die Mode vor 1945 ein klassenunterscheidendes und zwischen 1945 und 1968 ein geschlechterunterscheidendes Merkmal, so trennt sie nun die Altersgruppen. Auf der Ebene des Stils tritt gegen Ende der **70er Jahre** eine neue Wende ein. Jeder akzentuiert seine Individualität, seine Einzigartigkeit durch seinen eigenen look. Dabei sagt man sich nicht von Strömungen los. Androgynes aus den Goldenen Zwanzigern,

Petticoat und Elvis-Tolle aus den Fünfzigern, Sportswear mit Bergsteigerschuhen und wattierten Jacken, mit Jogging-Anzügen und -schuhen und sonstigen Accessoires aus den Achtzigern … Es bricht eine Explosion der Moden zugunsten des *look* (des Outfit) aus, die die Modedesigner wiederum in ihre Kreationen aufnehmen – allerdings weniger die in Paris angesiedelten als die japanischen und Hamburger Modeschöpfer, die sich seit Mitte der 80er Jahre über ihre Länder hinaus einen Namen machen.

Tips & Knowhow

Tu & Tabu: *Modischer Stil-Knigge*

Tu! oder ***Tabu!*** Die **Explosion der Moden zugunsten des *look*** hat in Frankreich weniger um sich gegriffen als in manchen anderen Ländern; sie ist auf die **Jugend unter 25** begrenzt. Wenn Sie diese Schallgrenze überschritten haben und vermeiden wollen, allzu sehr als alternder «Youngster» aufzufallen, sollten Sie ein **überbetont individuelles** und/ oder **individualistisches Outfit** besser vermeiden. Bereits eine Brosche in Form eines Sektkorkens von Moët-et-Chandon würde eher als eine merkwürdige Schrulle aufgefasst denn als witziger privater «Touch». Dafür darf man in bestimmten Kreisen durchaus ein wenig *snob* sein.

Tu! oder ***Tabu!*** Das Sprengen der kommerzialisierten Mode-Codices hat in D / A / CH einer Moderichtung den Weg eröffnet, die signalisieren will, **Mode interessiere nicht**, Kleidung diene allein dem Bedecken der Nacktheit und dem Wärmen. Man könnte diese Richtung *Low-dress-Styling* oder *great bodies, no outfit* nennen. Auch damit erregen Sie in Frankreich Aufmerksamkeit. Dessen ungeachtet gibt es genug Milieus, in denen es durchaus einfach zugeht: Die Kleidung des *Français moyen* und Otto Normalverbraucher etwa unterscheidet sich so gut wie nicht.

Tu! Vielleicht wollen Sie sich in der französischen Gesellschaft wie ein Fisch im Wasser bewegen; dann befolgen Sie drei Regeln. Erstens: **korrekte und dezent elegante Kleidung** ist ein *passe-partout*; zweitens: achten Sie auf eine **harmonische Gesamtheit**; drittens: **kultivieren Sie die Details** – vom Make-up und Parfum bis zur Handtasche und Halskette.

Tu! Für Einladungen, Empfänge, Theaterbesuche und andere Anlässe gilt: **besser overdressed** als **zu leger**.

Tu! Zum Schicksein gehört das **richtige Auftreten**. Das richtige Auftreten erzeugt Respekt und begleitet den gesellschaftlichen Aufstieg. Es umfasst Haltung, Gestik und Mimik. Dies lernen schon die Grundschüler, wenn sie Gedichte vortragen; dies fließt bei den Prüfungen in den *grandes écoles* in die Bewertung ein. Wollen Sie in den inneren Kreis französischen Chics und französischer Lebensart eintreten, so müssen Sie sich eine Gestik und Mimik aneignen, die auf ausdrucksvolle Weise Ihr Reden unterstreichen.

Le chez-soi Wohnen in Frankreich

Traum & Wirklichkeit des Wohnens

Die einen leben in der Stadt, die anderen auf dem Land, die einen in Mietswohnungen, die anderen in Eigenheimen, die einen in dieser, die anderen in jener Region. Doch eines verbindet, so jedenfalls ergaben repräsentative Umfragen, alle Franzosen: der überwiegende Teil träumt von einem Eigenheim *(une maison individuelle)*, das eher in einem Dorf oder einer Kleinstadt als am Rande (geschweige denn im Zentrum) einer mittleren oder Großstadt liegen sollte.

Dennoch wohnt ein bedeutender Teil der französischen Bevölkerung in Ballungsgebieten (über 10 Mio. allein im Raum Paris), 20% der Wohnungen sind überbelegt, und nur etwa ein Drittel bis ein Viertel der Franzosen besitzt ein eigenes Haus, und das ist nicht immer Hauptwohnsitz.

Cascun est roy en sa maison
Mein Haus ist mein Königreich

Claudine, 38, literarische Übersetzerin mit unregelmäßigem niedrigen Einkommen, hat sich vor drei Jahren ein winziges Haus gekauft. Ein Onkel hatte ihr Geld vermacht, das gerade für ein ehemaliges Arme-Leute-Bauernhaus in einem lothringischen Dorf reichte. Ihr Häuschen liegt am Ende eines Seitenarms der Dorfstraße und hat eine gemeinsame Wand mit dem des Nachbarn. Es ist von schmuddeligem Ockergelb und das Dach so niedrig, daß man, trotz der zwei Stockwerke, meint, hinaufreichen zu können, wenn man sich nur auf die Zehenspitzen stellte. Beim Betreten des Hauses zieht man unwillkürlich den Kopf ein.

Franzosen werkeln gern in ihrer freien Zeit.

Franzosen, so besagt die Statistik, werkeln in ihrer freien Zeit herum. Paul ist jemand, mit dem sich die Statistik untermauern läßt. Er ist der ***bricoleur*** (Bastler) par excellence. Er hilft Claudine bei den Umbauarbeiten. Er macht dies umsonst, aus Spaß, und erwirbt sich damit das Recht, wann immer er mag, zu Besuch zu kommen. In Claudines Haus hat er ein paar Wände verschoben. Es gibt jetzt ein kleines Badezimmer (mit Sitzbadewanne, auch eine französische Besonderheit), eine Kochküche und eine Diele, wo sich zuvor nur eine Wohnküche befand, deren Tür direkt auf die Straße ging. Ess- und Wohnzimmer bilden eine Einheit. Das Mobiliar, dunkelbraun und massiv, stammt großenteils noch von den Vorbesitzern: ein großer ovaler Esstisch, Stühle mit lederbespannter Rückenlehne und lederbespanntem Sitz, ein Geschirrschrank mit Glastür. Wuchtiges Mobiliar, dessen Schwere sich aber in dem weiten Raum verliert, in dem ansonsten nur noch ein kleines rundes Tischchen mit zwei Sesseln steht – und damit gewissermaßen den *salon* (das Wohnzimmer) symbolisiert. An den Wänden hängt nur ein Plakat: die Reproduktion von Fernand Légers *Die Rast, auf rotem Grund*, dessen kraftvolle Farben eine ruhige, beinahe verträumte Heiterkeit in den Raum bringen. In den ersten Stock hinauf führt eine Treppe, die eher einer Leiter gleicht. Dort oben liegt Claudines Arbeitszimmer, das übervoll mit Büchern ist. Sie stehen nicht nur in Rega-

Die meisten Franzosen verbindet der Traum vom idyllischen Leben in einem Dorf oder einer Kleinstadt (hier in der Bretagne).

len, sondern türmen sich auch auf dem Boden, wo zudem Manuskriptblätter herumliegen. Wo sich an den Wänden ein freier Fleck findet, hat sie Notizzettel, Kunstpostkarten, Skizzen eines malenden Freundes angepinnt. Ihr Schreibtisch, der, wie sie sagt, wegen Überfüllung geschlossen werden sollte *(pour cause de débordement)*, steht vor dem Fenster mit Blick auf einen kleinen verwilderten Garten. Vorhänge gibt es keine. Eingerahmt wird dieser Raum von zwei Schlafkammern (für Claudine und einen Gast), die nicht mehr sind als ein Bett-im-Schrank.

Claudine ist aus der Stadt, aus Nancy, hierher gezogen, sie lebt allein, ihr Tag verläuft unregelmäßig. Kontakt hat sie nur mit dem Nachbarn aus der Kate von nebenan. Es ist ein alter Herr von über siebzig, dem «die Frau früh weggestorben ist» und der den Hof danach allein weiterführte: fünf Kühe, eine Apfelplantage. Zuletzt wurde es ihm zuviel. Wie den Nachbarn auch, die ihr Haus an Claudine verkauften und in die nächstgrößere Stadt zogen. «Die anderen, die in den umliegenden Häusern, *ma foi* (bei Gott), sie pflanzen Geranien auf ihren Balkonen und halten sich Pekinesen, was soll man da machen», sagt Claudine und zuckt die Achseln.

Landromantische Städter ziehen zu, Dörfler wechseln in Neubausiedlungen.

Wo immer man zwischen Nancy und Epinal durch die Dörfer wandert, entdeckt man dies: einen verfallenden Dorfkern, wo sich hie und da ein paar Städter (Tendenz: Intellektuelle) ein altes Haus herrichten, und am Rande ein Neubaugebiet mit *pavillons individuels. Pavillons* begann man die meist durch einen Bausparvertrag *(plan d'épargnelogement)* finanzierten, frei stehenden und von einem kleinen Garten umgebenen Häuschen in den 60er Jahren zu nennen. Rund fünf Standardtypen, die als Musterhäuser am Stadtrand von Nancy zu besichtigen sind, findet man in Lothringen. Sie sind ockerfarben und vom Grundriss her den alten Häusern der Gegend nachempfunden, weshalb sie *maisons lorraines* heißen. In der Normandie heißt die regional abgewandelte Form *fermette normande*, in der Provence *mas provençal* (normannischer bzw. provenzalischer Hof).

Während im alten Dorfbereich privater und öffentlicher Raum ineinander übergehen – man stellt sich einfach eine Bank auf den Gehsteig oder gar einen Tisch auf den Dorfplatz –, schotten in den modernen Wohngebieten Begrenzungen wie Büsche, durchbrochene Betonmauern oder Eisenzäune die Grundstücke ab. Von den Wohnzimmern führen Fenstertüren auf Veranden und Gärten, die in Weinheim, Ehrwald oder Affoltern nicht anders aussehen: weiße ornamentenreiche Plastikmöbel, Zierrasen, Blumen, die Spalier stehen. Und dann noch gelegentlich *jardins imaginaires* (Phantasiegärten), die ganze Landschaften einschließlich ihrer Bewohner und typischen Architektur in Miniatur nachbilden. Da fällt das Auge auf Grimms Märchenland, belebt von Gartenzwergen, die an sich den Deutschen allein angelastet werden. Da ist das China vergangener Dynastien mit Hängebrückchen, Tempelchen und bleichgesichtigen Prinzessinnen wieder auferstanden. Am Hoftor warnt ein Schild: *attention, chien de garde* (Vorsicht, Wachhund).

Vom verschränkt privat-öffentlichem Raum zur privaten Einigelung in den neuen Siedlungen

Im Süden allerdings werden Sie dergleichen nur selten finden. In jedem dritten Dorf hat eine *épicerie* (ein Gemischtwarenladen) überlebt, weil der Ladeninhaber mit einem Verkaufswagen über die Dörfer fährt, während seine Frau hinter der Ladentheke steht. Und weil die beiden an sechs Tagen in der Woche von morgens 5.30 bis abends 20 Uhr und am siebten Tag von 8 bis 18 Uhr geöffnet haben und zu überteuerten Preisen anbieten, was die Kunden im *hypermarché*, einem riesigen, einem Warenlager ähnelnden Supermarkt an der Ausfallstraße von Nancy nach Epinal, einzukaufen vergessen haben. Und auch ein **café-tabac** hat manchenorts überlebt, weil das Ehepaar, das den *tabac* führt, weniger vom Zigaretten- und Getränkeverkauf als vom Verkauf von Butangasflaschen und verschiedenen Amtspapieren (Steuermarken für Autofahrer, Angelscheine …) und darüber hinaus von der Annahme von Wettscheinen lebt. – So sieht es heute überall in Frankreich **auf dem Lande** aus.

Der Süden ist anders.

Der Zuzug der Städter rettet manchen verfallenden Dorfkern in der Provinz.

Modernes Wohnen im Kaninchenstall

Die Merciers haben eine Wohnung in Sarcelles. Sarcelles wurde in den 60er und frühen 70er Jahren aus dem Boden gestampft, als man einerseits versuchte, das chaotische Wachstum der Städte durch planerische Eingriffe zu lenken, und als andererseits die erste Welle massiver Verdrängung ärmerer Schichten aus den alten gewachsenen Stadtkernen einsetzte. Der architektonische Stil war geprägt vom **Funktionalismus**, allerdings nicht mehr in seiner idealtypischen Form, wie man ihm z.B. mit der Errichtung des Hansa-Viertels in Berlin ein beispielhaftes Zeichen setzte. Dieses war nämlich sehr wohl auf die Menschen ausgerichtet: Transparenz, Klarheit und Offenheit der Bauten sollten als Symbol für Demokratie stehen, überall sollte Grün wuchern, Weite und Leichtigkeit suggerierend, und Räume wollte man schaffen, die von den Bewohnern belebt werden könnten.

«Funktionalistische» Architektur: Irrgärten aus größeren und kleineren Betonklötzen

Fährt man mit dem Bus von der Bahnstation Sarcelles-St. Brice zu den Merciers, so fühlt man sich trotz der «autogerechten» Breite der Straßen eingezwängt. Eingesperrt in einen Irrgarten aus größeren und kleineren Betonklötzen (die kleinsten sind die nachträglich aufgestellten Blumenkübel), wo jede Öffnung wie eine Scheinöffnung, jeder Durchlass wie eine Sackgasse wirkt. Der Blick gleitet an der Stereotypie der Fassaden und Straßenführung ab. Der Hauseingang ist nicht zu finden. Zwischen mehreren Wohnungen im Erdgeschoss klaffen Löcher, die in Tiefgaragen führen. Keine Hausnummern. Ein schmaler, zugiger Durchgang führt hinter die Blocks; dort liegen die Eingänge:

Hauseingänge: Pissoirs mit Graffiti

Pissoirs mit Graffiti – graue Betonwände, der Zugang zu einer Feuertreppe, Briefkästen aus Blech, zwei Fahrstuhltüren.

In der Wohnung lässt sich das klaustrophobische Gefühl kaum ablegen. Die beiden Töchter (12 und 15 Jahre alt) teilen sich 12 qm: Doppelstockbett, zwei kleine Schreibtische mit hellem Furnier, ein Kindersofa. Ihre Kleider hängen im Schlafzimmerschrank der Eltern. Der Älteste, der 17-jährige Sohn, bewohnt das eigentliche Kinderzimmer: 9 qm, vollgepfropft bis obenhin mit allem, was man als Kind, Jugendlicher und Erwachsener braucht. Aus allem hervorstechend ein Plakat: «legalize pot» – allerdings dreht es sich in dieser Familie nicht mehr um Haschisch, sondern um Ecstasy. Pierre agitiert Eltern wie Schwestern, dass der Stoff harmlos sei, und die Eltern schwanken in der Problemlösung. Mal setzen sie Pierre vor die Tür, aus Angst, er könne seine Schwestern in die Sarceller Szene hineinziehen, mal versuchen sie es mit Diskussionen und allerlei Hilfsangeboten, wie er aus den Schulschwierigkeiten herausfinden könnte, schlagen «sinnvolle» Freizeitbeschäftigungen vor und bieten ihm an in den Ferien zu verreisen. Sophie, die Mutter, Mitte 40, ist seit der ersten Schwangerschaft Hausfrau und Mutter. Zuvor arbeitete sie als Tippse. In den 70er Jahre engagierte sie sich in der Anti-Atomkraftbewegung und gründete

Klaustrophobie und Flucht

später in Sarcelles eine Öko-Initiativgruppe *(association écologique)*. Seit den 80er Jahre betätigt sie sich ehrenamtlich in der Betreuung von Problemfamilien. Im Wohnzimmer hat sie ihren Arbeitstisch: Aktenordner, ein Papier-Recycling-Gerät, ein Maschinchen, um Buttons selber herzustellen, Schautafeln, die an der Wand lehnen. Der Fernseher ist unter einem Stapel Papiere begraben, das Wuchtige der Schrankwand tritt ein wenig hinter Aufklebern zurück. Ein Esszimmer gibt es nicht, die abendlichen Familienessen mit ihren Auseinandersetzungen spielen sich am Resopaltisch in der Küche ab, dessen eine Ausziehseite verschwinden muss, wenn jemand den Raum verlassen will.

«Umziehen? Wohin? Die Wohngegenden, die wir bezahlen können, sehen so aus wie hier. Oder schlimmer. In St.-Denis sind die *grands ensembles* der 70er Jahre schon abbruchreif, da klaffen die Wände auseinander, und in andern Gegenden sind die sozialen Probleme noch krasser. Aber meine Arbeit ist natürlich ein Tropfen auf einen heißen Stein – kein Wunder, daß Le Pen nun auch hier so viele Stimmen kriegt.» *Grands ensembles* («große Wohneinheiten») lautet die offizielle Bezeichnung für das, was die Bewohner *cages à lapins* («Kaninchenställe») nennen: die Hochhäuser des Sozialen Wohnungsbaus (H.L.M.), die als Ensemble die so genannten **Trabantenstädte** bilden – oder auch *bidonvilles* («Kanister»-, will heißen: Wellblechstädte, Slums).

Wohnen à la française

Monsieur und Madame Philbert wohnen in der rue Raynouard im 16. Arrondissement von Paris. Es ist eine um die Jahrhundertwende erbaute Straße mit sechs- und siebenstöckigen Häusern, deren Fassaden mehr oder weniger verziert sind, wo es – zumindest im zweiten und dritten Stock – Fenstertüren gibt und davor winzige Balkons mit gusseiserner Einfassung. Die massive Holztür, die in das Treppenhaus führt, ließ sich bis vor wenigen Jahren tagsüber mit Hilfe eines Messingsummers öffnen, und bis 1978 öffnete einem nachts noch die Concierge die Tür, nachdem man ihr das Erkennungszeichen, dreimal Läuten, gegeben hatte.

Die Concierge war ein altes, verhutzeltes Weib mit Adleraugen, zänkisch und liebevoll. Sie putzte nicht nur das Treppenhaus, sondern auch bei den Philberts und einigen anderen Familien im Haus. Nach ihrem Tod übernahm eine Portugiesin die Stelle. Sie heißt nicht mehr *concierge*, sondern *gardienne*, und ihr Vertrag fesselt sie nicht mehr rund um die Uhr an ihre Arbeit und ihre *loge*, jenes winzige Kabuff der Conciergen, durch deren Glastür sie die Eingangshalle im Auge behalten sollten.

Die Concierge – eine französische Institution verschwindet.

Nachdem die neue Hauswartin ihre Arbeit aufgenommen hatte, fand diese ständige Sicherheitsüberwachung nicht mehr statt. Zudem blieb nachts das Portal verriegelt. Per Schlüssel ließ sich der Summer in Betrieb setzen, und die Haustür ging auf – schlüssellose Besucher aber irrten im Viertel auf der Suche nach einer Telefonzelle umher, um die Bewohner um Einlass zu bitten. Also wurde eine hochmoderne Öffnungsanlage installiert, die ähnlich wie ein Taschenrechner aussieht. Wenn man eine Zahlenfolge oder Zahlen-Buchstaben-Kombination *(code)* eingibt, springt die Tür auf. Da aber die Hausbewohner den *code* an Freunde und Bekannte weitergeben, muss er aus Sicherheitsgründen halbjährlich gewechselt werden. (Die Gegensprechanlage, *interphone*, ist nicht allzu verbreitet.)

In vielen Häusern findet man weder Concierge noch Hauswartin. Philberts sind froh, dass es bei ihnen noch anders ist: Wenn Strom oder Gas abgelesen werden muss, Handwerker kommen, Pakete entgegenzunehmen sind, erledigt die neue *gardienne* diese kleinen Hilfsdienste ebenso bereitwillig wie einst die *concierge*. Im Haus der Philberts muss man nach wie vor bei der *gardienne* erfragen, wo das Ehepaar wohnt: Es gibt weder einen Stillen Portier noch Namensschilder an den Türen.

«Chez soi» – zu Hause

Die Wohnung, die M und Mme Philberts Eigentum ist, verfügt zwar nicht über viele Zimmer, doch sind diese weiträumig und hoch. Überall ziert Stukkatur die Decken, die Wände sind mit Stofftapeten bespannt, die ein Phantasieblumenmuster tragen. Die Stores sind zugezogen, und abends klappt man die Fensterläden zu. So kann man wirklich *chez soi* (zu Hause, wörtlich: «bei sich») sein, geschützt vor fremden Blicken und Urteilen.

Salon und *salle-à-manger* (Wohn- und Esszimmer) verbindet eine große, beinahe die gesamte Trennwand einnehmende Glastür, die meist offensteht. Couchtisch und Sofa sind neu, aber aus schwarzem Leder bzw. dunklem Holz, so dass sie sich dem Louis-quinze-Mobiliar des Esszimmers (Tisch, Stühle, Buffet) anpassen. Von der Decke hängen Lüster. Das Wohnzimmer ist mit einem Kamin ausgestattet. Über dem Sofa hängt ein abstraktes Gemälde – ein Original – und über dem Buffet im Esszimmer ein Holzschnitt. Auf dem Buffet steht eine gefüllte Obstschale, in einer Ecke des Wohnzimmers eine extravagant geschwungene Vase.

Gleichgültigkeit gegenüber «pingeliger» Ordentlichkeit

Belebt werden die Räume nicht durch Einrichtungs-, sondern durch Gebrauchsgegenstände: hier liegt ein Messer herum, da ein Buch, eine Zeitung, an einer anderen Stelle vielleicht ein aufgerissener Brief … Es herrscht eine dezente, eine kaum sichtbare, nahezu nur spürbare Unordnung. Oder vielmehr: nicht Unordnung, sondern: eine Gleichgültigkeit gegenüber der Ordentlichkeit.

In der Küche wird dies offensichtlich. Auf dem kleinen metallbeinigen, resopalbeschichteten Tisch stehen die Einkäufe in sechs oder sieben oder acht meist unbedruckten kleinen Knisterplastiktüten. Am Türknauf hängen zwei weitere solcher Tüten, um die Abfälle aufzunehmen. Das Küchengeschirr (nicht: Teller, Schüsseln, Besteck – die befinden sich im Buffet) stapelt sich akrobatisch in einem offenen Holzregal und in zwei Anrichten ähnelnden Schränken, die bestimmt ebenso alt sind wie das Haus. Neben dem porzellanenen Waschbecken türmt sich in einem Abtropfständer Geschirr, eine Spülmaschine gibt es nicht. Ebensowenig eine Waschmaschine im Badezimmer, dem einzigen euronormierten

Potemkinsche Stadtidylle (Chamalières)

Raum: Duschkabine, Wanne, WC, kein Bidet mehr, Waschbecken, die Wände bis zur halben Höhe gekachelt.

Monsieur und Madame haben getrennte Schlafzimmer, seit der Sohn ausgezogen ist. In jedem Raum fällt der Blick auf ein großes französisches Bett – neu, wie Kleiderschrank und Nachttischchen – sowie einen Sekretär, bei Monsieur eine Boulearbeit, bei Madame Jugendstil. Die Philberts – beide übrigens Anfang fünfzig, er arbeitet als Journalist beim Fernsehen, sie führt eine kleine Boutique – besitzen neben dieser Stadtwohnung ein Landhaus (une maison de campagne) auf der Insel Ouessant, wohin sie an den durch Feiertage verlängerten Wochenenden, in den Weihnachts-, Oster- und Sommerferien fahren. Für sie sind Wohnung und Landhaus ein wirkliches *chez-soi*, ein Ort des Rückzugs und der Ruhe.

Tips & Knowhow

Übernachten und Wohnen in Frankreich

Vielleicht lässt sich behaupten, dass die Philberts in der französischsten aller Wohnungen leben. Dabei spielt das Geld, das ihnen Stilmöbel, Originalgemälde und eine ausreichende Quadratmeteranzahl ermöglicht, nur begrenzt eine Rolle. Das «Französische» an dieser Wohnung machen bestimmte Elemente des traditionellen bzw. **traditionsbewussten bürgerlichen Geschmacks** aus, die Sie in vielen französischen Wohnungen und Häusern wiederfinden. Die Fenster werden nicht durch dicke Stores und Batterien von Blumen zu einer Verteidigungslinie des Privatbereichs gegenüber dem öffentlichen ausgebaut. Auf Konsolen, Buffets, Kaminsimsen ist jegliche Art von Nippes, von der sich räkelnden Porzellankatze bis zum Aschenbecher mit vollbusigen Ausbuchtungen, im Schwinden begriffen – und wenn Sie dergleichen als Gastgeschenk überreichen, müssen Sie damit rechnen, dass Ihr Mitbringsel nicht aus Höflichkeit aufgestellt wird, sondern erbarmungslos im Mülleimer landet. Auch die Wände sind eher karg dekoriert. Die **sparsam gewählte Einrichtung** erweckt selbst in den Wohnungen, wo teures Mobiliar steht (häufig Antiquitäten), nie den Eindruck von Prunk und Protz. Diese Wirkung wird verstärkt durch eben diese Gleichgültigkeit gegenüber Ordentlichkeit, die selbst jene Wohnungen durchdringt, in denen *femmes de ménage* (Haushaltshilfen) oder *filles au-pair* für Ordnung sorgen.

Tips für Unterkunft Suchende

Für Touristen:

- **Hotels** finden sich in unbegrenzter Auswahl für jeden Anspruch und jeden Geldbeutel, von den international bekannten First-class-Hotels bis zu den grenzübergreifenden Hotelketten für den Massentourismus. Doch wenn Sie **wirklich französisch wohnen** wollen, so suchen Sie am besten in einem der atmosphärereichen und preiswerten traditionellen Hotels Unterschlupf. Auch hier gibt es natürlich Unterschiede hinsichtlich des Komforts, die Sie anhand der üblichen Sterne erkennen können. Diese kleinen Hotels bieten Ihnen Blümchentapete, französisches Bett, einen (nicht beheizbaren) Kamin, all den Nippes, der in den letzten Jahrzehnten aus den französischen Wohnzimmern wanderte, und eine *coin d'eau* – eine durch Paravent oder Holzwand abgeteilte Ecke mit Badewanne oder Dusche, Bidet und Handwaschbecken. Die Toiletten dagegen sind häufig *sur le palier*, außerhalb des Zimmers auf gleicher Etage. Morgens zieht der Duft nach frischem Kaffee die steilen Stiegen hinauf und in Ihr

Zimmer, so dass Sie, halb noch im Schlaf, bereits Kaffee und Croissants auf der Zunge schmecken und leises Radiogedudel im Ohr hören.

- **Ferienhäuser** erweisen sich ebenfalls als preisgünstige Unterkunft, meist auch mit Atmosphäre. Wenn Sie auf **traditionellen französischen Wohnstil** Wert legen, dann mieten Sie einen ***gîte rural***. Oft sind es modernisierte ehemalige Bauernhäuser (ähnlich dem Haus von Claudine), die häufig in einem Dorf gelegen sind und Ihnen damit ganz alltägliche Franzosen zum Nachbarn geben. Oder aber Sie fragen einfach in gewöhnlichen *agences immobilières* (bei Wohnungsmaklern) an, denn diese vermieten des öfteren Wohnungen auch an Touristen. Vielleicht finden Sie ein Häuschen mitten in einer lebendigen Altstadt, in einer Straße, wo Katzen sich in der Sonne räkeln, wo abends vor einem Café die Rentner Boule spielen und dabei ihren Apéritif nehmen ...

Für längere Aufenthalte:

- Wenn Sie in Frankreich eine **Wohnung suchen**, können Sie dies **auf eigene Faust** unternehmen. Verschiedene Zeitungen, von denen manche auch gratis verteilt werden, veröffentlichen regelmäßig Anzeigen. Wo Sie inserieren oder nachschlagen, hängt maßgeblich davon ab, in welche Region Sie ziehen möchten und wie finanzkräftig Sie sind. Sie können aber auch einen **Makler** *(agent immobilier)* beauftragen. Sein Honorar ist nicht mehr staatlich festgelegt; Preisvergleich lohnt also. Entrichten Sie **Mietanzahlung** und **Maklergebühr** *(commission)* erst nach Unterzeichnung des Mietvertrags!

- Wenn Sie **Student** sind oder aus anderen Gründen nur ein **kleines Zimmer** suchen, dessen Miete erschwinglich sein soll, bieten sich die *chambres de bonne*, diese Dienstbotenzimmer unter den Dächern der Jahrhundertwendebauten, an. Sie werden oft per Anschlag angeboten, z.B. in den Goethe- und anderen ausländischen Kulturinstituten und in den *Centres d'informations et de documentation de la jeunesse*. Studenten können sich außerdem an den *C.R.O.U.S.* wenden.

- Wollen Sie lediglich **für begrenzte Zeit** eine Wohnung oder ein Zimmer mieten, können Sie sich in Paris über eine **Mitwohnzentrale** mit dem Namen *Allô Logement* ein Untermietverhältnis vermitteln lassen.

- Begeben Sie sich nicht auf die Suche nach **Wohngemeinschaften**: Es dürfte vergeblich sein, denn diese sind selten in Frankreich.

Und noch ein Tip:

- Suchen Sie nach einer Adresse, bei der an die Hausnummer ein ***bis*** oder ***ter*** angehängt ist, sollten Sie diesen drei Buchstaben Beachtung schenken: Die ersten stehen für lateinisch «zweimal», die zweiten für «dreimal», und sie bedeuten die Wiederholung der vorstehenden Hausnummer. Sie entsprechen also dem deutschen «A» bzw. «B».

Tu & Tabu:

Tabu! Die bei uns geläufige englische Wendung *My home is my castle* hat den Blick dafür verstellt, dass diese auch für Frankreich gilt: «Jeder ist König in seinem Haus» heißt es da, wörtlich übersetzt. **Besuchen Sie deshalb nie jemanden unangemeldet.**

Tabu! **Klingeln Sie nicht einfach bei fremden Nachbarn,** weil Ihnen unverhofft das Salz ausgegangen ist. Schließlich findet sich immer irgendwo ein Laden, der geöffnet hat. Auf dem Dorf sei es Ihnen notfalls gestattet, sofern Sie erklären, dass Ihnen dies furchtbar peinlich sei, Sie aber Besuch erwarteten ..., und wenn Sie sich am nächsten Tag auf irgendeine Weise erkenntlich zeigen.

Tu! **Hilfsbereitschaft unter Nachbarn** ist dagegen gang und gäbe, wenn Sie Kinder haben. Wenn also Ihre lieben Kleinen nach Schulschluss bis zu Ihrer eigenen Heimkehr betreut werden müssen, erkundigen Sie sich, ob in der Nachbarschaft eine Familie mit Kindern lebt, die diese Aufgabe übernehmen kann.

Tabu! Haben Franzosen Sie nach Hause eingeladen, so fordern Sie Ihre Gastgeber nicht **auf Ihnen das Haus zu zeigen**. Außer dem Salon und dem Esszimmer zählt alles zur Privat-, um nicht zu sagen: zur Intimsphäre.

Tu! oder ***Tabu!*** Da die Vorstellung einer Hausgemeinschaft in der Großstadt nicht, in kleineren Städten kaum verbreitet ist, müssen Sie Ihre **Mitbewohner nicht grüßen**.

Tu! **Auf dem Lande** dagegen sollten Sie Ihre **Nachbarn grüßen**.

Tu! oder ***Tabu!*** Wer neu in ein Wohngebiet zieht, richtet, anders als bei uns noch manchmal üblich, **kein Einstandsfest** aus, zu dem auch die Nachbarn eingeladen werden. Wenn Ihnen dies gar zu befremdlich und unpersönlich erscheint, können Sie sich in kleineren Städten und Dörfern bei Ihren Nachbarn **vorstellen** – nach **vorheriger Anmeldung** oder durch Übersenden einer Visitenkarte.

Zwischen *Boule*-Platz und *famille* – Freie Zeit in Frankreich

Nach ihrem Wahlsieg 1981 richteten die Sozialisten das neue Ministerium für die Freie Zeit ein. 22 Monate später wurde der Rotstift angesetzt und das eigenständige Ressort gestrichen. Der Minister durfte noch eine Weile, allerdings ohne eigenes Portefeuille, im Amt bleiben; schließlich fiel auch er der Sparpolitik zum Opfer. Ebenso erging es den Franzosen mit ihrer freien Zeit: Die Sozialisten waren in der Absicht angetreten, zum Abbau der Arbeitslosigkeit die 35-Stunden-Woche einzuführen, scheiterten aber binnen kurzem am Aufstand der Unternehmer. Man begnügte sich mit einer Arbeitszeitverkürzung um eine auf nunmehr 39 Stunden. (Hinzu kam eine fünfte Woche bezahlten Urlaubs.)

Romanischer Tagesablauf

Von den zahlreichen Schichtarbeitern und Verkäuferinnen abgesehen, kann man wohl behaupten, dass Franzosen in der Regel **morgens später bei der Arbeit** erscheinen als etwa Deutsche und/oder nicht selten eine **längere Mittagspause** einlegen (dies gilt insbesondere für die Verkäuferinnen). Deshalb **verlassen sie ihren Arbeitsplatz am Abend wesentlich später** – nicht vor 17, 17.30, oft sogar 18.00 Uhr, und die Verkäuferinnen erst zwischen 19.30 und 21.00 Uhr. Doch ebenso wenig wie bei uns beginnt danach Freizeit.

Der Abend – Ein Wettlauf mit der Zeit

Hélène, 40, ist Verwaltungsangestellte in einer gemeinnützigen Einrichtung von Clermont-Ferrand. 50 km entfernt besitzt sie in einem kleinen Nest ihr eigenes Häuschen.

Dort lebt sie allein mit ihrem 15-jährigen Sohn. Ihre Abende verlaufen so durchschnittlich französisch, wie es sich nur denken lässt. Wenn sie ihre Arbeitsstelle verlässt, liegt eine 45- bis 70-minütige Heimfahrt vor ihr. Die Dauer hängt ab von der Jahreszeit, von der Witterung und anderen Zufälligkeiten, wie etwa einem Touristenfahrzeug mit angehängtem Campingwagen oder einem Sattelschlepper, die vor Hélènes Kühlergrill im Schneckentempo über die sich schlängelnde Straße kriechen – just auf dem Abschnitt, wo sie selbst mit ihrem spritzigen R 5 nicht überholen kann. Zwischen Arbeit und Zuhause – manchmal noch in Clermont, manchmal irgendwo unterwegs – erledigt sie einige kleinere Einkäufe. Wenn sie dann in der Schlange irgendeiner Supermarktkasse steht, tritt sie von einem Fuß auf den anderen. Ihr Sohn ist seit 16.30 Uhr zu Hause (mittwochs sogar schon ab 12.30 Uhr), und je näher Hélène ihrem Dorf kommt, umso mehr verschafft sich ihre allnachmittägliche Anspannung, ob daheim auch nichts passiert sei, Ausdruck.

Ein «durchschnittlich französischer» Abend

Trifft sie endlich gegen 19.30 Uhr zu Hause ein, hockt Bernard vor dem Fernseher. Günstigenfalls hat er an seine Hausaufgaben gedacht und auch seinen Beitrag zum Haushalt geleistet; andernfalls entlädt sich Hélènes Stress in Geschimpfe. Während er nun den Tisch deckt, bereitet sie das

Die ausgiebigere Mittagspause verlängert den Arbeitstag in den Abend hinein.

Abendessen vor. Um 20 Uhr stellen die beiden wieder das Fernsehgerät ein, um während des Essens die Nachrichten zu verfolgen. Zwischen 20.30 und 21 Uhr – Mutter und Sohn sitzen noch beim Essen, der Fernseher ist ausgeschaltet – wird Hélène ruhiger. Sie befragt ihren Sohn nach seinem Tag und erzählt vielleicht von ihren Erlebnissen oder schneidet ein Thema an, über das sie sich mit ihrem Sohn unterhalten möchte.

Nach dem Abräumen hört Hélène, wenn Bernard am nächsten Tag eine Arbeit schreibt, ihren Sohn ab, oder die beiden schauen zusammen einen Film an. Meist aber ist es über dem Essen so spät geworden, dass Bernard in sein Zimmer geht, wo er noch ein wenig liest, ehe er um 22.00 Uhr das Licht löscht (oder zumindest löschen soll). Hélène räumt ein bisschen auf, füllt eine Waschmaschine oder hängt die Wäsche, die schon seit zwei Tagen gewaschen und feucht in der Trommel liegt, auf. Gegen 23.00 Uhr beginnt Hélènes Freizeit-freie-Zeit … «Aber auch nur», sagt sie, «weil ich keinen Ehemann habe und mein Freund in Paris lebt. Dafür habe ich allerdings am Wochenende keine freie Zeit für mich allein – wenn er runterkommt oder ich rauffahre.»

Die eine Stunde oder zwei, die ihr vor dem Schlafengehen bleiben, kann Hélène sehr gut ohne die Hilfestellung aus einem Ministerium für die Freie Zeit mit Lesen, Träumen, Fernsehen, Briefeschreiben, Telefonieren ausfüllen. Meist telefoniert sie – wenn nicht mit ihrem Freund, so mit anderen Bekannten, die sie nur besuchen könnte, wenn sie sich erneut für eine Viertel- oder halbe Stunde ins Auto setzte («aber es ist inzwischen ohnehin zu spät»). Manchmal ruft sie auch ihre Familie an, schlechten Gewissens, weil sie ihre Eltern und Verwandten durch ihr Wochenendpendeln Clermont–Paris nur selten trifft.

Eigeninitiativ gestaltete, soziale Freizeit

Dass die Menschen die wenigen Stunden, die sie wirklich frei haben, allein zu gestalten wissen, haben lange vor der Schaffung des Ministeriums für die Freie Zeit all die staatlichen Einrichtungen, Vereine und all die privaten und halb privaten Initiativen bemerkt, die in den französischen Dörfern die Leute unter der Woche aus ihren vier Wänden locken wollen. Hélène selbst gehörte einmal zu denen, die versuchen, sich selber und anderen eine Möglichkeit zu bieten, so aus dem Trott auszubrechen.

11.000 Kino-Clubs in Frankreich

In ihrem Dorf gab es noch einen alten Kinosaal, den sie gemeinsam mit einer Freundin wieder herrichtete. Als *ciné-club*, als einer der 11.000 Kino-Clubs in Frankreich, boten die beiden zweimal wöchentlich Filmvorführungen an, im Winter in ungehciztem Saal. Diese Clubs, die als gemeinnützige Vereine anerkannt sind, dürfen im Regelfall Filme frühestens zwei Jahre nach ihrer Uraufführung zeigen. Bis dahin haben die meisten Dorfbewohner den Film längst in der Stadt gesehen («Wer mitreden will, muss doch auf dem laufenden sein!»), und so füllten die Besucher aus ihrem wie den Nachbardörfern nie den Saal: Meist fanden sich zwei bis zehn Zuschauer ein. Irgendwann hatten die beiden Frauen, deren Projekt nie eine staatliche Förderung erhielt, einen Berg Schulden und die Nase gestrichen voll.

In den mittleren und großen Städten sieht es natürlich ein wenig anders aus als auf dem Dorf oder in den Kleinstädten. Da gehen eine Menge Leute ein-, zweimal in der Woche abends aus, besuchen einen Kunstzirkel oder treiben in einem Verein Sport oder schaffen sich dank der Cafés wenigstens für die Länge eines Apéritifs am Tresen oder von drei, vier Runden *belote* (ein dem Skat ähnelndes Kartenspiel) oder *boule* eine Pufferzone zwischen ihren Alltagszwängen. Aber wenn Sie genauer hinschauen, zählen sie, wie in D / CH / A, in den seltensten Fällen zu den Jahrgängen zwischen dreißig und sechzig, denn diese sind mit Beruf und ihrer Familie befasst – mit dem «**Wettrennen gegen die Uhr**», wie auf französisch der Wettlauf mit der Zeit heißt.

Das Wochenende gehört der Familie

Am Samstag füllen meist Alltagsgeschäfte einen erheblichen Teil des Tages aus – sei es, dass man die grobe Hausarbeit erledigt, auf Vorrat einkauft, Gänge zum Schuster, Flickschneider oder zur Reinigung erledigt, eine Glühbirne auswechselt oder den Wagen durch die Waschanlage fährt; sei es, dass man als Städter seinen Hund in den Hundesalon führt oder als Hausbesitzer etwas am Eigenheim repariert.

Der Sonntag gehört der (Groß-) Familie.

Der Sonntag aber gehört der Familie, und diese besteht nicht einfach aus Vater-Mutter-Kind, sondern auch Onkels & Tanten, Großmüttern & -vätern, Cousins & Cousinen, Schwestern & Brüdern. Nicht jeden Sonntag kommen alle zugleich, immerhin, da haben sich die Zeiten geändert. Doch sind die Institution Familie und ihre erweiterte Form, der Familienclan, in Frankreich weniger angefochten als hierzulande. Und ob nun mit oder ohne Großfamilie – den Rhythmus des Sonntags bestimmt das **Mittagessen**, stellt es doch die Krönung der *repas de famille* dar.

Familien«bande»

Bei den Neuberts (beide mittleren Alters, er Automechaniker, sie Postbeamtin) haben sich Verwandte angekündigt, die, wie die Neuberts, in einer kleinen Stadt leben. Zuvor **müssen** sie sich gepflegt anziehen, das Essen vorbereiten, das Kind und auch die Wohnung herrichten; und sobald die Gäste eintreffen, **muss** man reden – oder wenigstens zuhören und nicken und das eine oder andere kommentieren. *Oncle Gérard* frönt einem Hobby, dem Angeln: Außerhalb der Schonzeiten steht er samstags und sonntags zu nachtschlafender Zeit auf, um im Morgengrauen an den besten Fangplätzen zu sein. Tante Marthe jammert über diese, wie sie es nennt: Leidenschaft ihres Mannes, die unerbittlich 50% der sonntäglichen Speisepläne diktiert. Ansonsten hat sie sich auf Krankheiten und eheliche Missstände in der *famille* spezialisiert.

So zieht sich das hin bis 15 Uhr. Dann hat, wie zuvor der Espresso dem Wein, der Calvados dem Espresso die angemessene Wirkung verliehen. Un *pousse-café* heißt ein solcher Alkohol auf französisch. Das ist der Zustand, in dem Onkel Gérard und Tante Marthe sich darauf besinnen, dass sie heute unbedingt noch das Unkraut in ihrem Schrebergarten jäten müssen, und so steigen sie mit dem Sohn in ihren Citroën. Das Kind der Neuberts, das schon alt genug ist, um nicht mehr im Park ausgeführt zu werden, flüchtet auf seinem BMX-Rad allein in die Welt, während Martine und Philippe erleichtert und ermattet aufs Sofa sinken.

Die «bucklige» Verwandtschaft – dennoch erwünscht

Wirklich zu *sich* kommen Martine und Philippe am ganzen Wochenende erst gegen Sonntagabend. Dann würden sie gern etwas unternehmen – zum Beispiel übers Wochenende verreisen oder sich in Muße und ohne zeitliche Begrenzung einem Hobby widmen. Aber auf die ***famille*** wollen sie ebenso wenig verzichten. Sie wird von den beiden wie von den meisten Franzosen weniger als Bürde denn als Hort empfunden.

Nachwuchs für die Freizeitleidenschaft Angeln

Tips & Knowhow

Vereine, Zirkel, Clubs und Workshops

● Das **Vereinsleben** ist in Frankreich wesentlich weniger ausgeprägt als in D / CH / A. Dennoch bestehen Vereine für jeden und alles: Fußballclubs wie Antiraucherligen; ein «Verein zur Verteidigung der Rechte der Nicht-Jagenden und der Respektierung des nationalen Naturerbes» wie eine «Union der Atheisten», deren erklärtes Ziel es ist «Kampagnen zur psychischen Entgiftung durchzuführen»; ein «Kreis der Feinschmeckerinnen» wie ein «Verein für Astronomie»; schließlich Zirkel, die sich *Les amis de* ... (z.B.: ... *de Marcel Proust*) nennen und sich um einen verstorbenen französischen Dichter oder Schriftsteller zentrieren; und politische Clubs, in denen die geistige Elite der diversen Parteien inner- oder überparteilich über Theorie- und ethische Fragen der Politik reflektiert. Was immer Sie umtreibt im Leben, Sie werden den passenden Verein finden. Suchen Sie nur im **Telefonbuch oder im *quid*** nach den folgenden Stichworten: *club, association, rassemblement (pour* oder *contre) les amis de, cercle, société.*

● Obwohl Franzosen sich nach wie vor nur ungern und mit Skepsis organisieren lassen, schießen Vereine in jüngerer Zeit wie Pilze nach einem warmen Regensommer aus dem Boden. Die zunehmende Verstädterung hat Kleinfamilien und inzwischen zunehmend auch Single-Haushalte hervorgebracht; der Acht-Stunden-Tag und vielfach monotone Arbeit haben das **Bedürfnis nach** anderen, so genannten **«kreativen» Tätigkeiten** geweckt. (Deshalb hat man wohl auch das Ministerium für die Freie Zeit aus der Taufe gehoben.) Diese **neuen Vereine** kommen ohne die straffen, alles überschattenden Regeln von Fanfarenzügen oder Kriegsveteranen-Vereinen aus. Ihre Mitglieder suchen nicht nach umtriebiger Vereinsmeierei, sondern schlicht nach einer günstigen Organisationsform. Sie haben sie gefunden in der **gemeinnützigen *association***, die sich für Ökologiebewegte und Badmintonspieler gleichermaßen eignet.

● Dennoch drücken diese neugegründeten Vereine ein sich veränderndes Verhalten der Franzosen gegenüber derartigen Einrichtungen aus. Sie spiegeln ein **Kommunikationsbedürfnis**, das zuvor anderweitig, in allererster Linie innerhalb der Familie, befriedigt wurde.

● Zugleich erhielt der noch recht junge **Beruf des *animateur*** ein neues Profil. Als **«Freizeitgestalter»** haucht er nunmehr Ihrer freien Zeit Leben ein. Er weckt Geschmack aufs Töpfern oder Surfen, aufs Meditieren oder Besichtigen von Kulturgütern. Arbeitete er früher überwiegend in den staatlichen Kulturzentren, betätigt er sich nun verstärkt auch im privaten Bereich, ob im Auftrag von Reiseveranstaltern oder von *gymnas'clubs* (Fitness-Centern). Ebensogut «animiert» er *ateliers* oder *stages* (Workshops, AGs).

● Im Süden veranstalten die unterschiedlichsten Clubs, Vereine und Vereinigungen gegen Jahresende **Lotterien** *(lotos)*. «Die Jugend von 7 bis

Freizeitprogramm «dolce far niente» (Jardin du Luxembourg)

77» kann in mit Zahlen versehenen Feldern «Kartons» erwerben. Ein *animateur* zieht immer wieder Zahlen und ruft sie per Mikrophon aus. Wer als erster eine Zahlenreihe vollendet hat, erhält einen kleinen Gewinn; wer als erster auf seinem Karton alle Zahlen durchgestrichen hat, dem wird ein großes Los zuteil. Solche Lotterieabende, an denen nicht nur eingeschriebene Vereins-, Club- usw. -Mitglieder teilnehmen, erfreuen sich großer Beliebtheit. Den Organisationen hilft es, Extraausgaben zu finanzieren.

Tu & Tabu: *Freizeitgestaltung*

Tu! Wollen Sie längere Zeit in Frankreich leben und **einem Verein beitreten, um Kontakte zu knüpfen**, so wählen Sie jüngere Einrichtungen oder nehmen Sie Angebote wahr, die als *stage* oder *atelier* angekündigt werden. Andernfalls kann es Ihnen nur allzu leicht widerfahren, dass Sie niemanden kennen lernen. Möchten Sie beispielsweise Sprachen lernen, so können Sie an *cours du soir* (Abendkursen) teilnehmen, die unseren Volkshochschulkursen ähneln. Während man diesseits des Rheins diese Kurse aber häufig besucht, um seine Isolation zu überwinden, liegt das Motiv französischer Teilnehmer tatsächlich im Spracherwerb; während bei uns die sportliche Betätigung oft wie ein Rechtfertigungsvorspiel zum anschließenden Kneipenbesuch erscheint, geht es in Frankreich wirklich um den Sport …

Tabu! Erwarten Sie aber auch dort, wo Sie persönliche Kontakte knüpfen, **nie ein Gruppenleben**, wie Sie es aus Ihrer Heimat kennen. Ein Vereinsleben, wie es sich etwa in den Vereinskassen deutscher Kegelclubs ausdrückt, deren Inhalt einmal im Jahr in eine Städtetour nach Paris, Berlin, Moskau, Venedig … umgewandelt wird, finden Sie in Frankreich nur selten.

Tu! Eine unseren **Sportclubs** halbwegs vergleichbare Organisation – was ihre kommunikative Funktion betrifft! – bilden die **Arbeitervereine**, die man wiederum hier kaum mehr kennt, am ehesten wohl noch in Österreich. Allerdings werden sie durch die veränderte soziokulturelle Lebenssituation der Arbeitnehmer nach und nach verdrängt. Doch noch können Sie in diesen Vereinen unkompliziert Kontakte finden – sofern Sie der Arbeiter- oder unteren Mittelschicht angehören.

Tabu! Wenn Sie sich mit Franzosen **am Wochenende verabreden** möchten, seien Sie nicht enttäuscht, wenn dies nicht klappt: Einzig der Freitagabend steht üblicherweise Freunden und Bekannten offen.

Tu! Liegt Ihnen weniger an Kommunikation als daran, Ihre **kreativen, sportlichen oder Bildungsbedürfnisse** zu befriedigen, so können Sie außer in Vereinen (*associations* etc.) bestimmt einen geeigneten Zirkel in folgenden Einrichtungen finden: in den *Centres culturels* (oder *d'action culturelle*, Kulturzentren), in den *Maisons des jeunes et de la culture* (*MJC*, Jugend- und Kulturhäuser). Der Idee von Arbeiterbildungsvereinen entsprangen Sport- und Freizeiteinrichtungen wie *Peuple et culture* («Volk und Kultur», eine Organisation, die Seminare zu politischen Themen, insbesondere zu den deutsch-französischen Beziehungen, und in Sommerunis Erwachsenenbildung anbietet) und die *Fédération nationale Léo-Lagrange* (1936 von dem Sozialisten Lagrange gegründet, als dieser Staatssekretär für Sport und Freizeit in der Volksfrontregierung war). Die *clubs Léo-Lagrange* erfreuen sich wie die *MJC* und *Centres culturels* eines besonders regen Zulaufs, doch gewinnen gerade in jenen Vierteln und Städten, die bis dahin als kulturelle Einöde galten, auch die in den 70er Jahren ins Leben gerufenen *Mille Clubs* mit ihrem Freizeitangebot für **Kinder und Jugendliche** große Bedeutung. Für **Studenten** schließlich erweist sich die sportliche Betätigung im Rahmen der Universität als am billigsten; Auskunft erteilt der C.R.O.U.S.

Tu! Gehören Sie zu den **«Aktivurlaubern»** und wollen von zu Hause aus Ihre Frankreichreise rechtzeitig im Detail planen, so werfen Sie nicht gleich die Flinte ins Korn, wenn Sie in den Reisezeitschriften daheim nur Anzeigen für Workshops in der Toskana finden. Aktivurlaub bietet man auch in Frankreich an, allerdings selten Ihnen maßgerecht auf den Leib geschneidert wie in der Toskana. Am besten suchen Sie vor Ort – unter den Stichworten *stage* und *atelier*.

Etre jeune et foutu – Jung und am Arsch sein

«Rodéo»-Reiten

In den Sommerferien 1981 fuhren *loubards* («Problemjugendliche», Rowdies) im Lyoner Vorort Villeurbane *rodéo*. Hier die Regel des Spiels: Man knackt ein Auto oder Motorrad, brettert damit durch die Pampa – ohne Führerschein, versteht sich, man ist ja auch noch viel zu jung, um einen zu besitzen –, und wenn irgendwann das Benzin ausgeht, tja, dann zündet man die Karre einfach an. Seitdem hat der Staat ein Programm gefördert, das es ärmeren Familien ermöglicht, ihre Kinder auf öffentliche Kosten in die Ferien zu schicken. Außerdem hat man für neue *animations* (Freizeitangebote) in den Vororten gesorgt.

Rodéo-Fahrzeug in Paris, aber «bourgeois», nicht «prolo»

Dergleichen löst Probleme nicht auf Dauer. Immer wieder kommt es in den Vororten französischer Städte zu «Randale», zu gewalttätigen Auseinandersetzungen, die mehrere Tage andauern und mit Plünderungen und Verhaftungen enden können. Manchmal beginnt alles scheinbar grundlos, doch oft genug gibt es einen Anlass – wenn z.B. wieder einmal einen Jugendlichen maghrebinischer oder schwarzafrikanischer Abstammung, der vielleicht (oder auch nicht) beim Klauen überrascht wurde, eine Polizeikugel tödlich getroffen hat.

Die Jugendlichen der «heißen Viertel»

Seit Ende der 80er Jahre ist unter den – oft sehr jungen – Jugendlichen der *quartiers chauds* (der «heißen Viertel») eine **Radikalisierung** zu beobachten: Jugendgangs auf ethnischer Grundlage haben sich gebildet, darunter auch rassistische Skinheadgruppen, denen nur *Français de souche* angehören. Es gibt Bandenkriege. Und die Kriminalität nimmt zu: «motiv-

Gangs ersetzen die früheren Sozialorganisationen

Proteste derer, die einen Platz in der Gesellschaft haben.

loses» (d.h. ohne Diebstahlabsicht) Verprügeln von Passanten, Vergewaltigungen, Diebstähle, Raubüberfälle, Drogenhandel. Ob *loubards* oder Kriminelle, die Jugendlichen stammen oft aus den Schichten, die sozial oder aufgrund ihrer ethnischen Herkunft am Rande der Gesellschaft stehen, die kaum eine Chance haben, den miserablen Jobs bzw. der Arbeitslosigkeit und den Demütigungen zu entgehen, die schon ihre Eltern erlebt haben. Doch was ihre Eltern noch an Bindungen kannten – sei es bei den «echten» Franzosen die Arbeiterorganisationen, ihre Kultur und Werte, sei es bei den Zugewanderten das Lebensgewebe ihrer Herkunftskultur und deren Werte –, hat sich aufgelöst oder ist obsolet geworden. Gangs werden von den Jugendlichen als «Familie» empfunden, als eine Gemeinschaft, in die sie eingebettet sind, in der sie eine Funktion haben (so zahlreiche Äußerungen der meist farbigen *zoulous* über die Stammesstrukturen, in denen sie organisiert sind oder waren). Und als Dealer ist man sich der Achtung der Kumpels gewiss: ein dickes Auto verschafft allemal Prestige. Doch die Frage des *Foutu*-Seins lässt sich nicht so einfach mit einer sozialen und ethnischen Erklärung oder auch ein paar Streetworkern, Unterstützung von Initiativgruppen (wie selbst organisierten Lokalradios, freien Theatergruppen, drogen- und alkoholfreien Cafés usw.) und Einrichtung von drei, vier Berufsbildungszentren in den betreffenden Vierteln aus der Welt schaffen. Das haben die völlig unerwarteten **Schüler- und Studentenrevolten** Ende der 80er, Anfang der 90er Jahre gezeigt: da protestierten jene, die einen Platz in der Gesellschaft haben. Zumindest vorläufig. Doch eben dieses «vorläufig» beunruhigt.

Wenn der Mai '68 eine Revolte war, die das ganz andere forderte und dem *métro–boulot–dodo* (Métro, Malochen, Pofen), dem immergleichen Hamsterrad-Dasein der Elterngeneration entfliehen wollte, so geht es bei den Jugendprotesten, wie sie in den 80er Jahren begannen, darum, in das wohl geordnete und vor allen Dingen **gesicherte Leben** hineinzugelangen: Ob «Problemjugendliche» oder Schüler und Studenten, die Jugendlichen wollen einen Platz in der Gesellschaft, den diese ihnen verweigert, weil Frankreich sich wie alle Industriestaaten auf eine **Zwei-Drittel-Gesellschaft** zubewegt, auf eine Gesellschaft also, die sich dauerhaft darauf einrichtet, dass breite Bevölkerungsschichten aus ihr ausgegrenzt bleiben oder randständig sind.

Zum alten Eisen gehören

Alle Zeit der Welt steht einem frei, wenn man mit sechzig in Rente geht. Da soll man von einem auf den anderen Tag tun, was einem jahrzehntelang ausgetrieben wurde, und jenseits von Arbeit und Familie eine Aufgabe, einen Sinn im Leben entdecken. Solange die dörflichen Familienstrukturen noch intakt waren, ließ sich der Übergang vom Berufs- zum Pensionärsleben gleitend gestalten. Ein Bauer z.B. gab irgendwann die Verantwortung für den Hof ab, überschrieb das Erbe den Nachkommen, arbeitete jedoch weiter wie bisher, vielleicht ein wenig langsamer.

Abrupter Wechsel von Maloche zu Müßiggang

Doch je mehr die Verstädterung voranschreitet, um so seltener gelingt es eine scharfe Trennung von Beruf und Müßiggang zu vermeiden. Und kaum jemand findet heute noch neue Aufgaben im Rahmen einer Großfamilie. Die Stadtwohnungen bieten keinen Platz für das Zusammenleben von drei oder vier oder – die Fortschritte der Medizin machen es möglich – gar fünf Generationen. (Mit einer durchschnittlichen Lebenserwartung von 81 Jahren für Frauen hält Frankreich übrigens die europäische Spitze.) Solange die Menschen noch bei Kräften und neugierig auf die Welt sind, können sie ausgehen, sei es zum *Boule*-Spiel oder *tiercé*, zu einem Museumsbesuch oder Konzert. Sobald sie sich aber zu Wort melden und die Erfahrungen ihrer Generation in die öffentliche Diskussion einbringen wollen, erblickt man in ihnen häufig nur das rostende «alte Eisen». Das Angebot, sich für die Jungen nützlich zu machen, heißt man allerdings willkommen: In Paris etwa bieten zahlreiche *Grand-Mères occasionnelles* («Bedarfs-, Gelegenheitsgroßmütter») ihre Hilfe an.

Lebenszeit- und Jahreszeit-Herbst in Paris

Genau regulierter Tagesablauf gegen Lebensöde

Doch den meisten der Menschen, denen abrupt 40 bis 60 Wochenstunden der (scheinbar oder tatsächlich) sinnvollen Tätigkeit entzogen werden, fällt es schwer, sich neu zu orientieren. In Frankreich schaffen sie sich, mehr noch als bei uns, durch einen genau regulierten Tagesablauf einen äußeren Halt. Ein guter Teil der Zeit lässt sich mit der Zubereitung des Essens verbringen, an die die französische Ernährungsphilosophie schließlich höhere Ansprüche stellt. Mehrmals am Tag erlauben ausführliche Nachrichtensendungen in Rundfunk und Fernsehen einen Blick in die schöne neue Welt. **Haustiere** leisten einsamen Menschen nicht nur Gesellschaft, sondern müssen auch versorgt werden und rhythmisieren damit den Tagesablauf. Während man seinen Hund ausführt, kommt man immerhin ein wenig in die Öffentlichkeit und kann mit anderen Hundebesitzern kommunizieren..

Einkaufen und mit dem Verkäufer einen Plausch halten, im Bistro seinen *apéro* trinken und *tiercé* spielen, in der Sonne auf der Parkbank sitzen ... – in Frankreich finden alte Menschen, mehr als bei uns, Orte, an denen sich mit anderen unverbindlich in Kontakt treten lässt. Allerdings schwinden mit der zunehmenden Verstädterung diese öffentlichen Begegnungsmöglichkeiten allmählich dahin – und so hat man **Seniorenclubs** ins Leben gerufen.

Jedoch ist vielen Franzosen eine solche Form von Geselligkeit, die den Umgang mit Fremden fordert, nicht vertraut, sodass sie sich nur zögerlich einer dieser *associations* anschließen.

Eine den Grauen Panthern vergleichbare, kämpferische, politische, lustige und pfiffige Organisation ist in Frankreich noch immer schwer vorstellbar.

Tips & Knowhow

Haustiere

- **Tatsachen und Zahlen:** *Animaux de compagnie* heißen in Frankreich Haustiere, die in der Wohnung gehalten werden – im Gegensatz zu den *animaux domestiques*, also: Rind, Schwein, Huhn etc. Je mehr der Familienclan auseinanderbricht, je mehr Menschen allein leben, umso mehr gewinnen Tiere als Begleiter, als Gesellschaft leistendes Wesen an Bedeutung. **In Frankreich gibt es ebenso viele Hunde wie Kinder unter elf Jahren:** 10 Mio. Insgesamt halten die Franzosen 37 Mio. Haustiere: nach den Hunden folgen an zweiter Stelle die Katzen und an dritter die Vögel. Etwa 30 Mrd. Francs geben Franzosen jährlich für ihre Hunde und Katzen aus; davon entfallen über 90% auf die Ernährung. In Paris, wo an die 200.000 Hunde zur «Verstädtierung» (*urbanimalisation*, Paul Yonnet) beitragen, sind täglich eine Hundertschaft *caninettes* unterwegs, «multifunktionale Aufsaug-, Kehr- und Abfallkübel-Motorräder» (so der Fachausdruck), um 20 Tonnen Hundekot zu entsorgen.
- All diese Tierliebe verhindert nicht, dass jährlich **zur Sommerferienzeit zahllose Tiere ausgesetzt werden,** weil die Besitzer nicht wissen, wohin mit ihnen während der Urlaubsreise.

«Animaux de compagnie» in Paris

- In den Pariser Vororten Asnières und Villepinte finden sich **Tierfriedhöfe**. Wer es sich leisten kann und will, kann ein Bestattungsinstitut *(pompes funèbres)* beauftragen, den verstorbenen Liebling mit allem Pomp zu begraben.
- Das **«richtige» Gassi-Gehen**: In Paris zeigt man in den Kinos periodisch wiederkehrende Werbespots: *Apprenez à votre chien le caniveau* (Gewöhnen Sie Ihren Hund an die Gosse), und ebenso entdecken Sie von Zeit zu Zeit auf den Gehwegen die Abbildung eines dackelähnlichen Hundes, daneben einen Pfeil in Richtung Rinnstein. Zuwiderhandlungen werden mit **hohen Geldbußen** bestraft.
- **In städtischen Bussen und U-Bahnen** dürfen Kleintiere nur transportiert werden, wenn man sie in einem Korb oder ähnlichem bei sich führt. Größere Hunde müssen einen Maulkorb tragen.

Le tiercé und andere Glücksspiele

Es ist Sonntag. Monsieur Bessières ist seit zwei Jahren Rentner. Seine Frau, durch Krankheit an die Wohnung gefesselt, sitzt im vierten Stock am Fenster ihrer Wohnung in der Pariser rue de Rennes und beobachtet aufmerksam, was auf der Straße, vor dem *café-P.M.U* schräg vis-à-vis oder in den gegenüberliegenden gardinenlosen Wohnungen vor sich geht. Derweil kauft ihr Mann auf dem Marché d'Aligre ein. Es ist der billigste und bunteste Markt von Paris. Neben Lebensmitteln bieten die Händler Antiquarisches und Trödel feil. Da stöbert Monsieur Bessières gern ein wenig herum: Seine Frau sammelt alte Postkarten. Manchmal stößt er zwischen den Ständen unvermutet auf seine Tochter, die hier nach einem altmodischen Fummel sucht.

«Le tiercé» (Dreierwette)

Auf dem Nachhauseweg nimmt Monsieur Bessières einen Apéritif im *P.M.U.* Er füllt dort einen Wettschein für das **Pferdelotto** aus, obwohl er nie zu einem Pferderennen geht. Man könnte den Eindruck gewinnen, das 1954 ins Leben gerufene *tiercé* (Dreierwette) habe den sonntäglichen Kirchgang ersetzt. Zumindest für die Männer der mittleren und älteren Jahrgänge aus dem Kleinbürgertum.

Kaum einer von ihnen ist auf einen Hauptgewinn aus. Sie vertrauen den Voraussagen, die Fernsehen, Radio und die Fachzeitschrift *Paris-Turf* verkünden. Ruhig studieren sie Stall, Alter und erbrachte Leistungen der Pferde und errechnen nach dem Prinzip der Wahrscheinlichkeit die Platzierungschancen. Erst wenn sie auf diese Weise Fortuna in die Karten gesehen und die drei Pferde festgelegt haben, die aller Voraussicht nach als erste über die Ziellinie laufen, beginnt das eigentliche Glücksspiel. Jetzt setzen sie auf das Spiel des Zufalls, indem sie die Rangfolge dieser drei Bestplazierten vorhersagen. Für die meisten, die so auf Sicherheit setzen, springt ein kleiner Gewinn heraus, der das Taschengeld aufbessert, bestenfalls eine kleine Extraanschaffung oder eine kurze Reise außer der Reihe finanziert.

Die bedächtige Ruhe der Spieler bestimmt die Atmosphäre in den *P.M.U.* Konzentriert und fieberlos sitzen die Männern einzeln an den Tischen. Dass es ihnen sehr wohl ernst ist, verraten allein die rauchgeschwängerte Luft und die unbeachteten vollen Gläser. Auch Monsieur Bessières füllt seinen Wettschein leidenschaftslos und mit einer Routine aus, als erledige er den täglichen Abwasch. Seine Tochter dagegen, wenn sie ihn begleitet, setzt lieber auf das schnelle Glück, das große Los, und spielt ***tacotac***, ein simples **Rubbel-Spiel**, das dem Ungeduldigen sofort verrät, ob er gewonnen hat. Auf eine zweite große Chance kann er später gespannt vor dem Bildschirm harren – bei der Ziehung der **Lottozahlen**.

Glücksspiele sind in Frankreich im Prinzip gesetzlich verboten. Doch Ausnahmen werden selbstverständlich gemacht. Die legendären **Casinos** sind auch hierzulande bekannt: Nice, Cannes, Evian, Deauville und einige andere Orte stehen für Luxus und Bankrott. Um die kleinen Leute davor zu bewahren, sich zu ruinieren, bestand zwischen 1907 und 1990 um Paris eine Bannmeile von 150 km. Und noch heute soll das Verbot von Spielsalons verhindern, dass sie der Spielsucht verfallen. Lediglich 16 von 138 *casinos* (wie sowohl Casinos als auch Spielhallen auf französisch heißen) erhielten 1986 erstmals die Lizenz **Geldspielautomaten** aufzustellen.

Der Staat als Placebo-Therapeut (und zugleich) Abzocker der Glücksspiel-Süchtigen

Statt dessen bietet man unter staatlicher Aufsicht Glücksspiele an, die als ungefährliche Placebos gelten: Klassenlotterie *(loterie nationale)*, Auswahlwette *(loto national)*, verschiedene Sport- und Pferdewetten *(loto sportif)* und in neuerer Zeit eine Unzahl von Fernsehglücksspielen, die in ihrer Popularität mit dem *tiercé* konkurrieren können. Vielleicht stellen Sie

Ihr Glück einmal in Frankreich bei Lotto und Toto auf die Probe, die sich kaum von vergleichbaren Spielen bei uns unterscheiden. Die Pferdewetten (*couplé, tiercé, quarté, quarté plus* u.a.) verlangen Ihnen dagegen etwas mehr Einarbeitungszeit ab. Dennoch: ein Besuch der **Rennbahnen** von Longchamps, Auteuil oder anderen Orten lohnt sich.

Tips & Knowhow

Spiele

- Vielleicht finden Sie in Ihrem französischen Ferienhaus irgendwo in einem Schränkchen einige **vertraute Gesellschaftsspiele** wie Dame oder Schach, Scrabble oder Monopoly oder gar solche neueren Datums wie Risk. Sie können also, sollten Sie mit Ihren französischen Feriennachbarn spielend Kontakt aufnehmen wollen, getrost darauf bauen, dass sie einen Teil der bei uns beliebten Gesellschaftsspiele kennen.

- Anders bei **Kartenspielen**. Glauben Sie nicht, weil es französisch klingt, spiele man in Frankreich **Rommé**. Dieses Wort ist eine französierende Nachahmung des englischen Begriffs *rummy*; und aus England ist dieses Spiel zwar zu uns, nicht aber nach Frankreich gelangt. Auch **Skat** wird in Frankreich nicht gespielt, stattdessen jedoch ***belote***, die dem Skat sehr ähnelt. Setzen Sie sich, wenn Sie Skat kennen, nur für eine oder zwei Runden neben die französischen Spieler und Sie werden das Spiel begriffen haben; oder, wenn Sie Franzosen Skat beibringen wollen, sagen Sie einfach: «Das ist wie Ihre *belote*. Schauen Sie mal bei einer Runde zu.»

- ***Belote*** ist neben **Würfelspielen *(jeux de dés)***, **Tarot** und ***boule*** ein beliebtes **Kaffeehausspiel**. In bestimmten Cafés kommt regelmäßig eine Runde (meist Männer) zusammen und spielt, wenngleich verboten, um Geld. Um kleine Summen, selbstverständlich; doch legt man sie für das wachsame Auge des Gendarmen vorsichtshalber in Form von Bohnen auf den Tisch. In manchen Cafés veranstaltet der *patron* (Wirt) von Zeit zu Zeit ein Turnier; dabei können Sie einen Truthahn aus der Bresse, einen Ardenner Schinken oder – selten – ein Autoradio gewinnen.

Tips & Knowhow

Sport für Aktive und Passive

- ***Boule*** spielt man von Lille bis Marseille, von Bordeaux bis Besançon, in Käffern wie in Metropolen. Man spielt es vor Cafés, deren *patrons* wie die *Belote*-Wirte von Zeit zu Zeit ein Preisturnier veranstalten. Man spielt es auf nicht asphaltierten Gehwegen und Dorfplätzen; man spielt es als Mann und als Frau, meistens aber als Mann. Überwiegend spielt man es am frühen Abend, nach Arbeitsschluss zur Apéritif-Zeit, ehe man zur *soupe* – wie das Abendessen in der Umgangssprache heißt – nach Hause geht. Doch manche Rentnernachbarschaften nehmen ihr Spiel schon nach dem Mittagessen auf. Nicht überall befolgt man die gleichen Regeln.

● Sie sollten boule nicht verwechseln mit ***pétanque*** und dem ***jeu provençal***, auch wenn bei diesen ebenfalls Metallkugeln rollen.

● Mittlerweile spielt man auch hierzulande in Grünanlagen und Parks, dort, wo der Boden halbwegs festgestampft ist, am Abend *boule* und *pétanque*. Längst wagen Mannschaften hiesiger Sportvereine an Wettkämpfen in Frankreich teilzunehmen. Wenn Sie auf längere Frist in Frankreich leben, trainieren Sie vorher in einem Sportverein zu Hause, nehmen Sie alsdann Ihre eigenen Kugeln mit und gesellen Sie sich einer Gruppe von *Boule*- oder *Pétanque*-Spielern zu. So lässt sich leicht **ein erster Kontakt knüpfen** – verbindlich durch das regelmäßige Spiel, doch nicht aufdringlich, weil die Begegnung im öffentlichen Raum stattfindet. Das Gespräch, wenn es aufkommt, lässt sich vielleicht später am Tresen bei einem letzten Apéritif vertiefen.

● Beliebte Sportarten – weitaus verbreiteter als in Deutschland! – sind **Angeln** und **Jagen**. Sie setzen voraus, dass Sie einen Angel- bzw. Jagdschein besitzen. Den Jagdschein erhalten Sie beim Bürgermeisteramt der jeweiligen Gemeinde, den Angelschein als Vereinsmitglied der *A.A.P.P.* Wollen Sie Ihre Leinen nach einem ersten unverbindlichen Kontakt auswerfen, so besuchen Sie einfach einen Laden, der Jagd- oder Anglerbedarf anbietet (in den Dörfern kann es das Café sein). Stellen Sie dort Ihre Fragen.

● Gehören Sie zu den Menschen, die sich mit **vertrauten Sportarten** befassen möchten, so bieten **Vereine** (für den länger in Frankreich Verweilenden) sowie **Reiseveranstalter** und ***animateurs*** (für den Urlauber) sämtliche Disziplinen an: Karate und Segeln ebenso wie Fußball und Wandern, Tauchen und Tennis, Schwimmen, Reiten, Judo, Gymnastik, Fallschirmspringen, Rodeln ... Dabei sind, selbstverständlich, manche Disziplinen weniger populär als bei uns, andere dafür mehr. Selbst die Jungen und Jüngsten können mit ihren BMX-Rädern in Bicrossing-Clubs trainieren. Halfpipes für Inline-Skater und Board-Skater sind selbstverständlich ebenfalls vorhanden.

● Jene, die mit Schweißband vor der Stirn und Rückstrahlern an den Markenturnschuhen über Stock und Stein, über Fahrbahn und Feldrain **joggen**, finden auch in Frankreich Auslauf, ohne Befremden auszulösen: An die drei Millionen Franzosen tun es ihnen dort gleich; Paris hat seinen **Volkslauf** *(marathon populaire)* wie Berlin und New York, wenngleich die Welle des Jogger-Städtetourismus Paris bislang weniger überschwemmt.

● **Passive Sportgenießer** mögen sich an einer neuerdings sehr populären Veranstaltung weiden: dem ***marathon des garçons de café***, wo die Leistung der Kellner sich nicht auf das bloße Laufen beschränkt, sondern ihnen zugleich das akrobatische Geschick abverlangt wird, voll beladene Tabletts zu balancieren. Tabletts, die in Frankreich immerhin einen halben Meter Durchmesser aufweisen und einzig auf der flachen Hand eines im rechten Winkel nach oben gestreckten Armes ruhen.

- Auch französische **«Couch-potato»-Aktive** dünken sich gern sportlich und verfolgen am Bildschirm oder live ein Fußballspiel, ein Tennisturnier, ein Pferderennen. Auch sie sind in **Fan-Clubs** aktiv. Und wenn bei internationalen Austragungen ein Landsmann / eine Landsfrau das Siegerpodest erklimmt oder die französische Mannschaft (*tricolore* genannt wie die Nationalfarben) gewonnen hat, brechen auch sie in Jubel aus. Es gibt sogar ein Wort dafür: *le cocorico* (Kikeriki), was sich, wollte man den Franzosen Böses, mit «nationalistisches Jubelgekräh» übersetzt ließe – aber eher an einen harmlosen gallischen Hahnengesang erinnert.

- Zur Zeit der **Fußball-Welt- und Europameisterschaften** stellen Wirte Fernsehgeräte in ihren Cafés auf, und Stammkundschaft wie Durchreisende versammeln sich vor dem Bildschirm, um erhitzt diesen Eckball und jenen Strafstoß zu kommentieren, um gemeinsam wie die Rohrspatzen über diesen Schiedsrichter oder jenen foulenden Stürmer zu schimpfen und: um **Wetten** abzuschließen – jenseits des offiziellen Fußballtotos, versteht sich. Wagen Sie sich ruhig in ein solches Café hinein. Und setzen Sie ruhig ein paar Francs auf irgendeine Mannschaft – nicht mit bierernster Fachkenntnis, sondern aus Spaß am Spiel.

Der Urlaub – Die einzig wirklich freie Zeit

Für Franzosen – vielleicht darf man sie hier wie beim Wochenendritual ausnahmsweise über einen Kamm scheren –, für Franzosen steht fest: der Urlaub ist zum Erholen da. Sie gehören weder zu den Abenteuer- noch den Bildungs- noch den Ertüchtigungsreisenden. Sie werden Ihre westlichen Nachbarn kaum je auf einem Himalaya-Gipfel, in polynesischen Langhäusern, auf der Chinesischen Mauer oder zu Füßen der Sphinx antreffen, ja selbst am Nordkap oder im nahen Rothenburg ob der Tauber nur äußerst selten. In einem französischsprachigen afrikanischen Land werden Sie dem einen oder anderen begegnen. Etwas zahlreicher sind sie natürlich an der nordafrikanischen Küste vertreten, insbesondere in den Feriensiedlungen des *Club Méditerranée.*

Urlaub ist zum Erholen da.

Wenn Sie zur Ferienzeit den Franzosen begegnen wollen, sollten Sie sich nach Frankreich begeben. Frankreich steht bei uns als Reiseland ohnehin an vorderer Stelle. Dort finden Sie die inländischen Touristen im Sommer an den Stränden, besonders des Südens, und im Winter (in etwas

Diese moderne «Marianne» im «bleu-blanc-rouge»-farbenen Trikolore-Badeanzug symbolisiert die Leidenschaft der Franzosen für Strandurlaub in frankophonen Gebieten.

geringerer Zahl) in den Bergen. Gute Chancen, Seite an Seite mit Franzosen Ihren Urlaub zu verbringen, bieten sich Ihnen im Juli und August, etwa am Badestrand von Port St.-Louis.

Urlaub mit Franzosen

Wenn Ihnen nicht gerade ein Landrover, den Ihr Bräunungsnachbar als Windschutz quer gestellt hat, die Sicht versperrt, können Sie geradezu klassische Möwenflüge vor meergrauem Fond beobachten und von Zeit zu Zeit einen Hochseetanker, der sich langsam Richtung Fos schiebt, dieser Pompidouschen Kreation. Fos, eine Industriestadt, Anfang der 70er Jahre als Erdölhafen und Schwerindustriekomplex aus dem mittelmeerischen Sand gestampft, war noch nicht fertig gestellt, da zeigten «Ölschock» und Stahlkrise, dass man das gigantomanische Projekt auch im übertragenen Sinn auf Sand gebaut hatte: Während in Fos Stahlwerke hochgezogen wurden, schlossen in Lothringen die Betriebe. Immerhin bleibt Ihnen, der/die Sie zwischen Blechkisten und lichtschutzfilternd geölten Franzosen am Strand von Port St.-Louis liegen, der Blick auf eine surreale, leicht diesige Landschaft aus grauen Raffinerien, die heute noch Rohöl verarbeiten, aus grauem Meer und graublauem Himmel und auf die rostroten Großtanker und die schneeweißen Möwen.

Camargue-Kontraste

Wenn Abend und Essenszeit nahen, können Sie Stoßstange an Stoßstange mit Ihren französischen Urlaubskollegen auf kleinen Sträßchen durch die Camargue in Ihr Hotelhochhaus oder – falls Sie es gut getroffen haben, weil Sie finanziell nicht allzu knapp kalkulieren müssen – in Ihren *mas provençal* (Ihr Ferienhaus im provenzalischen Stil) zurückfahren.

Sie fahren von Schilf gesäumte Sträßchen entlang, an Reisfeldern vorbei und an *étangs* (Tümpeln), durch die jene Stiere waten, die Sie später in den Arenen wiederfinden. Vielleicht erblicken Sie manchmal einen Kormoran, doch weniger all die anderen Vogelarten, auf die Ihr Provence-Führer Sie vorbereitet hat. Diese sind längst tot vom Himmel gefallen; sie mussten sterben, um den Urlaub der Touristen nicht zu stören: In den

Sommermonaten versprühen regelmäßig kleine Flugzeuge im Rahmen einer campagne de *démoustification* – «Entmückungskampagne» – Insektenvertilgungsmittel über der Camargue, das nicht nur den Tourismus hemmenden Stechmücken den Garaus macht, sondern auch eine Vielzahl von Insekten vernichtet, von denen Vögel sich ernähren. Und die wenigen Insekten, die den Angriff überstanden haben, vergiften ihrerseits die ohnedies vom Aussterben bedrohten Vögel. *Eh bien* ... Nun denn, umschwirrt von surrenden und stechenden Mücken lässt es sich beim besten Willen nicht erholen, das wird Ihnen jeder französische Strandnachbar und Kommunalpolitiker bestätigen.

Zwischen *famille* und *maison de campagne* Urlaub auf dem Lande

Jean-Pierre, der in Paris lebt, besitzt, wie viele Städter, kein eigenes Landhaus. Trotzdem verbringt er jedes zweite sowie sämtliche verlängerten Wochenenden auf dem Land, bald in der Normandie, bald in den Haute-Savoie (Hoch-Savoyen). In den Haute-Savoie besitzt seine Familie einen Zweitsitz; in der Normandie hingegen hat er sich das Wohnrecht erarbeitet, indem er einem Bekannten beim Ausbau seines halb verfallenen Bauernhauses geholfen hat. Jean-Pierre, von Beruf Buchhalter, ist ein leidenschaftlicher *bricoleur* (Bastler). Er verlegt Rohre und Leitungen, klopft Putz ab und verputzt Wände neu, er deckt Dächer und streicht, und wenn er alles perfekt hergerichtet hat, dann wartet er mit neuen Verschönerungsvorschlägen auf. So hat er sich und all seinen Freunden auf Jahre

«Barter-trade»: Mithilfe beim Ferienhaus(aus)bau gegen Nutzungsrecht

Die Franzosen sehnen sich nach der «campagne» (dem Land) mit ihren beschaulichen Szenen.

hinaus das Aufenthaltsrecht gesichert. Laut Statistik verbringen über 10% der Franzosen ihren Urlaub in einem Landhaus von Verwandten oder Bekannten.

Wer in keinem Landhaus unterkommt, begibt sich auf einen Campingplatz (rund 20% der Urlauber) oder besucht Verwandte (30%). Viele Städter haben Familie auf dem Lande, je näher der Küste, desto besser. Viele Paare meinen, wahre Erholung sei nur ohne Kinder möglich, und schicken ihre «Quälgeister» in eine Ferienkolonie.

Tips & Knowhow

Ferien für Kinder und Jugendliche

- Die ***colonies de vacances* (Ferienkolonien)** bieten unterschiedliche Programme an (z.B. sportliche und kulturelle Betätigung) und werden von verschiedenen Organisationen unterschiedlicher Zielsetzung betreut. Wenn Sie längere Zeit in Frankreich leben, könnte ein solcher Ferienaufenthalt für Ihre Kinder eine spannende Erfahrung sein. Doch auch von zu Hause aus können Sie sich um einen Ferienplatz für Ihr Französisch radebrechendes Kind bemühen.

- Für **Jugendliche** gibt es zudem die Möglichkeit an **Ferienarbeitsprogrammen** (innerfranzösischen wie internationalen) teilzunehmen, etwa auf Baustellen von karitativen Verbänden und an Ausgrabungsorten. Auskunft geben das *Comité de coordination du service volontaire international* der UNESCO in Paris oder das Deutsch-Französische Jugendwerk (*Office franco-allemand pour la jeunesse*) in Paris oder Saarbrücken, das auch **Feriensprachkurse** für Französisch-Schüler, Städte- und Schulpartnerschaften organisiert.

Faire le pont

Staatlich verordnete Brückentage

Der Sehnsucht der Franzosen nach der *campagne* (dem Land) kommt der französische Staat mit einer besonderen Regelung entgegen: Fällt ein Feiertag auf einen Dienstag oder Donnerstag, so ist der Montag bzw. der Freitag frei, sie werden «überbrückt». *Faire le pont* heißt der Fachausdruck. Erinnern Sie sich unbedingt daran, wenn Sie nach Frankreich reisen oder dort leben. Diese Regelung gilt für Schulen, Universitäten, Behörden, Arbeitsstellen aller Art und für Geschäfte gleichermaßen. Allerdings ist sie nicht als gesetzliches Arbeitnehmerrecht anerkannt, und so wird mancherorts vielleicht gearbeitet, während andere sich für ein verlängertes Wochenende in den Verkehrstumult stürzen, der jedesmal zahlreiche Menschenleben kostet – Ostern, im statistischen Mittel, alljährlich 160 Tote.

Jenseits von Triumphbögen: Die Franzosen und ihre Kultur

Sie sitzen im Centre Beaubourg oder in einer der anderen modernen Bibliotheken: auf dem Boden, den Rücken an ein Regal gelehnt, die Beine von sich gestreckt. Und sie sitzen ebenso auf den Teppichböden der frankreichweiten Kaufhauskette *fnac*, die neben Elektronik, Fotobedarf und Schallplatten Bücher feilbietet. Sie tragen (am Knie oder Gesäß geschlitzte) Jeans und die Frisur ein wenig punkig-wild. Versunken, doch Seite an Seite mit Ihresgleichen, blättern sie in einem DIN-A-4-großen Buch und bilden so eine stille *communauté* (Gemeinschaft, Gemeinde). Wieder andere vergraben sich zu Hause in ihre Lektüre. In der Mehrzahl sind sie unter vierzig Jahre alt. Sie stammen aus allen Schichten. Und früher oder später werden Sie ihnen begegnen: den *bédéphiles*, den **Comicfans**.

Comic & Culture

Zu Beginn seiner Entstehung galt auch der Film nicht als eigenständige Kunst, sondern bestenfalls als minderwertiges Theater, wenn nicht schlicht als primitives Jahrmarktsgaudium. Und in manchen Köpfen haftet ihm dieser Ruch noch immer an. So ergeht es auch anderen Kunstgattungen. Zum Beispiel der *bande dessinée* (meist kurz: B.D., auch: *bédé*, Comicstrip).

Kunst muss sich in Frankreich nicht durch Unverständlichkeit beweisen.

Naserümpfende Einteilungen in hohe Kunst einerseits und minderwertige Unterhaltungskunst andererseits – und zwar auch innerhalb einer Gattung – finden sich in Frankreich wie bei uns. Doch im Hexagon gibt es, wesentlich mehr als in CH / A / D, noch eine dritte Perspektive der Kunst. Sie besteht in der Überzeugung, dass Kunst sich nicht unbedingt durch Unverständlichkeit beweisen muss, dass es neben «Eierkopfprogramm» einerseits und «Spüli für die Massen» andererseits auch eine intelligente und populäre Kultur geben kann.

Deshalb können Sie so viele Comicleser entdecken, in allen Schichten. In Frankreich wird über Comics ebenso ernsthaft diskutiert wie über jede andere Kunstgattung. Sie werden auch rezensiert, und zwar in den unter-

Realisierte Comic-Welt im Parc Asterix

schiedlichsten Blättern, nicht nur in *Fanzines*. Und schon 1971 nahm sich ein Professor der Sorbonne ihrer wissenschaftlich an. Comic-Künstler werden sogar staatlich gefördert. Es werden Stipendien für Nachwuchszeichner vergeben. Den *salon international de la B.D.* in Angoulême, der ursprünglich von einigen wenigen Fans und Künstlern aus der Taufe gehoben worden war, subventioniert mittlerweile tatkräftig das Kulturministerium. Schließlich wurde 1983 in Angoulême ein Nationales Bibliotheksmuseum der *B.D.* gegründet. Im **Literaturbereich** stehen Prix und Bourses Goncourt für die Verbindung des Anspruchsvollen mit dem Populären. Die Verleihung des Preises für einen Roman respektive die Vergabe der Stipendien für einen historischen Erzähltext, für einen Novellenband, für eine Biographie und für einen Lyrikband dienen letztendlich nur der Verkaufsförderung. Über die Preisvergabe soll ein Buch zum Bestseller werden, so den Namen eines jungen Autors bekannt machen und ihm gleichzeitig ein Einkommen sichern.

In Frankreich lebt der ursprüngliche Kunst- und Geistbegriff: die Verbindung des Anspruchsvollen mit dem Populären.

L'histoire, eine 1978 gegründete populärwissenschaftliche Fachzeitschrift, für die zu schreiben bedeutende Historiker sich nicht zu fein sind, kann unter den Printmedien als das herausstechendste Beispiel dafür dienen, dass **Wissenschaftstexte** nicht trocken und in Fachchinesisch abgefasst sein müssen und andererseits die **Popularisierung** nicht ins Illustriertenhaft-Populistische, Vulgäre abrutschen muss. Die Liste der Beispiele aus verschiedenen Bereichen ließe sich lange fortsetzen.

Tout finit par des chansons In Frankreich endet alles mit Kalauern

Satire

Unter den Kleinkünsten erfreut sich neben den Comics die Satire großer Popularität. Satirezeitungen wie *Le Canard enchaîné* («Die gefesselte Ente», «Das geknebelte Blättchen», bekannt für seinen Enthüllungsjournalismus), *Charlie mensuel* (alias *Charlie hebdo* alias *Harakiri*) und *L'idiot international* finden zusammen bis zu einer Million Verbreitung wöchentlich. Und als sich der 1986 bei einem Motorradunfall tödlich verunglückte Komiker Coluche 1981 als Präsidentschaftskandidat hatte aufstellen lassen, erklärten 16% der französischen Wähler, sie gäben ihm im ersten Wahlgang ihre Stimme.

Der Komiker Coluche

Coluche, der den Widerspruch zwischen Sein und Schein im Verhalten von Politikern bis zur Kenntlichkeit nachahmte und so witzig entlarvte, dass diese sich ernsthaft bedroht fühlten und versuchten seine Kandidatur zu verhindern, zog diese kurz vor der Wahl zurück. Dies wirkte für seine Fans wie ein Affront. Bis dahin hatten sie sich in der selbstgefälligen Gewissheit gewiegt, sie selber stünden über den Alltags- und Politikheucheleien. Jetzt waren sie, ebenso wie zuvor die Politiker, als Heuchler entlarvt. Coluche hatte für sie unternehmen sollen, was sie selber nicht wagten – die Hosen herunterzulassen und der Welt die blanke Kehrseite entgegenzuhalten.

So wie Coluche gibt es Zeichner der *bande dessinée* (Cabu, Reiser ...), die die scheinheilig bedeckten Faulteile der französischen Gesellschaft bloßlegen. Sie drücken laut aus, was andere nur leise denken. Sie demaskieren durch Mimikry. Dabei verwenden sie die Worte und Wörter des *beauf* (darunter viel brutalen Argot) und schrecken keineswegs vor Geschmacklosigkeiten, Obszönitäten oder Zynismus zurück.

«Beauf», Inbegriff des garstigen Spießers

Beauf war ursprünglich eine umgangssprachliche Abkürzung für *beau-frère*. Cabu nannte Ende der 60er Jahre eine seiner Comic-Figuren so, einen fetten, selbstgewissen, rassistischen, frauen- und jugendfeindlichen, hinterhältigen, saufenden Bistrowirt, zu dessen weiteren Merkmalen gehört, dass er Fußballfan ist, *tiercé* spielt (also Pferdewetten abschließt) und den politisch rechten *Parisien libéré* liest. *Beauf* hat seither im Gesellschaftsbild der jüngeren Leute **Monsieur Dupont** abgelöst. Dieser ältere Typus des Durchschnittsfranzosen mit seiner Baskenmütze und dem Baguette unter dem Arm scheint in ihren Augen eine allzu harmlose Karikatur des Kleinbürgers.

Von Comic / Komik über Satire zur Groteske – viele Franzosen lieben diese Kunstformen und ihre Meister (hier: Marx Brothers und Buster Keaton in einem Lyoner Museum).

Anders als bei den meisten deutschen Satirikern erschöpft sich die beißende Kritik der französischen nicht darin, dass dieser *beauf* auf den Kieker genommen wird. Sie spucken auch linken Spießern ins Gesicht, indem sie erbarmungslos deren Tabus brechen. Und sie machen nicht einmal vor sich selber Halt. Vielleicht ist es diese Selbstverwicklung und Selbst-Anprangerung, die ihnen so viele Sympathien einbringt – nicht zuletzt bei denen, die sie angreifen.

Dieselbe Funktion übernimmt von alters her eine weitere Kleinkunst – ***la chanson***. Dieser Begriff umfasst alles, was bei uns getrennt wird: Schlager, Lied, Song, Chanson und natürlich sämtliche Mischformen. Je nach Entstehungszeit und Interpret, der manchmal eine Personalunion mit Texter und Komponist eingeht, entstehen mehr sentimentale und/oder folkloristische Chansons oder aber politisch-provokante. Die meisten Chansons bergen zumindest einen aufmüpfigen, satirischen Kern, wenn sie nicht gar offen obszön und anarchisch sind. *Tout finit par des chansons* klingt, wörtlich übersetzt («Alles endet mit Chansons»), harmlos im Deutschen. In Wahrheit spielt diese Redewendung auf eine Stelle in *Die Hochzeit des Figaro* an. Und für französische Ohren damit auf die vermeintliche – oder, wenn man an Brassens, Boris Vian, Serge Gainsbourg, an Higelin oder Rita Mitsouko denkt, vielleicht auch tatsächliche – französische **Frivolität**. Diese aber dient als Mittel zum Zweck. Die laut ausgesprochenen Frivolitäten, Obszönitäten, Zynismen sind die Stinkbomben in der Edelparfümerie des sogenannten guten Geschmacks und der geheuchelten Moral.

La Chanson

Karikaturisten und Philosophen sind auch Menschen

In Frankreich räumt man von jeher Komikern, Karikaturisten, Chansonniers, Schriftstellern, Malern, Philosophen ... Intellektuellen aller Richtungen einen Platz im gesellschaftlichen Dialog ein. Es sind heute weniger die «großen» Intellektuellen vom Range eines Malraux oder Sartre, die im öffentlichen Meinungsbildungsprozess einen gewissen Einfluss ausüben, sondern eher die «kleinen» vom Format eines Coluche.

Künstler und Intellektuelle sind in Frankreich keine Außenseiter – von beiden Seiten aus gesehen.

Wenn man ihnen in Frankreich zuhört und ihnen vielleicht sogar folgt, so erhebt man sie gleichwohl nicht über sich selber, wie dies etwa in Russland geschieht, wo die Intellektuellen als Avantgarde, als Gewissen des Volkes in den Status von Genies auf halbem Wege zwischen Menschen und Göttern erhoben werden. Ebensowenig sieht man sie außerhalb des realen Gesellschaftsgefüges, wie in Deutschland allzu gern.

Nicht die Bevölkerung, am ehesten **die Politiker fürchten die Intellektuellen**. Und so herrschte in Frankreich wesentlich länger eine **politische Zensur** als in der Bundesrepublik. Die bekanntesten Zensureingriffe der Nachkriegszeit waren das Verbot der öffentlichen Aufführung von Melvilles Film *Armee im Schatten* über Kollaboration und Résistance; eines gegen den Algerienkrieg gerichteten pazifistischen Lieds von Boris Vian: *Der Deserteur* und 1968 die Entlassung von Jean-Louis Barrault als Intendant des *Théâtre national de l'Odéon*, weil er sich geweigert hatte, das von demonstrierenden und debattierenden Studenten besetzte Thea-

Einen Voltaire verhaftet man nicht!

ter räumen zu lassen. Etwa zur gleichen Zeit jedoch erklärte de Gaulle, auf Sartres politische Unterstützung der streikenden Arbeiter und Studenten des Mai '68 Bezug nehmend, einen Voltaire verhafte man nicht.

Die allzu offene Zensur wurde seither zurückgenommen. Dennoch versuchen Politiker immer wieder Einfluss zu nehmen, etwa indem sie regionalen Politikern «abrieten», Coluches Präsidentschaftskandidatur zu unterstützen; oder indem sie politisch unliebsame Journalisten vom Fernseh- oder Radiomikrophon strafversetzen, gegebenenfalls durch eine «Hinweglobung» in höhere Verwaltungspositionen. (In Frankreich sind Radio und Fernsehen nicht nach demselben öffentlich-rechlichen Prinzip organisiert wie in der BRD; die jeweilige Regierungspartei beeinflusst maßgeblich die Personalpolitik.)

Deutsch-französische Unterschiede im Kulturleben

Geringere Scheu vor Kommerz in der Kultur

In Frankreich herrscht eine geringere Scheu vor populären und allgemeinverständlichen Formen und Gattungen als bei uns. Zeigen Sie deshalb nicht, falls Sie es so empfinden, Verwunderung oder gar Befremden, wenn Franzosen aus dem klassischen Bildungsbürgertum Comics, Bestseller oder filmische Kassenschlager preisen. Seien Sie ebenso gefasst darauf, dass nicht wenige Franzosen den megalomanen Projekten des früheren Präsidenten Mitterand (sei es nun *Kommunikations-Triumphbogen* oder *Euro-Disneyland*, wohlwollend gegenüberstehen) oder wenn sie ihnen immerhin gleichgültig begegnen. Die Scheu vor Kommerz in der Kultur ist geringer ausgeprägt als hierzulande, auch unter Künstlern.

Groß- und Repräsentationskultur als Projektion und Widerspiegelung nationaler «grandeur»

Schließlich sollten Sie bei Gesprächen über Kunst und Kultur berücksichtigen, dass für die Mehrzahl der Franzosen das Feiern einer bestimmten Groß- und Repräsentationskultur positiver Teil des eigenen Selbstbildes und des Bildes von Frankreich ist. Man kann durchaus zu sagen wagen, dass in Hinsicht auf pompöse Kulturfeierlichkeit ein ähnlicher nationaler Konsens wie bezüglich der Glorie französischer Geschichte, der Wichtigkeit der französischen Atomwaffen und der Bedeutung der französischen Sprache besteht. Kultur ist für die Mitglieder der französischen Nation Identität stiftend. In Frankreich wurde das bildungsbürgerlich traditionsbeflissene Ideal von Bildung und Kultur, das die Aneignung eines kanonisierten Schatzes der nationalen Kultur vorsieht, durch den kulturrevolutionären **Mai '68** nicht dauerhaft erschüttert. Deshalb kennen die französischen Bildungsschichten ihren Corneille, Racine, Hugo, Balzac oder auch ihren Berlioz, Chopin ... Dies bedingt nicht nur einen anderen Umgang mit den kulturellen Erzeugnissen der Vergangenheit, sondern auch der Gegenwart. In Deutschland hat die historische Erfahrung, die in dem Kalauer verkürzt wurde, dass aus dem Volk der Dichter und Denker

In Frankreich herrscht geringere Scheu vor populäreren und gefälligeren Formen der Kunst, die sich ihrerseits mit Niveau und Kreativität bedankt (siehe etwa die Plakatkunst Toulouse-Lautrecs).

eines der Richter und Henker werden konnte, zu einer größeren Skepsis gegenüber der humanisierenden Wirkung bildungsbürgerlicher Vergeistigung geführt.

Der Standort der französischen Intellektuellen liegt mit größter Selbstverständlichkeit innerhalb der Gesellschaft.

Nochmals: Die französischen Intellektuellen stehen mit größter Selbstverständlichkeit innerhalb der Gesellschaft.

Schriftsteller, Maler, Soziologen ... sind in der Vorstellung aller Franzosen ebenso wichtig für den Fortbestand der Gesellschaft wie Büroangestellte, Weinbauern, Soldaten, Programmierer und leitende Angestellte. Ein Teil dieser Intellektuellen bezieht sich nahezu ausschließlich auf französische Kulturtraditionen. Deshalb spricht man in Frankreich manchmal durchaus kritisch von **Nabelschau**. Nie aber kämen auch die schärfsten Kritiker dieses *nombrilisme* auf die Idee, ihn mit Provinzialismus gleichzusetzen, wie es in Deutschland häufig geschieht, wo die gegenseitige wie die Selbstbezichtigung des Provinzialismus unter Intellektuellen Tradition hat: Auch den Nabel betrachtend kann man die Welt erkennen. Dabei fehlt den französischen Intellektuellen, was ihre gesellschaftliche Rolle anlangt, Selbstüberschätzung wie Selbsthass.

Pompöse Repräsentationskultur (hier: Louvre) ist für die französische Nation Identität stiftend.

Tips & Knowhow

Kulturveranstaltungen

- Suchen Sie nach Veranstaltungsorten, wohin Franzosen abends oder am Wochenende ausgehen, so müssen Sie **auf dem Land** die *salles des fêtes* ausfindig machen, wo bald ein Film gezeigt wird, bald ein Fest stattfindet. In den **kleineren Städten** (bzw. in den Stadtteilen der großen) sind es die *Centres d'animations culturelles*. Die *Maisons de culture* bieten in einigen **großen Provinzstädten** ein passiv konsumierbares Kulturprogramm.

- In jüngster Zeit entstehen in zahlreichen Städten **neue Einrichtungen**, deren Name meist mit *espace* («Raum») beginnt. Diese Einrichtungen beherbergen neben Räumen, in denen Kulturveranstaltungen stattfinden, in der Regel eine Bibliothek und eine Mediothek. Oft bieten sie darüber hinaus verschiedene *animations culturelles*, für Kinder und Jugendliche wie für Erwachsene.

Feste und Feiern

Kirchweih und Jahrmarkt

«Hau den Lucas!» und weitere Volksfest-Impressionen ...

Gerumse und Gedonnere ist zu hören, über das sich in Intervallen ein auf- und abschwellender Mischton legt, der an die Autohupen der *Laurel & Hardy*-Filme und an die Polizeiwagensirenen moderner amerikanischer Thriller erinnert. Bumsmusik und Disco-Sound, Musette-Walzer und Heavy Metal lösen einander von Stand zu Stand ab und verfließen ineinander, als sollten die Besucher sich bei den Händen fassen und zu all diesen Musiken zugleich einen schizophrenen Reigen tanzen. Plötzlich mischt sich aus irgendeiner fernen Richtung die erotische Stimme Jane Birkins ein, geführt von Gainsbourg: *Je t'aime, je t'aime, oh oui, je t'aime … Moi non plus …* Doch Tschingderassabum pöbelt die beiden nieder. Mit Pauke und Trompete, Becken und Trommel kündigt eine Abordnung der Fanfarenbläser ihren Umzug für den morgigen Tag an. Die Luft ist vollgesogen wie ein Schwamm mit einem Geruch nach Zuckerwatte, Liebesäpfeln, Waffeln, Crêpes, gebrannten Mandeln, Liebesperlen, Negerküssen – auch Hot dogs, doch das Süße überwiegt. Von Zeit zu Zeit rülpst ein Automat mit King-Kong-Stimme Anerkennung hervor. Irgendein Junge hat mit seiner Kraftmeierfaust das Gewicht bis zum Anschlag hochgefetzt. Seine Kumpels donnern ihm ihre Faust gegen den Brustkorb und geben Bewunderung vor.

Die Mädchen stehen blässlich daneben und reinigen sich zwischen ihren Zähnen die lackierten Fingernägel. Für einen Franc erhalten Sie Auskunft über das Schicksal, das die Sterne für Sie bereithalten. Münzeinwurf und Handauflegen genügt. *A tous les coups on gagne* (jedes Los ein Treffer) verheißt an der Losbude ein Schild.

Gegen Abend, noch vor Einbruch der Dämmerung, unternimmt der Hundezuchtverein seinen Umzug durch die Stadt, schweigsam und ernst, als wäre es ein Verein der Taubstummen, der Blindenhunde abrichtet. 90% der Tiere sind *bergers allemands* (deutsche Schäferhunde). In mehrminütigem Abstand fährt ihnen ein Polizeiwagen voraus und sperrt für den Verkehr die jeweilige Straße oder Gasse, durch die sie sogleich kommen werden. Genau auf dieselbe Weise, allerdings rasanter, werden in Paris Straßen etappenweise abgeriegelt, wenn ausländischer Staatsbesuch oder inländische Politiker in ihren gepanzerten Fahrzeugen unterwegs sind.

An einer Ecke, die den ganzen Tag über von der Sonne beschienen wird, wo alle auf ihrem Weg zum Rummel vorbeikommen und wo selbstverständlich auch die Umzüge des Hundezüchtervereins und der Fanfarenbläser vorbeiführen, hat eine steinalte Frau sich einen Stuhl auf den Gehsteig gestellt und sitzt dort – in Kittelschürze, einen Strohhut auf dem Kopf – in den Stunden der Schattenlosigkeit. Man könnte meinen, auch sie habe die Fiebrigkeit der jungen Leute erfasst, von der die Stadt bis in die Läden und Cafés hinein getränkt ist wie Hafenstädte vom lockenden salzigen Wind der Ferne. Nur die zwischen 30 und 55 Jahre alten Beobachter geben sich gelassen, als wüssten sie, wie der Hase läuft und dass dies alles vorgegaukeltes Glück sei. Aber weil sie keine Spielverderber sein wollen, spielen sie augenzwinkernd mit. Doch abends, wenn sie unter sich sind, die vernünftigen Erwachsenen, im Festzelt, beim *bal populaire* (Tanz), dann erfasst das Fieber auch sie. Am nächsten Tag nennen sie dieses Gefühl, ein bisschen selbstverächtlich, ein bisschen beschämt, auch etwas glücklich, *retour de flamme* (zweite Jugend, zweiter Frühling) und gehen wieder ihren Geschäften nach.

Mai bis September ist die Zeit der Jahrmärkte, der Kirchweihen, der Wein- und anderen Volksfeste.

Die Monate Mai bis September sind die Zeit der Jahrmärkte, der Kirchweih, der Wein- und anderen Volksfeste. Im lothringischen Charmes etwa liegt der Rummelplatz auf der sonnenverbrannten Septemberwiese zwischen Mosel und Moselkanal, im südfranzösischen Sète auf der windumwehten Junimole.

Wie hierzulande übernimmt in Frankreich ein Festkomitee die Organisation. Und gibt es für besondere Festivitäten diesseits des Rheins die Mehrzweckhallen, so jenseits die *salles des fêtes*, Festsäle. Insgesamt werden Sie wenig Fremdes finden. Vielleicht sollten Sie den Einstieg in das Unbekannte des französischen Alltagslebens über solche Vertrautheiten wählen. Städtepartnerschaften, bei denen man sich gegenseitig zu örtlichen Festen einlädt, bieten reichlich Möglichkeiten dazu. Doch auch einem Urlauber, der allein nach Frankreich kommt, wird niemand die Teilnahme verwehren.

Die KPF als Impresario zahlloser Feste …

Bis zu Beginn der 80er Jahre wurden zahlreiche Feste und Festivals von der Kommunistischen Partei veranstaltet. Sie war oft die einzige Organisation, die in der «Provinz» (Synonym für «plattes Land») und in den kulturell ebenso brachliegenden Trabantenstädten etwas auf die Beine stellte, was die Menschen zusammenbrachte, sie gemeinsam fröhlich sein und

Volksfest in der Bretagne

… und der Front National als Imitator

ein wenig an der Kultur teilhaben ließ, die ansonsten mit viel Brimborium in Paris und noch in einigen finanziell aufgepeppten Festivalstädten «gepflegt» wurde. Mit dem Niedergang der KPF entstand in der Alltagskultur ein Vakuum, dessen sich der rechtsextremistische *Front National* nur allzu gern bemächtigte. Jetzt ist immer öfter zu erleben, dass er der Organisator von populären Festen und Veranstaltungen ist.

Tips & Knowhow

Volksfeste

- Mit der **Regionalbewegung** entstanden in den 70er Jahren zahlreiche **Folklorefeste**, bei denen in Mundart oder Regionalsprache Theaterstücke aufgeführt, Chansons gesungen, sogar Witze erzählt werden – wie etwa auf dem alljährlich stattfindenden elsässischen Witzmarathon. Diese Feste spiegeln neue kulturelle Aktivitäten in der Provinz und haben großen Zulauf. Manchmal hängen sie sich an bestehende traditionelle Volksfeste wie Kirchweih oder Jahrmarkt an.

- Was bei uns je nach Region Kirchweih, Kirmes, Kerb, Dult oder ähnlich heißt, trägt auch in Frankreich **vielfältige Namen**: *kermesse* und *ducasse* im Norden, *pardon* in der Bretagne, *frairie* im Westen, *vogue* in Lyon … Der offizielle Begriff lautet *fête patronale* oder *fête votive* (Fest des Schutzpatrons, Votivfest) und will, wie Kirchweih, suggerieren, das Fest sei christlichen Ursprungs, während es doch in heidnische Zeiten zurückreicht, an längst vergessene archaische Kulte der Fruchtbarkeit und der Ernte anknüpft.

- Zu diesen wie zu anderen **Festen und Ritualen**, die im Zusammenhang mit dem **Heiligenkalender** stehen, finden **Umzüge** und **Prozessionen** statt, die sich längst von jeder Religiosität gelöst haben und dem schieren Gaudium dienen.

- ***Saint Nicolas*** wird im Elsass gefeiert. Dort laufen die Jungen mit Glöckchen durch die Straße und rufen: «Ins Bett, ihr Kinder, Sankt Nikolaus kommt!»

- Im Juni, in der kürzesten Nacht des Jahres, werden die ***Feux de la Saint-Jean*** (Johannisfeuer) entzündet, die ihren Ursprung im vorchristlichen **Sonnwendfest** haben. Man muss diese nächtlichen Feuer überspringen (Liebespaare Hand in Hand), Musik spielt auf, es wird getanzt, man singt und trinkt und ist auf leichte Weise fröhlich.

- Zu ***Sainte-Barbe*** am **4. Dezember** gehen die Kumpel nicht zur Arbeit, sondern feiern das Fest der Schutzheiligen der Artilleristen, Bürstenbinder, Berg- und Feuerwehrleute. Nach altem Brauch bettet man zudem an diesem Tag in einer Schale Getreidekörner, Linsen und ähnliches auf feuchte Watte. Die Keimlinge erreichen bis Weihnachten eine Größe von 10 bis 15 Zentimetern. Mit ihnen werden das Haus und der Weihnachtsbaum geschmückt.

• **Wallfahrten**, wie etwa die berühmte nach Saintes-Maries-de-la-Mer am 24./25. Mai eines jeden Jahres, verfügen heute für viele Menschen weniger über religiöse Bedeutung, als dass sie einen Schau- und Erlebnisreiz darstellen ... Sie werden eine Fülle solcher lokaler Feste entdecken können.

• Vielfach wird das Schutzpatronfest mit einem **Rummel** (*lunapark, foire)* verbunden. – **Foire** heißt zunächst einmal «Markt». Doch im Gegensatz zum *marché* handelt es sich nicht um einen schlichten Wochenmarkt, sondern meist um eine **Kunterbuntmesse**. Zu einer solchen *foire*, die höchstens einmal im Monat in einem Provinzstädtchen stattfindet, reisen die Töpfer, Korbflechter und anderen Kunsthandwerker aus der näheren und weiteren Umgebung an. Ebenso die Verkäufer von allem möglichen und unmöglichen Nippes, die nordafrikanischen Teppichhändler, die Handel treibenden Sinti und Roma, die Vertreter von Haushaltsgeräten, Wundermitteln der Fleckentfernung, Patentkleiderbügeln, Schlüsselfindern ...

• Manche dieser ***foires*** sind **überregional bekannt**, wie die *foire à la Brocante et aux Jambons* (Antiquitäten- und Schinkenmarkt) in Chatou, und finden lediglich ein- oder zweimal pro Jahr statt. Die meisten, von der *foire de Lyon* bis zur *foire de Marseille*, verhökern wie die kleineren Kunterbuntmärkte alles, was sich irgendwie unters Volk bringen lässt.

• Einmal oder zweimal im Jahr findet vielleicht noch ein ganz **besonderer Markt** statt, wenn nämlich die Ernte eingefahren ist oder das Vieh zum Verkauf angeboten wird. Solch ein Markt fällt möglicherweise mit der *fête patronale* zusammen. Dann wird ein großes Volksfest ausgerichtet, das, wie im deutschsprachigen Raum, nach seinem Anlass benannt ist: Zitronen-, Schafs-, Olivenbaumfest ... Ein Ball, eine Tombola und Sportwettkämpfe finden statt. Und selbstverständlich ein Rummel, der *fête foraine* («Marktfest», Jahrmarkt) heißt oder kurz: *foire*. **Drei gigantische Jahrmärkte** können Sie alljährlich **in Paris** besuchen: die *foire du Trône*, 957 als Pfefferkuchenmarkt ins Leben gerufen; die *fête de l'Huma*, die Rummel, Rockkonzert und Politfete in einem ist (*L'Humanité* , das Zentralorgan der KPF); und der Jahrmarkt von Neuilly, der einen Rufnamen erhielt, den man später auf alle Jahrmärkte anzuwenden begann: *la fête à Neuneu.*

• Aber *foire* (und ebenso *exposition* und *salon*) nennt man in Frankreich heute auch **Messen** – solche, die sich ausschließlich an ein Fachpublikum, und andere, die sich darüber hinaus an die breite Öffentlichkeit wenden. Zwar sind diese Messen kein Volksfest im eigentlichen Sinne, doch strömen die Franzosen dorthin, als wären sie ein solches – insbesondere zum **salon de l'automobile** an der Pariser Porte de Versailles.

• In den 80er Jahren hat man begonnen das große Interesse der Franzosen an Verkaufsausstellungen zu nutzen, um anderes als reine Industrie- und Konsumwaren ans Volk zu bringen. So gibt es seit 1981 einen ***salon***

du livre in Paris und als jüngste Kreation eine ***expo langues***, deren einzige Ziele darin bestehen, die Lust am Buch bzw. an fremden Sprachen zu fördern.

● Volksfeststimmung herrscht auch auf einigen überregional bekannten **Flohmärkten**: auf den *marchés aux puces* (kurz: *puces*) von Vannes, St. Ouen und Montreuil etwa.

La quille

«Ausscheider»

La quille (Kegel) nennt man das Gaudium, das die **entlassenen Soldaten** mit viel Lärm und Alkohol veranstalten. (*Jouer des quilles* – mit den Kegeln spielen – heißt umgangssprachlich «abhauen», wobei «Kegel» die Beine bedeuten.)

Der 14. Juli

Sturm auf die Bastille

Der 14. Juli 1789 mit dem Sturm auf das berühmt-berüchtigte Festungsgefängnis Bastille hat als Auftakt der Französischen Revolution in den Geschichtskalender Eingang gefunden. Während der Dritten Republik wurde dieser Tag 1880 zum **Nationalfeiertag** erklärt.

In **Paris** wird er vormittags im Beisein der gewählten Volksvertreter und der internationalen Medien mit einer aufwendigen Truppenparade auf den Champs-Elysées begangen. Ein Zeremoniell, bei dem Sie den Sinn, den der französische Staat für pompöse Gesten hat, studieren können. Am Abend zuvor betanzte das Volk diesen 14. Juli auf einem Straßenfest im Quartier Latin und auf den Inseln Cité und St.-Louis. Dort wimmelte und wuselte es vor Menschen; hier war von patriotischen Gefühlen nichts zu spüren – ein Volksfest, nicht mehr. Und außerhalb der Hauptstadt? In ganz Frankreich werden am Abend des 13. Juli Feste gefeiert … Der 14. Juli zum Beispiel in **Arles**: Scharenweise strömen die Arleser nach einem Feuerwerk an der Rhône bei einbrechender Dunkelheit in die Arena. Den Höhepunkt an diesem Abend bildet die ***course à la cocarde*** («Kokarden-Lauf»), an der auch Sie teilnehmen können. Wie beim «richtigen» Stierkampf in Frankreich wird der Stier nicht zu Tode gebracht. Vielmehr geht es darum, dass Sie ihm mit einem zweizinkigen gabelartigen Instrument

Tanz in den 14. Juli hinein

Am 11. November versammeln sich die Veteranen an den Kriegerdenkmälern zum Gedächtnis der deutschen Kapitulation 1918 im Wald von Compiègne.

die Kokarde entreißen, die zwischen seinen Hörnern festgebunden ist. Wenn der Stier auf Sie zustürmt, müssen Sie sich mit einem Satz über die Absperrungsbalustrade aus Brettern retten. Und wenn der Stier es Ihnen nachtut, was durchaus vorkommt, so umklammern Sie einfach geistesgegenwärtig die Stangen des Eisengitters, das die unterste Zuschauerreihe vor dem Herabstürzen von ihren Plätzen schützen soll, und ziehen sich mit einem Klimmzug daran hoch.

Zu dieser Sportveranstaltung tragen Sie am besten Jogging-Schuhe; trainieren Sie sich durch Joggen und Sprinten schon vor Ihrer Reise nach Arles Kondition und Lauftechnik an; und: machen Sie sich auf Frotzeleien und Gelächter gefasst, denn wenn Sie sich gerade todesmutig dem Stier genähert haben, der sogleich auf Sie losgeht, wenn Sie dann, vom Stier gejagt, sich im Galopp mit einem beherzten Sprung über die Balustrade retten wollen, das Tier Sie aber just in diesem Moment noch erreicht und Ihren Satz über die Bretter durch ein Kopfschnicken und eine Berührung Ihres Hinterns mit den Hörnern zu einem Luftpurzelbaum macht – wenn Sie also Ihren ganzen Mannesmut eingesetzt haben und dennoch eine komische Figur abgeben, dann müssen Sie das Gelächter von den Zuschauerrängen über sich ergehen lassen. Denn die Taten der *Course-à-la-cocarde*-Toreros kommentiert ein Mann, halb Zeremonienmeister, halb Discjockey, auf Kosten der Laienstierkämpfer.

Tanz mit dem Stier – denn Leben ist nun mal lebensgefährlich.

Tips & Knowhow

Politische Feiertage

Manchen **nationalbewussten Franzosen** bedeutet der 14. Juli als Gedenktag weniger als der 8. Mai und – mehr noch – der 11. November. Und dies gilt nicht nur für Monarchisten.

- Am **11. November** 1918 wurde im Wald von Compiègne von der gerade erst ausgerufenen Deutschen Republik der Waffenstillstand –

l'Armistice – mit den Alliierten unterzeichnet. Die wenigen *Anciens combattants* (ehemaligen Kriegsteilnehmer) des I. Weltkriegs, die noch leben, unternehmen alljährlich mit «trikolorer» Schärpe (blau-weiß-rot) und angehefteten Orden einen Umzug durch ihre Gemeinde, versammeln sich am Kriegerdenkmal, wo die Marseillaise gespielt, Kränze niedergelegt, eine Schweigeminute eingelegt und noch der eine oder andere Orden verliehen wird. In Paris ist der Versammlungsort die Ewige Flamme – *Flamme du Souvenir* – unter dem Arc de Triomphe, für deren Weiterbrennen allabendlich um 18.30 Uhr einige Veteranen in einer Zeremonie sorgen.

- Auf gleiche Weise wie des 11. November 1918 wird des **8. Mai 1945** gedacht. Trotzdem löst dieser Tag nicht im gleichen Maße patriotische Gefühle bei den Franzosen aus. Mal wurde der 8. Mai zum Feiertag erklärt, mal beschränkte man sich darauf, die Zeremonien am ersten Sonntag danach zu begehen. Giscard d'Estaing ging 1975 im Interesse der deutsch-französischen Freundschaft so weit, Feiertag **und** Zeremonien abzuschaffen, doch die Sozialisten haben beides wieder eingeführt. (Übrigens gilt dieser 8. Mai zwar allgemein als Tag der Kapitulation Nazi deutschlands, doch wurde diese tatsächlich am 7. Mai 1945 im alliierten Hauptquartier in Reims unterzeichnet und am 9. Mai die Unterzeichnung im sowjetischen Hauptquartier in Berlin wiederholt.) Diese **unterschiedliche Bewertung der beiden Siegestage** findet ihren Grund darin, dass der II. Weltkrieg sich als weniger blutig denn der I. ins Bewusstsein der Franzosen eingeprägt hat. Deshalb nennt man die Kriegsphase, die 1940 zwischen dem Überfall Hitler-Deutschlands und der Unterzeichnung des Waffenstillstandsvertrags durch die Pétain-Regierung lag, in Frankreich *la drôle de guerre* («Der komische Krieg»).

- Der **1. Mai** spiegelt die innerfranzösischen Zwistigkeiten. Schon etliche Jahre organisiert jede der großen Gewerkschaften ihren eigenen Demonstrationszug, wobei die C.G.T. normalerweise von der place de la Bastille zur place de la République zieht, sich also Plätze mit symbolträchtigen Namen wählt. Zum 1. Mai gehört ebenfalls die Tradition, Maiglöckchen zu verschenken und eine *promenade* (einen Spaziergang ins Grüne) zu machen oder, wenn man eine «Brücke schlagen» kann, zum Wochenende (weil der 1. Mai auf einen Donnerstag oder Dienstag fällt), die Verlängerung des Wochenendes auf dem Land.

Patriotismus: Ein wichtiger Hinweis

Bewerten Sie **die patriotischen Gefühle der Franzosen** nicht vorschnell von einem anti-nationalistischen deutschen Standpunkt aus. Die geschichtlichen Wurzeln des französischen Patriotismus (wie auch des amerikanischen) und des deutschen Nationalismus sind gänzlich andere.

Weihnachten und andere religiöse Feste

Weihnachten beginnt für die Deutschen, Österreicher und Schweizer mit der Adventszeit. Die Adventszeit bedeutet frühe Dunkelheit und zahllose verlockende Gerüche: von Stollen, die Ende November gebacken werden, von Plätzchen, die den Dezember hindurch blechweise aus dem Backofen gezogen werden; von Nüssen und Gebäck in den gefüllten roten Nikolausstiefeln; von angebrannten Tannennadeln und Kerzen des Adventskranzes ...

Vorweihnachtszeit in Paris

Auch in Frankreich ist die **Vorweihnachtszeit** mit Gerüchen verbunden, mit dem Duft gerösteter Maronen, die allenthalben an Straßenecken feilgeboten werden, und mit dem Salzgeruch der Meeresfrüchte, die vor den Restaurants auf Eis und Tang liegen oder unmittelbar vor Weihnachten im Straßenverkauf aus LKWs heraus direkt an die Passanten abgesetzt werden. Dass es nur so wenige Gerüche sind, hat seinen Grund:

Weihnachten wird in Frankreich viel bescheidener gefeiert als bei uns. Es ist kein mehrwöchiger Zeitabschnitt im Jahr, sondern dauert einen, bestenfalls zwei Tage (der 26. gilt nicht als gesetzlicher Feiertag). Es bedeutet nicht jenes herausragende Fest der Familie, sondern ist lediglich ein Tag, an dem man gut isst, in die Kirche geht und den Kindern eine Kleinigkeit schenkt. Es gibt keinen Adventskranz und keine sonntägliche Singtradition vom ersten Advent bis in die letzten Stunden des allerletzten Feiertags. Man kennt nicht einmal spezielles Weihnachtsgebäck. Einen

Weihnachten wird in Frankreich viel bescheidener gefeiert.

Weihnachtsbaum, immerhin, stellt man auch in Frankreich auf, aber die Kinder stehen nicht davor, um Verse aufzusagen.

Am 25. Dezember, morgens finden die Kinder in ihren Schuhen, die im Kamin stehen, ein Geschenk. Die Erwachsenen beschenken sich selten oder gar nicht. Doch den wichtigsten Teil der Weihnachtsfeier macht, wie bei allen französischen Festlichkeiten, das Essen aus. Das traditionelle Weihnachtsessen am 24. abends oder am 25. mittags besteht aus Meeresfrüchten – an erster Stelle Austern – oder aus Gänseleberpastete mit Trüffeln zur Vorspeise. Je nach Region

Weihnachten in Frankreich = Essen. Wie könnt' es anders sein?

und Geldbeutel kann der Hauptgang Weißwurst mit Trüffeln oder eine mit Maronen gefüllte Pute sein. Die Nachspeise schließlich bilden Eis oder Kuchen, die der Form eines Holzscheits nachempfunden sind. (Der Ursprung dieser bûche de Noël geht auf heidnische Zeiten zurück, als zum Sonnenwendfest ein Feuer entfacht wurde, über das man hinwegsprang.)

Die **Silvesterfeier** besteht ebenfalls aus einem guten Essen. Viele Franzosen lassen sich schon Wochen zuvor einen Platz reservieren, um in einem renommierten Restaurant zu speisen – wieder, unter anderem, Meeresfrüchte. *Réveillons* heißen diese Essen, denn sie werden, zumindest sofern die Tradition noch befolgt wird, nach Mitternacht eingenommen (*veiller* heißt «wachen»).

Die französische «Weihnachtsgans» kommt als Gänseleber auf den Tisch.

Religiöse Feste

- Frankreich ist ein katholisches Land. Die Protestanten wurden im 17. Jh. verfolgt und nahezu gänzlich vertrieben. Der Islam nimmt zwar heute den Rang der zweitstärksten Religion ein, doch sind muslimische Feste, ebensowenig wie jüdische oder protestantische, gesetzliche Feiertage. Diese sind dem katholischen religiösen Kalender nach: **Ostersonntag** und **-montag** *(Pâques)*, **Christi Himmelfahrt** *(Ascension)*, **Pfingstsonntag** und **-montag** *(Pentecôte)*, **Mariä Himmelfahrt** *(Assomption)*, **Allerheiligen** *(Toussaint)* und **Weihnachten** (*Noël*, nur am 25. Dezember!).

- In manchen Gegenden und/oder Familien werden kleinere festliche Riten befolgt, deren religiöser Ursprung oft bereits vergessen wurde. So feiert man gern **Drei Könige** *(Epiphanie)*, nicht nur am 6. Januar, sondern den ganzen Monat hindurch. Wo immer eine Gruppe von Menschen zusammenkommt, «bestimmen sie den König» *(tirer les rois)*. In eine *galette*, einen flachen und runden goldfarbenen Kuchen aus trockenem Teig und manchmal mit kandierten Früchten angereichert, wird eine getrocknete Bohne oder eine porzellanene Krippenfigur eingebacken (oder ihre Imitationen aus Plastikmaterial). Derjenige, in dessen Kuchenstück die Bohne bzw. die Krippenfigur gefunden wird, erhält eine goldene Krone und ist den Tag über «der kleine König» *(le petit roi)* oder auch «das Sonnenkind» *(l'Enfant-soleil)*.

- Zu **Ostern** bemalen die französischen Kinder, ebenso wie die Kinder bei uns, Eier. Und sie werden selbst mit Eiern beschenkt, mit kleinen aus Zucker und großen aus Krokant. In den *confiséries* finden Sie riesige Eier, Glocken, Hasen, Hennen, Fische aus Schokolade, deren Verpackung wohl vor allem den horrenden Preis rechtfertigt, den die Erwachsenen zu solchen Anlässen nur allzu gern bezahlen, um ihre Kleinen (relativ) billig zu verhätscheln. Wie in hiesigen Landen verstecken die Eltern für die Kinder all diese Leckereien im Garten. Dass dieser Markt ausbaufähig ist, bewies eine findige Dame. Sie färbte lebende Küken bunt und verkaufte sie das Stück zu 20 Francs (statt 6 Francs ungefärbt).

Familienfeste

Traditionelle Hochzeit auf dem Land

Traditionelle Hochzeit auf dem Land: Jean-Pierre und Vivienne haben sich bereits am Mittwoch standesamtlich trauen lassen. Nur die Zeugen waren an diesem Tag zugegen. Mit ihnen haben die beiden im Café ein Glas geleert. Einen Polterabend gibt es nicht. Die Hochzeitsgäste treffen zum Gottesdienst am Samstagmorgen ein: Eltern, Tanten und Onkel, Cousinen und Cousins, dazu einige Freunde. Vivienne trägt ein weißes Brautkleid mit Schleppe, Schleier und Blumenkranz. Die Kirche betritt sie am Arm ihres Vaters, gefolgt von ihrem zukünftigen Gatten und dessen Mutter. Der Hochzeitszug formiert sich hinter ihnen in familienhierarchischer Abstufung. Nach der Messe wird Vivienne am Arm ihres Angetrauten die Kirche verlassen, und das Paar wird mit Mandeldragees beworfen. (Diese Tradition gilt für Hochzeit und Taufe.) Die Hochzeitsgesellschaft wird sich in einem Autokonvoi zum eigentlichen Fest in Bewegung setzen, zur Tafel im Haus von Viviennes Eltern, denn den Mittelpunkt von Familienfeiern bildet stets ein vielgängiges, üppiges Essen.

Ein Breughelsches Hochzeitsgelage

Seit drei Tagen sind Frauen aus dem Dorf mit der Vorbereitung des Gelages beschäftigt. Am Morgen haben sie Tische aneinandergereiht, eine Damasttischdecke darüber gebreitet, Blumenarrangements, Silber und teures Porzellan gedeckt. Bevor aber das vielstündige Essen beginnt, an dem zuletzt – trotz ritueller Zurückhaltung – alle reichlich betrunken und gemästet sein werden, wird eine Schale Champagner auf die Neuvermählten getrunken. Diese müssen die Schale vor aller Augen in einem Zug leeren. Doch damit haben sie ihrer Pflicht Genüge getan. Immer wieder Küsse austauschen zu müssen, unter den anfeuernden Rufen der Hochzeitsgesellschaft, bleibt ihnen, anders als hiesigen und russischen Paaren, erspart.

An solchen Festtagen werden die Gäste selbstverständlich plaziert. Braut und Bräutigam sitzen der Tafel vor, an ihrer Seite die Eltern. Während des Essens wird viel getrunken und gelacht und geredet. Es werden jedoch nicht, wie bei uns, immer wieder Reden gehalten oder Toasts ausgesprochen, die die einzelnen Gespräche taktlos unterbrechen. Es gibt auch keinen Bäumlein-wechsel-dich-Zwang, der fordern würde, dass man auf jeden Fall mit bestimmten Verwandten «ein paar Takte» spricht. Stattdessen gehört es sich, eine Unterhaltung mit den Tischnachbarn aufrechtzuerhalten. Viviennes und Jean-Pierres Teller werden meist abserviert, ohne dass die beiden viel gegessen hätten, denn ihnen ruft man immer wieder ein Bonmot quer über die Tafel zu. Den Abschluss des Menus bildet nach rund fünf Stunden eine pyramidenartige, rosettenverzierte Hochzeitstorte *(pièce montée)* – Sockeldurchmesser: 30 cm, Höhe: 60 cm –, auf deren Spitze zwei weiße porzellanene Täubchen sich mit roten Schnäbeln küssen. Wieder knallen Champagnerkorken.

Anzügliche Hochzeitstorte

Die Schlagflüssigen unter den Onkeln betupfen sich das rosa schweißglänzende Gesicht und gehen zum Sofa hinüber, um eine dicke Zigarre zu rauchen. Die jungen Gäste trinken, während die Tische beiseite geschoben werden, einen Kaffee, um sodann, ein wenig weintaumelig, zu tanzen. Vivienne verschwindet im Schlafzimmer ihrer Eltern, legt das Brautkleid ab, schlüpft in Jeans, Pullover und Mantel, nimmt den Hinterausgang durch die Küche und steigt in Jean-Pierres Wagen. Die beiden fahren in ihre Wohnung ins Nachbardorf, wo sie seit fünf Jahren zusammenleben. Sie werden eine Mütze Schlaf nehmen, um noch in der Nacht für ein paar Tage nach Venedig aufzubrechen. Die Hochzeitsgäste hingegen werden erst am späten Abend nach Hause gehen.

Frankreich feiert die religiösen und familiären Feste des Katholizismus.

Tips & Knowhow

Familien- und andere Feste

- **Taufe, Kommunion, Hochzeit, Beerdigung** zählen zu jenen Festen, zu denen sich traditionell ein kleinerer oder größerer Familienkreis versammelt.

- Die **Geburtstage** allerdings werden in Frankreich bloß zu bestimmten runden Daten oder bei Kindern gefeiert, ebenso der **Namenstag**, der für Katholiken eigentlich das bedeutendere der beiden Feste ist. An **Kindergeburtstagen** geht es im Übrigen viel ruhiger zu als hierzulande. Die geladenen Kinder kommen für zwei, drei Stunden am Nachmittag. Sie trinken eine Schokolade, essen ein Stück Kuchen, machen drei, vier Spiele. Da müssen Sie als Eltern nicht schon Tage zuvor eine Generalstabsplanung entwerfen.

- Die **Beerdigungsriten** werden Ihnen vertraut vorkommen. Nach einer Totenmesse in der Kirche oder der Friedhofskapelle wird der Sarg im Beisein der Trauergemeinde in die Erde gesenkt. Wer möchte, kann eine

Schaufel Erde auf den Sarg bzw. die Urne werfen. Die engsten Familienangehörigen stehen am Grab, und man spricht ihnen sein Beileid aus: *Je vous présente mes condoléances*. Sie können Kränze, eventuell mit Schleifen, auf denen ein Text steht, niederlegen. Die steinernen, oft marmornen Gedenktafeln, die Sie auf französischen Gräbern und in den Schaufenstern der *pompes-funèbres* (Beerdigungsinstitute) finden, werden erst später angefertigt und sind, bis auf wenige Ausnahmen, der Familie vorbehalten. In Kreisen, die sich der Tradition verpflichtet fühlen, findet im Anschluss an die Beisetzung ein Leichenschmaus statt, der meist in einem Restaurant ausgerichtet wird. Findet die kirchliche Totenfeier am Wohnort des Verstorbenen statt, die Beisetzung aber in seinem Heimatort, so wird das Essen dort ausgerichtet.

• Nicht nur der **Muttertag** *(fête des mères)*, sondern auch der **Vatertag** *(fête des pères)* wird in Frankreich gefeiert. Dann schenken die Kinder ihren Eltern eine Kleinigkeit – ein Bild, eine Bastelei –, die sie in der Schule oder Vorschule angefertigt haben, und wenn sie heranwachsen, kaufen sie ihrer «lieben Mama» ein Geschenk. An diesem Tag, so will es der Brauch, bleibt man *en famille*, und *maman* wird umzärtelt und verwöhnt. Den Muttertag begann man Anfang des Jahrhunderts da und dort zu feiern, als einen Brauch, der aus den USA über den großen Teich kam – doch eingebürgert wurde er von den Nazis, in Deutschland von ihnen selbst, in Frankreich von der kollaborierenden Vichy-Regierung. 1950 erhielt dieser Mutterkult den offiziellen staatlichen Segen. 1952 wurde der Vatertag aus der Taufe gehoben. Er scheint eher eine Erfindung der Geschäftswelt zu sein, die in allerjüngster Zeit noch ein neues Familienmitglied, die **Großmutter**, entdeckt hat, das sich mit Geschenken ehren lässt.

Tips: Kartengrüße

• Da dem Feiern in Frankreich weniger Bedeutung beigemessen wird als hierzulande, spielen auch **Kartengrüße** eine geringere Rolle.

• Selbstverständlich verschickt man **Kondolenzbriefe** oder **Glückwunschkarten** zu bestimmten Anlässen; doch was die alljährlich wiederkehrenden Feste betrifft, so gratuliert man im Grunde nur zu **Weihnachten** und **Neujahr**: *Mes meilleurs'vœux pour Noël et le Nouvel An* oder *Je vous souhaite une bonne année*.

• Solche Karten verschickt man **an Menschen, die man wirklich mag** oder denen man aus anderen Gründen seinen **Respekt** erweisen oder ein kleines **Lebenszeichen** geben will. Studenten der Elitehochschulen bzw. Doktoranden schicken meist einen Gruß an ihre/n Professor/in; die Verwandtschaft dagegen wird nicht so lückenlos wie bei uns mit Karten eingedeckt.

Le savoir-déguster
Küche und Gastronomie

Zwischen Espressomaschinen-dampf und Sägemehl

Zu Tagesbeginn herrscht eine zwiespältige Stimmung in den Cafés …

Den Arbeitern folgen die Angestellten, diesen die …

Cafés sind als Sozialraum so wichtig wie die eigene Wohnung.

Sie heißen *Café du Marché* (Café am Markt) oder *Café de la Gare* (Café am Bahnhof) und es gibt sie in den Dörfern wie den Städten. Sie öffnen, wenn die ersten Händler kommen, um ihre Stände aufzubauen, oder die ersten Pendlerzüge eintreffen – um 4.30, 5 Uhr. Und um 6 oder 7 Uhr öffnen weitere **Cafés**. An den Tresen stehen Männer, die hastig miteinander die Schlagzeilen ihres Lebens tauschen – mit einer Aussprache, als wälzten sie Kartoffeln im Maul. Unter ihnen steht, vielleicht, eine einzige Frau. Ihre Stimme erinnert an verharschten Schnee – so hält sie mit den Männern mit. Der Raum ist erfüllt von Verschlafenheit und hektischem Lärm. Zu Tagesbeginn herrscht eine zwiespältige Stimmung in den Cafés: Kellner wie Kunden finden Zeit für ein Gespräch und dennoch lauert in ihnen die Eile – in den Kellnern, als hetzten sie gemeinsam mit ihren Kunden zur Stechuhr. Die Kaffeemaschine zischt, dumpf schlägt Metall gegen Holz, wenn der Kaffeesatz aus dem Filter geschlagen wird; Glas klirrt gegen Glas, Löffel gegen Tassen, Tassen gegen Tassen, Bestellrufe fliegen quer durchs Café – irgendwo in der Tiefe des Saals sitzen ein, zwei Zeitungsleser.

Später, gegen 8, 8.30 Uhr, lösen Angestellte die Arbeiter ab. Zum Kaffee nehmen sie einen Croissant oder eine *tartine beurrée* (ein Butterbrot aus besonders schmalem Baguette). Auch sie stehen meist am Tresen *(au zinc, au comptoir)*; der Saal bleibt um diese Zeit unterbelegt. Erst um 9 oder 10 Uhr, wenn die Hausfrauen, die Langschläfer, Stadtstreifer, Freiberufler und Touristen auftauchen, werden die Tische allmählich besetzt. Sie trinken

keinen Espresso mehr, sondern *café crème* (Milchkaffee) oder Schokolade, manchmal sogar Tee. Sie haben Zeit in ihrer großen Tasse zu rühren und den hastigen Wechsel der Menschen am Tresen zu verfolgen. Schon stehen dort wieder Arbeiter, doch, anders als in der Früh, in einen Blaumann gekleidet – ob allein oder in Gruppen, jetzt wird nicht mit dem fremden Thekennachbarn oder dem Kellner ein Gespräch angeknüpft, sondern untereinander hart und sachlich über Arbeitsprobleme diskutiert. Manche haben das Café kaum betreten, da ist das kleine Glas Rotwein *(le ballon de rouge)* schon in einem Zuge geleert und bezahlt und sie sind verschwunden. Wenngleich die Cafés in diesen Stunden **vor Mittag** voller sind als zu Tagesbeginn, muten sie ruhiger an – selbst die Kellner bewegen sich langsamer; die größere Ruhe und Langsamkeit lässt auch den Lärm des Geschirrgeklappers sinken, die Stimmen der Redenden leiser und weicher klingen.

Um 11 Uhr beginnen die Kellner, Tische einzudecken: Viele Cafés bieten Mittagstisch an, im Fond oder an der Glasfront zur Straße hin. Dann wird es laut – sehr laut vom Gerede, klirrenden Besteck, Gelächter –, verräuchert und drängelig; überall verstreut liegen Krümel, und als Tourist, der nur etwas trinken und Postkarten schreiben will, müssen Sie sich unter Umständen einen Platz zuweisen lassen: Die besten Plätze bleiben den Essern vorbehalten.

Für das Mittagessen nimmt man sich Zeit, natürlich nicht diese sprichwörtlichen französischen Stunden, doch immerhin das Doppelte, Dreioder gar Vierfache unserer Kantinenzeit. Es reicht für eine Vorspeise, ein Hauptgericht und einen Nachtisch, für einen Wein und einen *express serré* (einen starken Espresso) und bei den Rauchern auch noch für eine oder zwei Zigaretten. Und für kleine Servierpausen. Und selbstverständlich für eine Unterhaltung während der Mahlzeit. Dafür wird abends länger gearbeitet.

Für das Mittagessen nimmt man sich Zeit.

Bis das Café dann wieder halbwegs zu seiner spätvormittäglichen Ruhe zurückkehrt, wird es 14, 14.30 Uhr; und wer dies genießen und zum Beispiel träumen oder arbeiten will, der sollte sich beeilen, denn bald fallen die Schüler ein. Sie werfen den Wurlitzer an, und das Lachen ihrer heiseren, unfertigen Stimmen übertönt spitz und schrill selbst das pfeifende Dampfablassen der Espressomaschine. Hinter dem Tresen trocknet der Kellner Gläser. Ein Tuch hat er über die Schulter geworfen, das andere stopft er ins Glas und dreht es routiniert, maschinenhaft. Nur einen flüchtigen Blick wirft er auf die Gläser, wenn er eines abstellt und mechanisch nach dem nächsten greift; ansonsten schaut er geradeaus, über die Kundschaft hinweg durch die Scheiben nach draußen. Manchmal mustert er die Schülergruppe, wenn sie allzu laut wird, und von Zeit zu Zeit drehen seine Augen eine prüfende Runde durch den Saal: ob jemand bezahlen oder etwas bestellen will. Das Bemerkenswerteste an diesen Kellnerblicken ist, dass sie stets vollkommene Gleichgültigkeit ausstrahlen, als wollten sie behaupten: Ich bin gar nicht da, ich sehe überhaupt nichts. Sie haben etwas von den Dienerblicken vergangener Zeiten. Doch ruht in ihnen auch eine leichte Herablassung. Kellneraugen beleben sich in der Früh oder am

Abend – wenn die Stammkundschaft erscheint, hin und wieder vielleicht für einen Flirt; ein fremder Kunde hingegen wird ihnen kaum eine Regung entlocken. Dies gilt natürlich in der Stadt mehr als auf dem Land, doch selbst dort ist die Neugier gegenüber dem einzelnen Fremden besser verhüllt als bei uns. Allerdings: nach zwei, drei Besuchen, die der Unbekannte am Tresen verbracht hat, verrät ihm ein offenerer Blick, ein vertraulicheres *bonjour*, ein angedeutetes Lächeln: Ich erkenn' Sie wieder, und wenn Sie mögen, dann erzählen Sie etwas; ich werde zuhören und vielleicht antworten.

Das Café als Pufferzone zwischen Arbeit und Zuhause

Ab 17.30, 18 Uhr treffen dann die ein, die zwischen Arbeit und Zuhause eine Pufferzone benötigen. Die meisten von ihnen stehen *devant le zinc* (diese Bezeichnung erhielten die französischen Theken in den 1870er Jahren, als sie aus Zink hergestellt wurden) oder sitzen dort auf Barhockern, die seit geraumer Weile Mode sind. Oft trinkt man als Apéritif Bier oder einen Anisschnaps, hin und wieder auch einen einfachen trockenen Weißwein, irgendeinen Likör oder einen *panaché* (Radler, Alsterwasser). Und nach Hause begibt man sich spätestens gegen 20 Uhr, wenn das Familienessen und im Fernsehen die langen Nachrichten beginnen.

Nun stellen die Kellner die Stühle hoch, streuen Sägemehl auf den Boden und fegen die Kippen des Tages zusammen, während die letzten Kunden – noch einmal die Markthändler – hereinschauen. Zwischen 21 und 22 Uhr gehen sie, die Kellner und die letzten Kunden: Cafés, die nach 22 Uhr geöffnet sind, zählen zu einer anderen Kategorie und verlangen Nachtzuschlag.

Tips & Knowhow

Cafés

• **Cafés** gehören zum französischen Alltagsleben wie die eigene Wohnung. Sie öffnen auch im kleinsten Dorf schon vormittags ihre Türen – und dies, obwohl nur wenige Kunden für Augenblicke vorbeischauen: Da befindet sich vor dem Lokal zufällig eine Bushaltestelle, und statt im Regen zu stehen, trinkt der Wartende einen kleinen *calva*, wie die Franzosen den Calvados nennen; oder die Schüler spielen, bevor sie nach Hause gehen, einige Runden Flipper, wenn sie aus der Schule in der Stadt zurückkehrt sind; Arbeiter von einer nahegelegenen Baustelle trinken hier hastig einen frisch gebrühten, duftenden *express*, statt zwischen Sand, Steinen und Schutt einen in aller Herrgottsfrüh gefilterten, inzwischen schal schmeckenden Kaffee aus der Thermoskanne zu kippen; ein Bauer, der ein Telefongespräch führen muss, wechselt von der Scheune nicht ins Haus, sondern ins Café und lässt beim *patron* (dem Wirt) seinen Ärger mit dem Finanzamt ab … **In der Stadt** treffen sich die Studenten zu Arbeitsgruppen in den Cafés, die Intellektuellen bringen an den Tischen ganze Konvolute zu Papier. Darüber hinaus sind Cafés, besonders in **Kleinstädten**, noch **Vereinslokale**, **Stammkneipen** und Orte, an denen man zum **Spielen** zusammenkommt. Dann wird dort auch **Lokalpolitik** gemacht – was so weit gehen kann, dass bestimmte Cafés sich

zur Hochburg der einen oder anderen politischen Fraktion entwickeln. So ist wohl auch der Ausdruck *des discussions de café du Commerce* (Stammtischpolitik) entstanden: *Café du Commerce*, diesen Kaffeehausnamen treffen Sie überall an. Und in den ausgeprägtesten dieser Cafés haben solche, die nicht «dazugehören», keinen Zutritt.

• Als **Tourist** werden Sie diese **französischen Alltagscafés** nur finden, wenn Sie von den Haupttouristenadern abzweigen. Meist brauchen Sie gar nicht weit zu gehen. Als Orientierungshilfen dienen neben Markt, Bahnhof, Bushaltestelle für Überlandbusse *(cars)*: die Post, das Rathaus und ähnliche öffentliche Einrichtungen. Ein anderes, wenngleich nachlassendes Merkmal dieser Cafés: Sie verfügen meist nicht über eine durchgehende Glasfront, oft sind die Scheiben von Türen und Fenstern sogar mit Tüllgardinen verhängt.

• In den Cafés unterscheidet man **drei räumlich bezogene Preisstufen**: *au comptoir* (am Tresen), *dans la salle* (an den Tischen innerhalb des Cafés) und *en terrasse* (an den Tischen, die vor dem Café auf dem Gehsteig oder Platz stehen). Die Preise müssen nach diesen Kategorien angeschlagen sein. In den Alltagscafés kann man sich häufig noch ein Getränk an der Theke holen und danach an einen Tisch setzen, ohne von dort von einem entrüsteten Kellner verscheucht zu werden. Zudem gibt es eine **zeitliche Preisdifferenzierung**: Die Cafés, die nach 22 Uhr geöffnet haben, verlangen in der Regel einen Nachtzuschlag – das Überstundengeld für die Kellner.

• Heutzutage erhalten Sie, wenn das Bestellte serviert wird, meist einen Kassenbon, auf dem der **Preis sowie 15% Bedienung** ausgedruckt sind, und auf der Preisliste steht *service compris* (einschließlich Bedienung). Denken Sie daran, wenn der *service non compris* ist – dies gilt insbesondere noch für die Bedienung an der Theke in den traditionellen Cafés –, auf den Preis diese 15% Bedienung aufzuschlagen: Oft erhalten die Kellner keinen oder nur einen sehr geringen Fixlohn. In den wenigsten Cafés ist es noch üblich, das Geld einfach auf den Tisch zu legen und zu gehen.

• Sicherlich fällt Ihnen in Frankreich sehr schnell auf, dass **viele Cafés mehr als nur Cafés sind**. Hier die wichtigsten Mischformen:

– ***café-tabac:*** In einem *café-tabac* werden Zigaretten, Zigarren und anderer Raucherbedarf, auch Briefmarken sowie weitere Kleinigkeiten verkauft: Einwegrasierer, Kugelschreiber, Postkarten, Kaugummis ...

– ***café-PMU:*** Dieses Café dient auch als Wettbüro.

– ***café-chantant, café-concert, café-théâtre:*** Ursprünglich wurden in diesen Cafés tatsächlich Lieder-, Konzert- und Theaterabende veranstaltet, während die Zuschauer bzw. Zuhörer eine kleine Speise zu sich nahmen. Heute sind es in der Mehrzahl Aufführungsorte freier Künstlergruppen, ähnlich unseren Keller-, Zimmer- und Fabriketagentheatern, und Sie können dort bestenfalls in der Pause ein Getränk zu sich nehmen. Dennoch sollten Sie sich vor dem Besuch eines dieser Cafés erkundigen, ob man dort Essen anbietet und vielleicht sogar von den Gästen erwartet, dass sie etwas verzehren.

– ***café-restaurant:*** So nennen sich viele Cafés, die Mittagstisch anbieten. Eine Variante davon heißt *(café-) brasserie*: anfänglich wurde in der *brasserie* (eigentlich: Brauerei) lediglich Bier ausgeschenkt.

– ***café viennois:*** Im «Wiener Kaffeehaus» können Sie auf deutsche Art Kaffee und Kuchen bekommen.

– ***salon de thé:*** Auch in den «Teesalons» geht es ein bisschen zu wie in Wiener Kaffeehäusern; neben Kaffee und Kuchen bietet man hier auch kleine Speisen (Omelette u.ä.) an.

– ***bistro(t):*** Dieses umgangssprachliche Wort kam Ende des 19. Jh. auf. Es bezeichnete Läden mit Alkoholausschank. Die einen sagen, dieser Name leite sich von *bistouille* ab, womit man im Norden sowohl Kaffee mit einem Schuss Alkohol als auch schlechten Alkohol betitelt. Die anderen vertreten die Auffassung, dieses Wort rühre von den Napoléonischen Kriegen her: Als seinerzeit die Russen in Paris waren, hätten sie immer *bystro* (schnell) gerufen, wenn sie etwas zu trinken wollten.

• **Früher waren Cafés Orte, an denen man telefonieren und die Toilette benutzen konnte.** Dies hat sich geändert: Etwa seit 1975 wurden in den Städten nach und nach Telefonzellen und WC-Container (vollautomatisch desinfizierbar) aufgestellt, und an touristenreichen Flecken überwachen in den Cafés Personal und Chef die Hereinkommenden mit Argusaugen; irgendwo an einer Wand warnt ein Schild: *Le téléphone et les toilettes sont réservés à notre aimable clientèle.* («Telefon und Toiletten bleiben für unsere verehrte Kundschaft reserviert.»)

Le repas de famille – Frankreich setzt sich zu Tisch

Um 20 Uhr, wenn die Nachrichten beginnen, setzt sich Frankreich zu Tisch: zum repas de famille, das eine Institution ist. Als Kind nicht zu diesem Essen zu erscheinen, kommt einer Revolte gleich. Zweifellos wird dieser Mahlzeit eine solch große Bedeutung beigemessen, da sie die einzige ist, die alle Familienmitglieder gemeinsam einnehmen können. Das **Frühstück** *(le petit déjeuner)* ist, zumindest nach unseren Kriterien, alles andere als eine Mahlzeit: Zu Hause besteht es aus einem Milchkaffee oder einer Schokolade, in die ein Stück gebutterten und vielleicht noch marmeladebestrichenen Gummibaguettes, ein Rest vom Vorabend, eingetaucht wird. Und das **Mittagessen** nehmen in der Regel alle außer Haus ein: die Kinder in der Vorschul- oder Schulkantine, die Eltern in einer Kantine am Arbeitsplatz oder einem Bistro. Für Kinder gibt es nach Schulschluss, um die lange Zeit zwischen Mittag- und Abendessen zu überbrücken, einen *goûter* – einen Croissant oder etwas Ähnliches –, den sie auf dem Nachhauseweg verzehren.

Um 20 Uhr, wenn die Nachrichten beginnen, setzt sich Frankreich zu Tisch.

Das abendliche Familienessen versinnbildlicht die Ernährungsphilosophie des «ausgewogenen Menus» – und diese beschränkt sich nicht auf den engen Blickwinkel von physischer Gesundheit. Vielmehr umschließt sie die Gesamtheit der Essensgestaltung: vom Arrangement der Tafel über das Aufeinanderfolgen der einzelnen Gänge bis hin zum Gespräch.

Das abendliche Familienessen versinnbildlicht die französische Ernährungsphilosophie.

Jede Hauptmahlzeit, insbesondere das Abendessen, muss all jene Bestandteile enthalten, die für eine **gesunde Ernährung** von Bedeutung sind. Gesunde Ernährung in der Vorstellung eines Franzosen heißt nicht nur Vitamine, sondern auch Fett, Wasser, Eiweiße usw., kurzum: alle lebensnotwendigen Stoffe. Deshalb gehören zu jedem Menu ein Salat und Fleisch – aber auch Butter, Käse, Brot und Wasser. (Sollten Sie einmal für Franzosen kochen, so stellen Sie diese vier letztgenannten Dinge und ebenso Salz und Pfeffer unbedingt auf den Tisch; damit haben Sie schon halb gewonnen, selbst wenn Sie ein urdeutsches Gericht zubereiten, das zunächst skeptische Blicke ernten mag.) Ein ausgewogenes Menu herzustellen muss nicht lange dauern. Die **Vorspeise** kann gut und gern aus Radieschen und einigen Scheiben *saucisson sec* (Hartwurst) bestehen. Beim **Hauptgang** mag ein Auflauf aus Resten vom Vortag genügen, der mit Bechamelsauce und Käse überbacken wird. Dann folgt ein **grüner Salat** (Tomatensalat wird zur Vorspeise gereicht!), danach ein Stück **Käse** oder etwas Joghurt und schließlich noch eine **Frucht** ... Dass die Phantasie der Franzosen in dieser Vielfalt der Kleinigkeiten, in ihrer Aufeinanderfolge und in ihrem geschmacklich Aufeinander-abgestimmt-Sein liegt, dass ein Großteil der Kunst des alltäglichen *savoir-manger* sich letzten Endes als eine Kunst der kreativen Resteverwertung entpuppt, merkt, wer eine Weile in einem französischen Haushalt lebt: Er wird staunen darü-

Zum «savoir-manger» gehört der überlegte Einkauf erlesener Zutaten.

ber, dass in vielen Familien häufig noch immer die passierte Gemüsesuppe den Auftakt der Abendessen bildet, dass der Hauptgang schlicht aus Spaghetti mit Tomatensauce oder: Nudeln und Steak oder: Kartoffelpüree und *jambonneau* (eine besondere Form gekochten Schinkens) besteht und als Nachspeise, wenn man etwas Besonderes bieten möchte, ein Eis aus der Gefriertruhe gereicht wird.

Französische Kochkunst ist auch eine Kunst der kreativen Resteverwertung.

Und noch etwas gehört zum alltäglichen *savoir-manger* der Franzosen: Sie stellen einen sehr hohen Anspruch an die Qualität der Lebensmittel, selbst wenn sie Fertigprodukte kaufen, sei es auch nur eine Dose dicke Bohnen mit Fleischeinlage. Zum einen sind deshalb die, die es sich leisten können, bereit, viel Geld für das Essen auszugeben – man kauft eine Dose Erbsen nicht nach dem Preis, sondern nach der Marke und dem Aufdruck «extra fein». Zum anderen führt diese Einstellung dazu, dass bereits bei der Herstellung von Lebensmitteln zahlreiche Unterschiede zwischen Deutschland und Frankreich bestehen – Steak ist nicht gleich Steak und französisches erst recht nicht gleich deutschem. Französischer Käse, der für den Export nach D / CH / A bestimmt ist, wird von vornherein fettärmer hergestellt: Kaum ein Franzose würde den mit H-Milch produzierten, nicht cremigen Brie anrühren, der in deutschen Supermärkten für 99 Pfennige – und dann noch nicht einmal reif *(à point)* – Absatz findet.

Hoher Anspruch an die Qualität der Lebensmittel und Zutaten

Allerdings fällt dieser prüfende, Qualität suchende Blick der Franzosen inzwischen oft Trugbildern zum Opfer, die er selbst heraufbeschworen hat: Er hat einer **Warenästhetik** den Weg geebnet, die das Frische, Appetitliche, Köstliche auf die visuelle Oberfläche zu zaubern vermag. Ihre Verführungskünste wirken beim Einkauf. Also mischen die Hersteller reichlich Karotin in die Butter (je gelber – desto fetter – desto cremiger – desto besser), bestrahlen den Knoblauch radioaktiv (damit er noch nach Monaten wie frisch geerntet aussieht) und tragen der Vorliebe für Kalbfleisch mit Hormonfutterbeimischungen Rechnung (langsam und halbwegs gesund aufwachsende Kälber würden schließlich die Haltungskosten und damit den Fleischpreis in die Höhe treiben).

Erst in allerjüngster Zeit verzichten Franzosen – wiederum selbstverständlich nur die, die es sich leisten können – zugunsten der Ernährungsphilosophie auf reine Lebensmittelästhetik: Auch in Frankreich beginnt man, aus biologischem Anbau stammende Feldfrüchte und Obst teurer zu bezahlen. Nach einzelnen Bioständen auf den Märkten und ersten Bioläden im gesamten Hexagon wurde mittlerweile in Paris *La Marjolaine*, der erste reine Biomarkt, gegründet. Inzwischen entwickelt sich die Marktstruktur (wie hier auch) hin zu preisgünstigeren Bio-Supermärkten.

Bio-Kost

Faire la cuisine ist mehr als nur kochen

Wenn Sie Gelegenheit haben, in einer französischen Familie an einem halbwegs gewöhnlichen Abendessen teilzunehmen, dann wird Ihnen vielleicht außer dem Sinn für die gesunde und ästhetische Komposition eines Menus noch etwas anderes ins Auge stechen: nämlich die Beiläufigkeit, mit der die Mahlzeit zubereitet wird.

Erstaunlich: die Beiläufigkeit, mit der eine französische Mahlzeit für Freunde und Bekannte zubereitet wird.

Da steht man beisammen, bei einem Glas Apéritif, und unterhält sich. Als Deutscher werden Sie vielleicht nach einer Weile nervös: Für 20 Uhr hat man Sie zum *dîner* eingeladen, jetzt zeigt die Uhr 20.30; Sie stopfen seit geraumer Zeit pausenlos Salzgebäck gegen den knurrenden Magen und den wirkenden *pastis* in sich hinein, auf die Gefahr hin satt zu sein, ehe überhaupt der erste Gang serviert ist. Sie fragen sich, wann nun endlich die Hausfrau oder der Hausherr sich aus dem Gespräch ausklinkt und in die Küche verschwindet. Um 20.40 Uhr fragt dann er oder sie, ob Sie noch einen Apéritif mögen oder lieber mit dem Essen beginnen wollen.

Geben Sie ruhig zu, dass Sie Hunger verspüren. Dann werden die Teller mit einer Beiläufigkeit aus dem Büffet geholt, als streiche sich die Gastgeberin eine Haarsträhne aus der Stirn. Dass sie sich kurz in die Küche begibt, um einiges aus dem Kühlschrank oder den dort herumstehenden unausgepackten Plastiktüten zu nehmen, werden Sie vielleicht gar nicht bemerken. Denn dabei gelingt es ihr, auf Ihre letzte Äußerung einzugehen, von der ihr offenbar kein einziges Wort entgangen ist. Plaudernd schneidet sie vom kalten Braten, der jetzt auf dem Tisch steht, ein paar Scheiben ab, während ihr Mann einen Rotwein entkorkt, Brot, eine Karaffe mit Wasser, Butter, Salz, Pfeffer auf den Tisch stellt und Servietten verteilt. Jetzt redet er, und wenn sie wieder das Wort ergreift, werden Sie erstaunt feststellen, dass sie erneut in der Küche war um eine Schüssel mit geriebenen Karotten und dampfende Minipizzas hereinzubringen. So wird es den ganzen Abend zugehen: Während die Hausfrau Ihnen zwischen zwei Gängen etwas zeigt oder Sie für eine Zigarettenlänge das Gespräch ruhen lassen, brät der Gatte ein Hammelkotelett und mischt

Von der Beiläufigkeit der Zubereitung zur kulinarischen Raffinesse (Trüffel in Rouladen)

einen grünen Salat oder holt den Käse; während der Gatte Sie zwischen einem Dessertwein und einem Likör wählen lässt, räumt seine Frau den Tisch ab und stellt die Espressomaschine auf den Herd …

Zweifellos fördern Tiefkühlkost und Fertigprodukte aus der *charcuterie* (eine Form von Metzgerei) diese Leichtigkeit in der Essenszubereitung, doch scheinen es die Franzosen von klein auf zu lernen, dass Kochen sich so *en passant* erledigen lässt wie das Zähneputzen morgens und abends, ohne als ein notwendiges Übel zu gelten – gewissermaßen als der Griesbreiberg auf dem Weg zum Schlaraffenland. Vielmehr und ganz selbstverständlich sehen sie darin einen kreativen Bereich: nicht zufällig wohl heißt kochen auf französisch *faire la cuisine* («Küche machen»). Wenn allerdings Gäste kommen, die nicht wie ein Teil der Familie behandelt werden, dann gerät auch in Frankreich das Kochen zur Arbeit.

Entre la poire et le fromage oder: Alles zu seiner Zeit

Das *repas de famille* stellt an Werktagen die einzige Institution dar, die den Bestand der Kleinfamilie sichert: Die Mehrzahl der Kinder geht spätestens mit dem vierten Lebensjahr ganztags in den Kindergarten; 75% der Frauen sind heutzutage berufstätig, und die Männer arbeiten, selbstverständlich, von jeher außer Haus. Lange Zeit galten deshalb die anderthalb bis zwei

Stunden des Abendessens als die einzige Zeit, in der Kinder und Eltern ins Gespräch kommen konnten: Die Kinder erzählen ihre Erlebnisse aus Schule und Vorschule, die Eltern befragen sie über den Hergang des Unterrichts, ihre neuen Kenntnisse, ihre Noten; oder die kinderlos lebenden Partner berichten einander von Geschehnissen am Arbeitsplatz ...

Diese wohltemperierte Atmosphäre von liebender Nähe und Kontrolle ist in den letzten zwanzig Jahren zunehmend unterhöhlt worden. Da gibt es zum einen die Eltern, die lange in den Abend hinein arbeiten, die ihre Kinder von Großmüttern, Au-pair-Kräften oder dem früher nach Hause kommenden Partner zu Bett bringen lassen. Da hat weiterhin eine andere, konkurrierende Institution Fuß gefasst: das Fernsehen, genauer: die **Acht-Uhr-Nachrichten**. Gehen Sie einmal sommers zwischen 20 und 20.30 Uhr durch die Straßen der Altstadt von Montpellier, wo die zur warmen Jahreszeit nur von Lamellenvorhängen verdeckten, offenstehenden Haustüren direkt in die Küchen führen. Sie werden wohl kaum eine Wohnung finden, aus der nicht Besteckgeklapper und die Stimmen der Nachrichtensprecher dringen – und anschließend womöglich heftiger Streit.

Die Institution des Familien-Abendessens ist gefährdet.

Da macht sich schließlich der **Burger-Protest der Jugendlichen** bemerkbar, die sich von dem alltäglichen Familienritual und der ausgewogenen Ernährung nicht den ganzen Abend vermasseln lassen wollen und die es sehr viel schicker finden, auf knatternden Mopeds Runden um die Wohnblocks zu drehen und zwischendurch einen *Big-Mac* oder einen *sandwich merguez-frites* zu verschlingen (*merguez* ist ein scharf gewürztes, ursprünglich aus Nordafrika stammendes Würstchen).

Auch als Gast oder Gastgeber werden Sie bald entdecken, wie viel Franzosen ein das Essen begleitendes wohltemperiertes Gespräch bedeutet: Smalltalk ist oberstes Gebot. Vielleicht liegt dem eine medizinische Weisheit zugrunde – dass Aufregung auch die Magennerven strapaziert. Und so gilt für Geschäftsverhandlungen wie für andere prekäre Themen noch heute eine aus dem Mittelalter stammende Wendung: *Entre la poire et le*

«Zwischen Birne und Käse» lässt sich über alles reden.

Das alltägliche Ritual des Familienabendessens hat den Burger-Protest der Jugendlichen zum Feind, die sich lieber mit Kids ihrer Clique Fastfood oder Junkfood «reinziehen».

fromage («zwischen Birne und Käse») ... lässt sich über alles reden. Damals, als wenig Gemüse gegessen und zum Essen nichts getrunken wurde, reichte man zwischen Fleischgericht und Käse – wo heute Salat serviert wird – eine Birne.

Das **ungefährlichste Thema** bis dahin aber ist: **ein Gespräch übers Essen**. Und so reden die Franzosen gern und ausführlich über das Essen im Allgemeinen und im Besonderen. Als ausländischer Gast oder Gastgeber lassen Sie diesen Gesprächsstoff noch unerschöpflicher werden. Seien Sie darauf gefasst, dass man Ihnen Fragen stellt in einem Ton zwischen spöttelnder Neugier und kaum verhohlenem blanken Entsetzen, eingeleitet von den Worten:

«Ist es wirklich wahr, dass die Deutschen ... ?»

«Ist es wahr, dass die Deutschen ...? » – «... dass die Deutschen, um auch noch den allerletzten Löffel Suppe aus dem Teller zu schaufeln, diesen schräg halten?»; «... die Kotelettknochen in die Hand nehmen und abnagen?»; «... die Kartoffeln mit der Gabel zerquetschen, um die Soße aufzutunken?» usw. etc.

Seien Sie darauf gefasst, dass Sie als Gastgeber kritische Kommentare über Ihre Gerichte oder den servierten Wein hören werden – obwohl dies die Höflichkeitsregeln verbieten. Wenn man Sie aber als *cordon bleu* – als guten Koch, gute Köchin (wörtlich: «blaues Band») – lobt, dann haben Sie Einlass in den Kreis der französischen Kochkunstmeister gefunden.

Tips & Knowhow

Das Menu

- Frankreich verkörpert in den Augen der Welt die höchste Esskultur. Dies rührt zweifellos zu einem großen Teil daher, dass nirgendwo auf der Welt **archaische Fressgier** perfekter sublimiert wird zu einer kunstvollen, ja ohne Übertreibung **künstlerisch zu nennenden Form des Speisens**. Ein wesentlicher Bestandteil dieser Form liegt im Ablauf der Mahlzeit. Dennoch geht gerade das, was wir heute als typisch französisch verstehen – nämlich die **Vielzahl der nacheinander aufgetragenen Gänge** –, auf einen russischen Servierstil zurück, der erst in den 60er Jahren des 19. Jhs. in Frankreich eingeführt wurde. Bis dahin trug man alle Speisen gleichzeitig auf, obwohl die Hälfte davon vor dem Verzehr zwangsläufig kalt wurde.

Der Apéritif

- Er wird **beim Eintreffen der Gäste serviert** und meist **im Stehen eingenommen**. Man reicht dazu Salzgebäck, auch gesalzene Mandeln, Oliven. Es heißt, der Apéritif öffne den Magen. Tatsächlich überbrückt er vor allen Dingen die Zeit, bis sämtliche Gäste eingetroffen sind. Er «öffnet» gleichsam die Menschen, indem er eine erste Tuchfühlung ermöglicht, ein leicht dahinplätscherndes Geplauder und das Herausbilden von kleinen Gruppen, die sich später bei Tisch zueinander gesellen können.

Die Vorspeisen

- In Frankreich kennt man eine solch reiche Vielzahl an Vorspeisen, dass Sie allein schon von diesen satt werden können. Meinen Sie nun nicht, wenn Sie Gäste empfangen oder in einem vornehmen Restaurant vom *hors-d'œuvre* bis zur *entrée* alles angeboten finden, Sie dürften keinen dieser Gänge auslassen. Handelt es sich nicht um eine außergewöhnliche Mahlzeit, so dürfen Sie sich durchaus auf **eine** Vorspeise beschränken.

– ***Le hors-d'œuvre*** (wörtlich übersetzt: «außerhalb des Werkes»): Er besteht aus kleinen kalten Speisen, wie zum Beispiel Anchovis, dünnen Scheiben kalten Bratens oder verschiedener Wurstsorten, Radieschen, halben hartgekochten Eiern mit Mayonnaise, halbierten Pampelmusen oder Avocados, Tomaten- oder Rohkostsalaten. Reicht man mehrere dieser Kleinigkeiten zugleich *(hors-d'œuvre variés)*, so sind sie natürlich aufeinander abgestimmt, wie auch die Vorspeisen stets mit den nachfolgenden Gerichten harmonieren. Viele dieser Vorspeisen sind aus frischen Zutaten fertig zubereitet und wie hausgemacht in der *charcuterie* oder beim *traiteur* erhältlich. Auf diese Art des *«prêt-à-manger»* greift man in Frankreich zur Arbeitserleichterung gern zurück, selbst wenn man dafür tief in die Tasche greifen muss.

– ***Le consommé*** ist eine kräftige Fleischbrühe, die nach einem kalten *hors-d'œuvre* serviert werden kann.

– ***Le potage*** hieß ursprünglich «Lebensmittel, die in einem Topf gekocht werden», auf gut Deutsch also: **«Eintopf»**, und in der Tat kann ein *potage* so dick wie ein hiesiger Eintopf sein, doch werden die Zutaten (eine oder mehrere Gemüsesorten, die in Wasser oder auch Bouillon gegart werden) immer **passiert**. Dies unterscheidet ihn von der ***soupe***, die nicht passiert wird. (Aus einer *soupe* bestand noch bis zu Beginn dieses Jahrhunderts, besonders in den ärmeren Schichten, das einzige Hauptgericht am Abend, weshalb das Abendessen auch *souper* und in der Umgangssprache sogar einfach *soupe* heißt. In der gesprochenen Sprache werden die beiden Begriffe *soupe* und *potage* im übrigen nicht strikt getrennt.) Mit viel Phantasie betrachtet, mag dieser *potage* rein äußerlich den Instantsuppen ähneln, was in letzter Zeit die beiden führenden ausländischen Tütensuppenhersteller zu einem «Vorstoß auf den französischen Markt» (wie es im Jargon der «Marktstrategen» heißt) zu nutzen versuchten; ihnen gesellte sich ein französischer Hersteller bei. Doch auch wenn Sie in den Supermarktregalen auf den französischen Geschmack abgestimmte Tüten dieser Marken finden, so werden Sie sie noch nicht allzu häufig in den französischen Küchen entdecken: Nach wie vor nehmen Franzosen Fertigprodukte **dieser** Art wenig an; sie verzichten lieber auf ihren traditionellen und geschätzten *potage*, als der Illusion aufzusitzen, trockenes und mit Wasser aufgekochtes Pulver sei «reich an Gemüse» und verfüge über einen «authentischen Geschmack». Ein *potage* wird in französischen Familien oft **statt** des kalten *hors-d'œuvre* und des *consommé* gereicht.

Vorspeise Austern

– ***Le poisson, les crustacés:*** Fisch oder Schalentiere (Muscheln, Hummern, Krebse ...) können eine weitere Vorspeise darstellen. Gelegentlich werden sie **anstelle** der *entrée* serviert.

– ***L'entrée***: Heute werden die Begriffe *hors-d'œuvre* und *entrée* meist synonym gebraucht. Streng genommen jedoch bezeichnet eine *entrée* eine weitere Vorspeise. Das Wort bedeutet u.a. «Auftakt», «Eröffnung» und umschreibt damit wohl sehr genau die Rolle, die dieser Gang im französischen Menu einnimmt. Als größere Vorspeise besteht die *entrée* aus einem **warmen Gericht**: Pasteten in Blätterteig, *quiche lorraine* sowie anderen Gemüsekuchen, aus Aufläufen (und zwar *soufflés*, die immer mit geschlagenem Eiweiß zubereitet werden, unter das man z.B. Käse oder Schinken mischt, und die nicht mit den *gratins* verwechselt werden dürfen, die ein Hauptgericht darstellen), aber auch kleines Geflügel (etwa Wachteln) oder Schnecken eignen sich für diesen Gang.

Das Hauptgericht

● Das Hauptgericht heißt in Frankreich *plat de résistance* (wörtlich: «Widerstandsgericht»), ein bedeutungsschwerer Name, der suggeriert, es handle sich dabei um den eigentlich sättigenden Gang. Allerdings hat es diese Bezeichnung kaum verdient, **reiht es sich doch eher gleichberechtigt und unscheinbar zwischen die anderen Gänge ein**.

● Vermutlich ist es das **Fleisch**, das ihm diesen Namen verliehen hat. Denn was gesunde Ernährung betrifft, nahm das Fleisch in der Vorstellung der Franzosen bisher die höchste Stelle ein: «Wenn du nicht alles aufessen kannst, dann iss wenigstens das Fleisch; das Gemüse kannst du übriglassen», ermuntern Eltern ihre Kinder. Erst in jüngster Zeit ändert sich dies.

● Zum **Fleisch** wird gewöhnlich nur **eine Beilage** serviert: entweder Gemüse (wobei auch Kartoffeln als Gemüse gelten) oder Reis bzw. Nudeln.

● Für die Zubereitung von rotem Fleisch sollten Sie sich drei wichtige Begriffe merken: ***saignant*** (blutig) bedeutet, dass das Fleisch wirklich nur ganz kurz von beiden Seiten angebraten wird; ***bleu*** (blau), dass die rote Farbe sich durch etwas längeres Braten fast verloren hat; ***à point*** («durch»), dass das Fleisch in der Tat durchgebraten ist, doch brät man es selbst in diesem Fall wesentlich kürzer als ein vergleichbares Stück bei uns.

Les entremets («Einlagen»)

● Die «Einlagen» bezeichneten im ausgehenden Mittelalter keine Speise, sondern allerlei abwechslungsreiche Kleinigkeiten (z.B. Gauklerei, Musikspiel), die während des Essens eingeschoben wurden. Später entwickelten sich die *entremets* zu einem kulinarischen Zwischenspiel größerer Rangordnung, das als ein eigenständiger weiterer Gang zwischen Hauptgericht und Nachtisch serviert wurde. Heute bescheidet man sich auf den obligaten grünen Salat als Intermezzo und der Begriff **entremets** ist auf die *Süßspeisen* übergegangen.

Les fromages (Käse)

• Dem Käse wird in Frankreich nicht allein ein hoher Nährwert nachgesagt, sondern auch, in vielen Fällen der Verdauung förderlich zu sein. Die 340 französischen Käsesorten unterscheiden sich durch ihre Zubereitungsweise, durch die Jahreszeit, in der sie hergestellt werden bzw. ihr Aroma sich voll entfaltet, durch die Region, aus der sie stammen, und durch ihren Reifungsgrad. **Franzosen kaufen also keineswegs zu jeder beliebigen Jahreszeit jeden beliebigen Käse,** und im Selbstbe-

Schwarze Trüffelschwein-Trüffeln veredeln zahlreiche Vor-, Haupt- und Nachspeisen der französischen Küche.

dienungsladen öffnen sie die Schachteln, um durch Fingerdruck und kurzes Schnuppern festzustellen, ob das Produkt *à point* («reif») ist.

- Sollten Sie (in Frankreich lebend) zu Hause französische Gäste empfangen und sich in der großen Kunst der Käsekennerschaft noch wie ein Dreikäsehoch fühlen, so **lassen Sie sich** am besten **in der crémerie (dem Käseladen) beraten**. Dort liegen auf flachen Korbgeflechten in Stroh oder Weinblätter gewickelte oder in Laken eingelegte Käse und andere, die an moosbewachsenes Gestein erinnern. Daneben lagern, unterschiedlich in Farbe und Konsistenz, aber mit ein und demselben Namen bedacht, mehrere Wagenräder eines Hartkäses. Und Sie hatten bislang gedacht, *Tomme* sei *Tomme!* Dem ist nicht so: Es gibt etwa zwei Dutzend verschiedene *Tommes* bzw. *Tomes* (beide Schreibweisen sind möglich), die aus Schafs-, Ziegen- oder Kuhmilch hergestellt werden. Aus dem Dauphiné kommt beispielsweise ein weißer Quarkkäse mit diesem Namen. Junger *Cantal* heißt *Tome*. Doch die *Tom(m)es* aus den Savoyen sind wohl die berühmtesten: *Tomme de Beauges, de Boudaye, de Fenouil* (mit Fenchel), *au Marc* (mit Tresterbranntwein) … Der *Tome de Sixte* wird mehrere Jahre gelagert, ehe er zum Verkauf gelangt. Den *Tomme de Savoie* aus Kuhmilch sollten Sie bevorzugt von April bis September kosten, den *Tomme de Camargue* aus Schafsmilch von Januar bis Mai …

- Eine wichtige **Orientierungshilfe für Anfänger** gibt die Herkunfts-, also Qualitätsbezeichnung *Appelation d'origine contrôlée (A.O.C.)*, die

Traditionelle Gruyère-Käseherstellung in den savoyischen Alpen

einige Käsesorten ausweist (z. B. *Roquefort, Cantal, Camembert de Normandie, Brie de Meaux* und *de Melun, Bleu* – d.h. Schimmelkäse – *d'Auvergne, des Causses* und *de Gex-Haut-Jura*). Übrigens trägt noch ein weiteres Lebensmittel, nämlich die Truthähne aus der Bresse, eine *A.O.C.*-Bezeichnung. Lassen Sie sich von Duft und Aussehen inspirieren und vom Händler beraten; vielleicht werden Sie bald auf Ihre allabendlichen Wurststullen verzichten.

Die Nachspeisen

• Die desserts bestehen aus etwas **Süßem und/oder Obst**.

– *Les entremets sucrés* ist heute der übliche Begriff für das, was wir **Süßspeisen** nennen. Allerdings wird man Ihnen in Frankreich wesentlich öfter als irgendeine Art von Pudding (*mousse, flan* oder *crème* genannt) eine *pâtisserie* (Konditoreiware) servieren: Sehr beliebt sind *petits fours* (Gebäck, das Miniaturausgaben von Kaffeestückchen – Schweinsohren, Eclairs ... – gleicht), aber auch *crêpes* oder *tartes* (was gemeinhin mit «Torte» übersetzt wird, aber eher, will man unbedingt Vergleiche ziehen, an belegte Obstböden erinnert).

Noch vor nicht allzu langer Zeit unterschied man übrigens die *entremets sucrés* (Kompott, Pudding, Kuchen) vom *dessert*: Erstere wurden **vor** dem Käse gereicht, während letzteres (Käse, Obst und *pâtisserie*) als abschließender Gang aufgetragen wurde, der das «Abservieren» des Tisches ankündigte.

– ***Les fruits de saison:*** Bei Familienessen und in einfachen Restaurants schließt nach dem Käse eine **Frucht** den Magen, vielleicht schlicht ein Apfel. Sind Sie dagegen zu einem aufwendigeren Essen eingeladen oder besuchen ein teureres Restaurant, so wird man stattdessen in der Regel eine Süßspeise oder *pâtisserie* anbieten. Sollte es aber doch einmal Obst geben, so verwechseln Sie die **Wasserschale**, die zum Waschen der Früchte auf den Tisch gestellt wird, nicht mit der orientalischen Sitte des Handwaschbeckens. In einfachen Restaurants sollten Sie sich vor einem Nachtisch mit dem Namen *salade de fruits* (Obstsalat) hüten: er besteht ausnahmslos aus Konservenmischobst; in den gehobeneren Restaurants verweist der Zusatz «frisch» *(salade de fruits frais)* darauf, dass Sie Besseres erwarten dürfen.

Le café und le digestif («Verdauungsschnaps»)

● Der ***digestif* schließt den Magen**, heißt es; meist auch den Abend. Er wird zum Kaffee gereicht und eingenommen, während man essens- und gesprächsträge im *salon* sitzt und vielleicht eine Zigarette oder Zigarre raucht, die der Gastgeber angeboten hat.

Tips & Knowhow

Tu & Tabu: *Einige französische Tischsitten*

Das Brot

Kein französisches Essen ohne die Beilage Brot: **Es begleitet alle Gänge** von der Vorspeise bis zum Käse. Meist reicht man in kleine Stücke zerteiltes **Baguette** und stellt es in einem Körbchen auf den Tisch.

Tu! Legen Sie Ihr Stück Brot entweder auf das **Extratellerchen**, sofern vorhanden, oder einfach auf den **Tisch**.

***Tu!* Brechen** Sie das Brot! An unsere «belegten Brote» erinnern bestenfalls die *sandwichs* oder gebuttertes Baguette *(tartine beurree)* in den Cafés.

Tu! Keine Sorge, wenn Sie **krümeln**: das stört niemanden. Franzosen scheren sich wenig um die Tischdecke und ihre Fleckenreinheit: Hin und wieder werden die Schalen der Pellkartoffeln auf den Tisch geschält, und wenn Sie kleckern, wird niemand hinschauen und Anstoß nehmen. (In vornehmer Gesellschaft herrschen natürlich etwas andere Regeln!) In nicht allzu gehobenen Restaurants besteht die Tischdecke meist aus

Backzeichen Lothringer Kreuz – so wird die kulinarische Bedeutung des Brotes symbolhaft gewürdigt.

einem Stück weißen Papiers, das sich wunderbar für ein Kleckeressen anbietet, aber auch, um im Gespräch das eine oder andere anhand von Skizzen zu verdeutlichen oder Verse und Verrücktheiten niederzuschreiben.

Tu! oder ***Tabu!*** Der Franzosen tägliches Brot dient **nicht allein als sättigendes Grundnahrungsmittel**. Es erfüllt daneben die erdenklichsten Zwecke: Weiche Baguettemasse eignet sich vorzüglich zum Auftunken von Soßen, aber auch zum Aufsaugen von vergossenen Getränken und zum Reinigen des Messers, wenn dieses für den nächsten Gang nicht gewechselt wird. Dort, wo hohe Tischkultur die Etikette diktiert, ist derlei allerdings tabu.

Der Käse

Tu! Folgen Sie der Regel, dass Brot gebrochen wird, und belegen Sie nicht ein ganzes Stück Brot mit Käse. Brechen Sie nach und nach kleine Stückchen ab und bestreichen Sie diese – sofern Sie es wünschen – mit Butter, die Sie sich zuvor, wie den Käse, auf den Teller gelegt haben. Teilen Sie sodann **ein mundgerechtes Scheibchen** von der Ecke des Käses ab und legen Sie es auf den Brocken Brot. Gestattet ist auch, einen Bissen Brot und ein Häppchen Käse abwechselnd zu essen.

Tu! Beim **Schneiden des Käses** gilt es, solange er noch auf der Käseplatte liegt, eine weitere Besonderheit zu beherzigen: Hat der Käse die Form eines Kuchenstücks, so schneiden Sie ihn immer längs (nicht von der Spitze her quer!) an.

Tabu! Legen Sie sich **nicht von mehreren Sorten zugleich** ein Eckchen auf den Teller. Sie können sich jederzeit nachlegen.

Hand oder Besteck?

Tu! **Geflügel** isst man in Frankreich mit Messer und Gabel. Dies verstanden in den 50er Jahren die Benimmbücher unter gepflegten Tischsitten, und es hat sich mehrheitlich durchgesetzt. Immerhin darf man um Erlaubnis bitten, den Knochen in die Hand nehmen zu dürfen.

Tu! Wenn Sie zur Vorspeise **Radieschen** anbieten, so lassen Sie beim Putzen etwas Grün stehen: Radieschen werden mit der Hand gegessen und Ihre französischen Gäste brauchen, um sie greifen zu können, einen Stiel. Sie sollten die Radieschen an der Spitze über Kreuz anschneiden, damit sich Butter in diesen Spalt schieben lässt, bevor das Radieschen in Salz getaucht wird.

Tu! **Erdbeeren** werden in Frankreich oft ungezuckert und mit Stiel gereicht. An diesem sollten Sie die Erdbeere anfassen.

Tu! Servieren Sie **Melonen** und **Ananas** in Scheiben. Sie werden in der Regel mit Messer und Gabel gegessen.

Rauchen bei Tisch

● Weniger erfolgreich zeigten sich die Benimmbücher bezogen auf das Rauchen bei Tisch, genauer: während der Mahlzeit. Räumte man dem Rauchen früher den Stellenwert eines Menu-Gangs ein (zum Kaffee reichte man Zigarren oder Zigaretten), so erscheint das Rauchen heute eher als ein Bestandteil des Sublimierens, als ein Akt der Lustverzögerungs- und damit -steigerungstaktik. Manche behaupten auch, es sei der Verdauung förderlich.

Tu! Finden Sie keinen **Aschenbecher**, dann **zweckentfremden Sie ruhig Ihren Teller**: Wenn Sie nicht gerade in übersensiblen Kreisen verkehren, so ist es nach dem Hauptgericht durchaus üblich, die Zigarette auf dem Kotelettknochen (sofern vorhanden) auszudrücken.

Tu! Suchen Sie in **Cafés** nicht vergeblich nach **Aschenbechern**, wenn Sie keinen auf Ihrem Tisch vorfinden. Wenn sie Fliesenboden haben, wird die Asche auf den Boden geschnickt und auch die Kippe dort ausgetreten.

Tu! Seit Anfang 1993 sind Cafés, Restaurants usw. verpflichtet, **Nichtraucherzonen** einzurichten. Achten Sie darauf, ob es diese gibt, und beobachten Sie, ob das Gesetz respektiert wird. Wählen Sie danach Ihren Platz.

Die Tischordnung

● Wo es noch mit **Etikette** zugeht, werden die Gäste plaziert. Dabei herrscht ein strenger Kodex:

Tu! Setzen Sie **Ehepartner** und **enge Verwandte auseinander**. Es heißt, es entstünde eine tote Gesprächszone, wenn sie bei Tisch zusammenbleiben.

Tu! Der **Ehrengast sitzt neben den Gastgebern**: Handelt es sich um einen Mann, so plazieren Sie ihn rechts der Dame des Hauses; einer Dame sollten Sie den Platz zur Rechten des Hausherrn zuweisen.

Tu! Wollen Sie mittels der Tischordnung die **Rangordnung Ihrer Sympathien** illustrieren, so folgen Sie getreu der Regel: Je weiter ein Gast von Ihnen entfernt sitzt, desto geringer schätzen Sie ihn.

Rhythmen beim Essen

● Meist geht es in Frankreich beim Essen **weniger ritualisiert** zu als hierzulande. Kein «Guten Appetit» gibt das erlösende Fanal, das peinliche, unruhig-müßige Warten zwischen Platznehmen und Sich-Auflegen zu beenden und endlich zuzulangen. Statt dessen fängt jeder nach Herzenslust an. Und kein «Zum Wohle» ist nötig, um endlich vom Durst zu befreien: Man trinkt von seinem Wein, sobald man die Lust danach verspürt.

● Selbstverständlich gehört es sich aber auch in Frankreich, auf den Rhythmus der anderen zu achten, und in Kreisen mit **strenger Tischetikette** gilt:

Tu! Beim Beginn und Ende nicht nur des Mahls, sondern auch eines einzelnen Gangs sollten Sie sich **nach dem Rhythmus richten, den die Dame des Hauses vorgibt**.

Kleines Wörterbuch der Lebensmittelgeschäfte und der Lebensmittel

● In Frankreich werden Sie **einige Ihrer gewohnten Lebensmittel nicht finden**. Fleisch etwa wird teilweise bereits vom Metzger anders zubereitet oder Ihnen altvertraute Bezeichnungen mögen dem Händler spanisch vorkommen. So sollten Sie wissen, von welchem Stück des Rindes Rouladen sind, wenn Sie Ihr Lieblingsgericht zubereiten wollen; mag dieses Wort sich auch zweifelsfrei vom französischen *rouler* (wickeln, rollen) ableiten, kennt man dieses deutsche Sonntagsessen in Frankreich nicht. Die Vorliebe der Franzosen für Fleischstücke, die sich braten oder grillen lassen, schlägt sich übrigens darin nieder, dass Frankreich Vorderviertel von Rindern exportiert, während es Hinterviertel importiert.

- Umgekehrt können Sie in Frankreich unzählige weitverbreitete **Lebensmittel und Speisen** entdecken, **von denen Sie nie in Ihrem Leben gehört haben**.
- Zudem mögen Ihnen einige **Ungleichheiten im Wortschatz** auffallen.
- Und schließlich kaufen Franzosen **bestimmte Lebensmittel in Läden anderer Branchen** ein als unsere Hausfrauen und -männer. Hier eine kleine Liste der wichtigsten Unterschiede:

Einige Lebensmittelgeschäfte

– la boucherie: In der Metzgerei wird fast ausschließlich Fleisch verkauft – Rind, Schwein, Hammel, und in gesonderten Läden Pferdefleisch.

– la charcuterie: In solchen Metzgereien finden Sie Fleisch vom Schwein. Ansonsten bietet die *charcuterie* Wurstwaren (vorwiegend vom Schwein) an – Hartwürste, Pasteten, Würstchen, Blutwurst, Speck, gekochten und rohen Schinken … – sowie Lebensmittel, die man zu diesen Wurstwaren reicht, wie z.B. Sauerkraut. Außerdem eine große Menge hausgefertigter kleiner Speisen – Rohkostsalate, Minipizzas usw. usf. Ein Blick ins Schaufenster weckt Appetit.

Charcuterie alten Stils in Paris

– ***le traiteur:*** Er ist dem *charcutier* verwandt, doch befasst er sich **nur** mit der Verarbeitung von Produkten, so dass Sie bei ihm ein komplettes Menu einkaufen oder sich von ihm sogar ganze Gesellschaftsessen ausrichten lassen können.

– ***la triperie:*** Hier werden nur Innereien verkauft.

– ***le volailler:*** Sein Angebot besteht aus Geflügel. Über diesen Läden finden Sie allerdings oft die Aufschrift *volaille-gibier*: es wird in diesem Fall also auch Wild verkauft. Fragt Sie der Händler, ob Sie Ihr Hähnchen *préparé ou non préparé* wünschen, so heißt dies: ausgenommen oder nicht; nicht ausgenommen bedeutet nicht nur mitsamt Innereien, sondern einschließlich Kopf und Krallen; gebratenes Hähnchen dagegen nennt sich *poulet rôti*.

– ***la boulangerie:*** In der Bäckerei gibt es Brot, Croissants und noch einige andere einfache Kuchenstückchen.

– ***la pâtisserie:*** In dieser Art von Bäckerei-Konditorei können Sie zwischen allen Arten von Gebäck und Kuchen wählen, mitunter auch Ihr Baguette kaufen.

– ***la confiserie:*** Hier werden süße Leckereien verkauft – Pralinen, Schokolade, Bonbons ..., aber oft auch Feingebäck und Torten.

– ***produits régionaux:*** In den großen Städten des Landes entdecken Sie Geschäfte, die sich auf Lebensmittel aus bestimmten Regionen spezialisiert haben; besonders häufig werden *spécialités auvergnates* (Spezialitäten aus der Auvergne) angeboten; andere Lukullus-Regionen sind: Périgord, Languedoc, Provence, Alsace, Bretagne.

Einige Lebens- und Genussmittel

– ***le thé*** und ***la tisane:*** Unter *thé* versteht man in Frankreich schwarzen und grünen Tee. Kräutertees dagegen werden *tisane* genannt (z.B. *tisane de tilleul*: Lindenblütentee). Die einzige Ausnahme: Minztee gilt nicht als Kräuter-, sondern «richtiger» Tee und heißt folglich: *thé à la menthe*.

– ***le café crème*** und ***le café au lait:*** Milchkaffee nennt sich nur zu Hause *café au lait*, in den Bistros heißt er *café crème*, obwohl man ihn auch dort nicht mit Sahne, sondern mit einfacher Trinkmilch zubereitet. Da er zudem in zwei Tassengrößen ausgeschenkt wird, unterscheidet man zwischen *un grand crème* (einem großen) und *un petit crème* (einem kleinen Milchkaffee).

– ***la crème, la mousse, le flan*** und ***le pudding:*** Während sich die ersten drei Begriffe mit Pudding übersetzen lassen, entpuppt sich *le pudding* als ein Brei (z.B. *pudding au riz*: Milchreisbrei) oder als eine süße, mit Brot zubereitete Nachspeise. Wollen Sie Pudding-Pulver kaufen, so müssen Sie nach Tüten mit dem Aufdruck *flan* suchen. Allerdings:

Vorsicht mit den Begriffen! – Zwiebelkuchen heißt nicht immer *tarte*, sondern manchmal auch *flan aux oignons*.

– la glace, le sorbet, l'esquimau: *Glace* bezeichnet Eis im weitesten Sinne – mit einer *glace* können Sie sich z.B. beim Spaziergang im Park erfrischen, wo Sie sie in einer Waffel erhalten. *Sorbet* ist ein weniger gefrorenes Eis, enthält weniger Zucker und ist häufig mit Likören oder anderen Spirituosen aromatisiert. *Esquimau* nennt man meist ein Eis am Stiel.

– la crème Chantilly ist das für Schlagsahne gebräuchliche Wort, wenngleich man dafür ebenfalls den Begriff *crème fouettée* verwendet.

– la crème fraîche ist sahniger, also auch fetter, als saure Sahne, doch können diese beiden einander ersetzen.

– le fromage blanc: Für welchen Fettgehalt Sie sich beim Kauf französischen Quarks auch entscheiden, er wird nie die Festigkeit eines deutschen Magerquarks bzw. Schichtkäses aufweisen, so dass es sich als schlichtweg unmöglich herausstellt, in Frankreich einen Käsekuchen zu backen.

– le petit suisse (wörtlich: «der kleine Schweizer») ist ein Sahnekäse, der in winzigen Töpfchen verkauft wird und ähnlich wie ein besonders leckerer Sahnequark schmeckt. Man serviert ihn besonders gern Kindern nach dem Hauptgericht als *fromage*.

–le melon und ***la pastèque:*** Nicht alle Früchte, die bei uns den Namen Melone tragen, gehören zur selben Gattung. Als *melon*s bezeichnet man in Frankreich die Varianten der Zuckermelone (die zur Gattung der Gurkengewächse zählt!). Sie werden als Vorspeise serviert – insbesondere die Kantalupe mit ihrem orangefarbenen Fleisch. Den idealen Reifegrad der Frucht können Sie durch Riechprobe feststellen: Das Aroma muss am Stielansatz durch die Schale dringen, darf allerdings noch nicht zu süßlich sein. *Pastèques* dagegen bezeichnet sämtliche Varianten der Wassermelone, einer Gattung, von der hierzulande vorwiegend die rotfleischigen Arten im Handel sind. Doch finden Sie daneben, wie Sie auf jedem französischen Markt entdecken können, Arten mit grünem, gelbem oder weißem Fleisch. Die *pastèques*, die vereinzelt auch in Frankreich *melons d'eau* genannt werden, isst man zur Nachspeise.

– la chicorée und ***les endives:*** Aufgepasst bei diesem Wortsalat: *chicorée* heißt im Deutschen Endivie, *endives* dagegen Chicoree. Zu dieser Verwirrung trägt eine auf beiden Seiten ungenaue Behandlung der Gattung bei. In Frankreich wird als *chicorée* darüber hinaus Ersatzkaffee angeboten; dann ist es mit Zichorie zu übersetzen.

– le navet ist eine Kohlart, deren Knollen wie eine Kreuzung aus Radieschen und Kohlrabi schmecken; in Deutschland, wo dieses Gemüse nicht mehr sehr verbreitet ist, nennt man *navets* weiße bzw. Teltower Rübchen. Den hiesigen Kohlrabi dagegen findet man in Frankreich nicht.

Brotladen in der Bretagne

– *cassoulet* besteht aus einem Gänse-, Enten-, Schweine- oder Hammelragout mit dicken weißen Bohnen. Traditionell wird diese Spezialität aus dem Languedoc in einem Steinguttopf (auf altprovenzalisch *cassa*) zubereitet.

– *terrine, pâté* und ***rillettes:*** *Terrine* und *pâté* sind Synonyme (der Name *terrine* rührt von der irdenen Form her, in der die Pastete zubereitet wird, während *pâté* sich von der Fleischmasse, Paste, ableitet). *Rillettes* dagegen werden nicht nur aus fein gehacktem Schweine- (oder, seltener, Gänse-) fleisch hergestellt, sondern zudem mit Speck, was die Etymologie des Wortes in sich birgt. Ins Deutsche übersetzt man dessen ungeachtet alle drei Begriffe mit Pastete.

– *vol-au-vent, croustade* und ***pâté:*** Wenn Sie unter Pastete Blätterteig mit Ragoutfüllung verstehen, müssen Sie auf Französisch *vol-au-vent* bzw. *croustade* sagen. *Pâté* bezeichnet immer nur die Fleischmasse.

– *andouilles* und ***andouillettes:*** So heißen Kaldaunenwürste, die mit Kalbs- oder Schweinedärmen und -innereien gefüllt werden. Wie *boudin* (Blutwurst) brät oder grillt man sie und isst sie zu Kartoffelpüree. Während Blutwurst auf Kartoffelbrei in Deutschland heute wohl als Arme-Leute-Essen gilt, wurde das Gericht in Frankreich von höchster Stelle geadelt – nämlich vom königlichen Hofe: Die pfälzische Schwägerin Ludwigs XIV. führte die Blutwurst zunächst an der höfischen Tafel von Versailles ein; später kopierten die Höflinge diese Speise. Ihr Adelstitel hat bis heute nicht seine Wirkung verloren.

– *bifteck haché:* Hinter dem «Hackbeefsteak» verbirgt sich Schabefleisch bzw. Tatar. Anders als in Deutschland jedoch wird das Fleisch für jeden Kunden frisch durch den Wolf gedreht und gleich danach mit einem speziellen Maschinchen zu einem ovalen Stück Fleisch zusammengepresst, das man zu Hause lediglich mit Salz und Pfeffer würzt und in Butter kurz anbrät und *saignant*, *bleu* oder *à point* isst.

– ***cailles*** heißen Wachteln. In Frankreich stehen zahlreiche Singvögel sowie ihre Eier auf der Speisekarte. Wenngleich es verboten ist, sieht man nicht selten am Samstag Winzer oder Bauern ihre Vorspeise für den Sonntag von den Bäumen schießen.

– ***quenelles:*** So lautet französisiert «Knödel». Aber *quenelles* haben mit deutschen oder österreichischen Knödeln nur noch wenig gemein: Ihr Grundteig besteht aus Kohl, Mehl oder Semmelbröseln, Eiern und einigen anderen Zutaten, nach Belieben mit haschiertem Fisch, Fleisch oder Geflügel angereichert. Sie können die zu Rollen oder Bouletten geformten *quenelles*, die in siedendem Salzwasser ziehen müssen, fertig zubereitet in der *charcuterie* kaufen.

– ***le tournedos:*** Eine Scheibe Rinderfilet, deren Name («Rückenumrunder») darauf zurückgeht, dass dieses Gericht früher angeblich hinter dem Rücken der Gäste weitergereicht wurde.

– ***pré-salé*** heißt Fleisch von Schafen, die auf den Salzweiden der Bretagne oder der Picardie gegrast haben.

– ***la ficelle*** und le pain sind dasselbe wie Baguette – nur in kleiner bzw. großer Ausführung (das «Fädchen» weist 100 g, das «Brot» 500 g auf). Wie viele andere Tischsitten, so verbreitete sich auch der Gebrauch von Weißbrot nach der Französischen Revolution. Bis dahin war es dem Adel vorbehalten; nun hatten sich die Massen mit der Demokratie zugleich das Recht erobert, so fein zu speisen wie der Adel. Das dunkle Brot ging verloren.

– ***pain de campagne*** (Landbrot): Der Name verspricht vollmundiges und dunkles Brot und die kräftige Kruste scheint diesen Eindruck zu bestätigen. Aber auch das *pain de campagne* offenbart sich als Weißbrot.

– ***pain de seigle*** (Roggenbrot), ***pain de son*** (Kleiebrot) und ***pain complet*** (Vollkornbrot – doch erwarten Sie nicht zuviel von diesem Namen!) mögen Sie, wenn Sie sehnsüchtiges Verlangen nach unserem Brot überfällt, über die Entbehrung hinwegtrösten. In der *boulangerie* wird man Sie fragen, ob Sie es geschnitten haben wollen *(coupe)*: Wenn Sie zustimmen, erhalten Sie hauchfeine, circa 3 mm dünne Scheiben. – Bei Ihrer Suche nach deutschem Schwarzbrot und skandinavischem Knäckebrot können Sie in einigen Supermärkten fündig werden, sofern Ihr Geldbeutel diesen Luxus gestattet. Einen anderen Ausweg aus der Weißbrotmisere (sie tritt nach zahlreichen Zeugenaussagen von Deutschen nach circa drei bis neun Monaten Aufenthalt in Frankreich auf) bieten in neuerer Zeit die auf den Märkten vertretenen Bio-Stände: Dort werden Vollkornbrote aller Art angeboten.

«Relais gourmand» in Lothringen

Essen im Restaurant

Je teurer das Restaurant, desto rigider seine Riten.

Je teurer das Restaurant, desto rigider seine Riten. Der Ablauf ist so perfekt inszeniert und so häufig geprobt wie ein gut **einstudiertes Musikstück**. Es empfängt Sie ein befracktes Wesen und hilft Ihnen mit weißen Handschuhen aus Ihrem Mantel, Ihrer Jacke. Es wird Sie dann in das Innere des Restaurants bitten und mit Ihnen gemeinsam einen Tisch auswählen. Dieser Tisch ist dicht an die mit rotem Samt bespannten Bänke gerückt. Der Lakai zieht ihn nun für Sie in den Raum hinein. Sobald Sie Platz genommen haben, rückt er Ihren Tisch wieder zurück – so weit auf Sie zu, dass Sie sich unbeweglich und eingesperrt fühlen wie die lebenden Krebse im Aquarium des Restaurants, denen man die Scheren zusammengebunden hat. Besuchen Sie das Restaurant in Begleitung einer weiteren Person, so wird diese Ihnen gegenüber plaziert: Nebeneinander zu sitzen gilt als Unsitte.

Traditionelle französische Gastronomie: Der Maestro des kulinarischen Konzerts …

Stellen Sie Ihr Menu zunächst ohne Dessert zusammen.

Der Oberkellner überwacht das Konzert.

Die Speisekarte eines solch gepflegten Restaurants weist selbstverständlich unendlich mehr als die drei obligatorischen Gänge (Vor-, Haupt- und Nachspeise) auf; Sie können getrost einige davon überspringen. Stellen Sie Ihr Menu zunächst ohne Dessert zusammen; dieses wird erst am Schluss des Essens bestellt.

Sollten Sie sich bei den Bezeichnungen der Gerichte noch ungeübt und unsicher fühlen, so lassen Sie sich von Ihrem französischen Begleiter oder dem Kellner beraten. Für eine **Frau** gehört es sich ohnehin, dem Mann in diesem Stück die Hauptrolle zu überlassen (zweifellos war es auch er und nicht sie, der die Einladung ausgesprochen hat).

Bleiben wir bei der Annahme, Sie sind eine Dame: Während also Ihr Begleiter die Speisekarte studiert und sich über diese und jene Zubereitungsweise mit dem Kellner berät, können Sie Ihre Blicke in Ruhe schweifen lassen: Das durch angedeutete Torbögen scheinbar in verschiedene Räume unterteilte Restaurant wirkt hoch und weit. Hie und da ragen Sitzbänke in den Raum hinein, und wenngleich Sie darüber hinwegschauen können, erwecken sie durch die auf ihren äußeren Pfosten schimmernden Lampen den Eindruck von Séparés. Verstreut stehen zwischen den Tischen kleine Serviertische. Über die weichen Teppiche laufen lautlos und würdevoll die Kellner. Ein Oberkellner überwacht das Konzert und dirigiert, wenn vonnöten. An den anderen Tischen unterhält man sich – wie es scheint – völlig zwanglos, und doch wirken die Stimmen gedämpft, von derselben Verhaltenheit wie sämtliche Farben: Gold, Weinrot, Braun, Ockergelb, da und dort Dunkelgrün und Dunkelblau. Nun sprechen auch Sie selbst viel leiser und sanfter und gleiten in eine zunehmend feierliche Stimmung.

Der Kellner serviert den **Wein**, das Stück für Klavier und Orchester kann beginnen. Die ersten Schlucke, die Sie trinken, sind wie ein Einstimmen der Instrumente.

Während Sie noch auf das ***hors-d'œuvre*** warten, beginnt Ihr Begleiter mit der Ouvertüre: Er setzt ein zu einer Unterhaltung. Vermutlich wird er Sie auf dieses oder jenes Detail der Räumlichkeiten aufmerksam machen, wird Ihnen von Geschichte und Tradition dieses Restaurants erzählen. Vielleicht nennt er dabei diesen oder jenen berühmten Mann (seltener eine Frau), der hier gespeist hat, oder er macht Sie bekannt mit der Geschichte des Restaurantwesens, das sich erst nach der Revolution entwickelt hat.

Wie ein Virtuose am Klavier wird er im Laufe des Abends dieses Thema variieren: Bald erklärt er Ihnen die Weinbezeichnungen, bald ihre Lagen; von da wird er auf seine Wochenendausflüge zu Weinproduzenten zu sprechen kommen, wird seine Hausmarke loben und Sie umgehend zu einer Tour einladen. Dies wird ihm Anlass sein, die burgundische Küche zu preisen (schließlich führt der Weg zu seinem Winzer durch diese Region). Und er wird seine Einladung zur Weinprobe umgehend erweitern, kennt er doch ein Lokal in der Bourgogne: «Wirklich ganz versteckt, das kennen nur Einheimische! Eine Einmaligkeit! Ein Geheimtipp!» Und da er nun beim Gastronomie-Tourismus angelangt ist, wird er Ihnen auch von den **Guides Michelin** und **Gault-Millau** und vom **Bottin gourmand** erzählen, von den Sternen, Preisen und Orden, die Restaurants und

Die ersten Schlucke Wein sind wie Einstimmen der Instrumente.

Die kulinarischen «Sesam-öffne-dich»-Führer

… die Musiker in der Orchestergrube …

... und die Baßgeige des Orchesters.

Köchen verliehen werden. Vielleicht bringt er dann seine Rede auf berühmte Köche und Autoren der Gastronomie, bereichert von Anekdoten über sie, vielleicht aber auch auf besonders exquisite Lebensmittelgeschäfte: «Wir kaufen unseren Käse nur in der crémerie hinter der Madeleine.» Und wenn Sie sich für die französische Sprache interessieren, so wird er eine Reihe von Wendungen und Sprichwörtern, die das Essen und das Wohlbefinden betreffen, zitieren, erläutern und auf ihren Ursprung verweisen. Sollte der Abend noch immer nicht beendet sein, so wird er zweifellos Gelegenheit finden, Ihnen die Zubereitung dieses oder jenes Gerichts zu erklären – etwa wie man Mayonnaise herstellt: «... denn es ist einfach eine Schande, ein Verbrechen, sie fix und fertig im Glas zu kaufen.»

Sein Reden ist kein eintöniger, einschläfernder Fluss – es ist ausgewogen, gleichermaßen lebhaft und gedämpft. Es alterniert mit den Gängen, wird beim Auftragen des nächsten Gangs unterbrochen. Oder beim Bestellen eines neuen Weines: ein Ritual, dem man sich stets aufs Neue mit gleicher Sorgfalt widmet. Geduldig harrt der Kellner neben dem Tisch, bis Sie gewählt haben. Nach jedem Servieren wartet er Ihr Urteil ab. Erst dann zieht er sich dezent zurück, um jedoch, scheinbar aus dem Nichts, wieder aufzutauchen, sobald Ihr Begleiter das leiseste Anzeichen eines Wunsches erkennen lässt.

Das Bestellen und Reden, Essen und Pausieren, das Kommen und Gehen der Kellner, das Ambiente der Räumlichkeiten und die unaufdringliche

Anwesenheit der anderen Gäste – alles zusammen ergibt Variationen über ein Thema, die Gastronomie, für Klavier und Violine in F-Dur, legato.

Zum Abschluss, nach Champagner oder Kaffee, wird auf einem kleinen Tellerchen, zusammengefaltet oder zwischen den Falten einer Serviette verborgen, dem Herrn die Rechnung gereicht. Er lupft ein klein wenig den Papierrand oder den Serviettenstoff und wirft einen schnellen, beiläufigen Blick auf die Summe. – Er beginge einen Fauxpas höchsten Ranges, entfaltete er die Rechnung und überprüfte sie gar. Unauffällig lässt Ihr Begleiter nun ein Bündel Scheine, einen Scheck oder (bald wohl nur noch) eine Kreditkarte unter das Papier bzw. die Serviette gleiten. Auf dem Teller mit der Rechnung kann ein **Trinkgeld** zurückzulassen werden (wenn es nicht dem Kreditkartenbetrag zugeschlagen wurde). Dies bedeutet kein Muss, doch sind 10% des Rechnungsbetrags üblich.

Variationen über die Gastronomie in F-Dur, legato.

Essen im Restaurant

Tips & Knowhow

- **Essen ist in Frankreich eine abendfüllende Beschäftigung.** Wenn Sie sich mit Freunden oder Bekannten gegen 20 Uhr zu einer Kino- oder Theatervorstellung verabreden und diese – was meistens der Fall ist – noch nicht zu Abend gegessen haben, werden sie nach der Veranstaltung höchstwahrscheinlich vorschlagen, ein Restaurant aufzusuchen.

- Zweifellos bestimmen dann Ihre finanziellen Möglichkeiten (und/oder die Ihrer Freunde) die Wahl des Restaurants. **Chinesische und nordafrikanische Lokale sind am billigsten.** Letztere bieten als Hauptgericht häufig nur Couscous an. Grundlage dieses sehr wohlschmeckenden Gerichts ist über Wasserdampf gegarter Hartweizengries, zu dem man als Beilage verschiedene Fleischsorten mit Gemüse reicht.

- Couscous essen birgt neben dem finanziellen einen weiteren Vorteil: Nur die nordafrikanischen Restaurants haben sich dem **Gänge-Ritus** standhaft widersetzen können; alle anderen Restaurants, selbst die exotischsten, die beispielsweise Spezialitäten von den Antillen anbieten, **warten mit mindestens drei Gängen auf**. Auch wenn Sie kein fertig zusammengestelltes Menu bestellen, wird man doch von Ihnen erwarten, neben dem Hauptgericht wenigstens eine Vor- oder Nachspeise zu verzehren.

- Unter den ausländischen Restaurants zählen die **jugoslawischen**, die **griechischen** und die **italienischen** zu den **weniger preiswerten Lokalen**.

- Bei **französischen Restaurants** finden Sie sämtliche Preiskategorien, jedoch sind hier **Preis & Qualität erbarmungslos aneinander gekoppelt**. Dort, wo Menus zu geringem Preis angeboten werden, erwartet Sie als Vorspeise irgendeine phantasielose Rohkost, speist man Sie beim Hauptgang wahlweise mit *steak frites* (Steak mit Pommes bzw. Fritten) oder *escaloppe* (Schnitzel) ab und gesteht Ihnen zur Nachspeise, wieder wahlweise, ein winziges Eckchen Käse zu, schlimmstenfalls gar ein Stück abgepackten Schmelzkäses, oder eine Frucht, womöglich Dosenobst. *Steak frites*, ein Gericht, das das Land flächendeckend überzieht, betrachten die Franzosen übrigens als ihr ureigenstes Nationalgericht; jedoch haben sie es einst von den Engländern übernommen.

● Lediglich eine einzige Restaurant-Variante bietet **preiswertes** und **zugleich gutes Essen *à la française***: die ***brasserie***, wo Sie oft auch abends noch plats du jour (Tagesgerichte) auf der Speisekarte finden. Nur: mit Franzosen, die gepflegt essen gehen möchten, können Sie sich nicht dorthin begeben – ihnen geht es dort meist zu einfach zu. Mehr als die Qualität des Essens liegt ihnen letztendlich am **Ambiente**, und das muss bürgerlich sein, was niemand so offen ausspricht: Wo es nach Volk riecht, da gehen abends höchstens hungrige Dienstreisende hin.

● Neben den ausländischen Restaurants finden Sie in den mittelgroßen und großen Städten zahlreiche Restaurants, die sich auf die **Küchen französischer Provinzen** spezialisiert haben: Die Bretagne ist ebenso vertreten wie die Auvergne, die Provence oder das Elsass. Und wie in den China-Restaurants Lampions originale Atmosphäre vorgaukeln sollen, so in der *brasserie alsacienne* Rustikalmöbel und Milchkannen. In den elsässischen Restaurants führt Sauerkraut die Liste der Spezialitäten an. Doch anders als in Deutschland reicht man es ohne Kartoffeln oder Püree, statt dessen meist in Begleitung eines ganzen Fleischsortiments: mit heißem Speck, Würstchen und Kasseler. Dazu gibt's selbstverständlich Bier.

● Am besten aber sollten Sie **die Spezialitäten einer Region vor Ort kosten**: in Marseille die *Bouillabaisse* und andere Fischsuppen, gefüllte Tomaten und *ailloli* (Kabeljau mit gekochtem Gemüse, zu dem man eine Knoblauchmayonnaise, auch *ailloli* genannt, reicht); in den Landes oder im Midi-Pyrénées *foie gras* (Leberpastete von Mastgänsen oder -enten); im Périgord Gerichte mit Trüffeln ... Idyllen finden Sie aber auch in Frankreichs Provinzen kaum mehr: Riesige Anbauflächen von Monokulturen verdrängen zunehmend die kleinteiligen Produktionsweisen, und EG-Quoten verwandeln das Gesicht – und damit die Gerichte – ganzer Regionen.

● Gehen Sie auch gelegentlich in jene Restaurants, die sich auf einen **bestimmten Bereich der Gastronomie spezialisiert** haben, z.B. solche, wo Sie, vor allem in der Vorweihnachtszeit, Meeresfrüchte essen können: von Austern bis zu Krebsen, die Sie schon vor Betreten des Lokals auf den nach Tang und Salzwasser riechenden Auslagen bestaunen können.

● Oder besuchen Sie einmal eine ***crêperie***. Der *Crêpes*-Teig entspricht unserem Pfannkuchenteig, doch werden die *crêpes* hauchdünn und auf einem Spezialeisen gebraten. Wenn Sie in einem solchen Restaurant speisen, so bestehen sämtliche Gänge aus *crêpes* und vielleicht einem Salat. Sie werden wahlweise angeboten mit einem Teig aus weißem oder

Buchweizenmehl, und Sie können zwischen allen erdenklichen Füllungen wählen: mit Schinken und Käse, Spinat oder Pilzen und, gleichsam als Dessert, zwischen raffinierter Mandel-Nuss-Creme und Konfitüre oder Früchten, flambiert. Traditionell trinkt man dazu einen *cidre*, einen moussierenden Apfelwein.

● Nicht zu vergessen: die ***nouvelle cuisine***. Sie setzt sich ab von der traditionellen französischen Küche, die, wenngleich leichter und fettärmer als die traditionelle deutsche, im Zeitalter von Schlankheit und Fitness als schwer bekömmlich empfunden wird. Eine Mischung aus asiatischer und französischer Küche und Vollwertkost, wurde sie von französischen Köchen kreiert. Seither bezeugt sie mit ihrer Philosophie, die Genuss ohne Reue verspricht, die Anpassungsfähigkeit der französischen *haute cuisine*; Genuss für die Inhaber marktkonformer, belastbarer und langlebiger Körper. Etwas Desodoriertes begleitet Ambiente und Speisenzubereitung der *nouvelle cuisine*, ein Stilwille, der zum Nackten und Nüchternen strebt. Dass die Speisen aus der Erde kommen und von lebenden Tieren, dass Landwirtschaft und Schlachthof Vorstationen des edlen Speisens sind, erscheint hier wie ein düsteres Märchen aus Auerbachs Keller.

Tips & Knowhow

Hinweise für Weinfreunde

● Die einfachste Regel, überall **guten Wein** zu trinken, lautet: **Trinken Sie die Weine der Region**. Und essen Sie dazu die Spezialitäten derselben Region. Lassen Sie sich vor Ort Tipps geben, z.B. vom Wirt des Bistros in Ihrem Dorf oder von den Vermietern Ihres Ferienhauses. Fragen Sie nach der nächstgelegenen Winzergenossenschaft bzw. dem nächstgelegenen Weingut, wo der Wein noch selbst gekeltert wird.

● Sind Sie ausdrücklich als **Weintourist** unterwegs, so finden Sie in den verschiedenen großen Anbauregionen **Weinstraßen** *(Routes des Vins)*, denen Sie folgen können. An ihnen liegen manchmal kleine Domänen. Gehen Sie auf Entdeckungsreise. Vielleicht werden Sie mehr als nur einen guten Wein kennenlernen.

● Wie wäre es, **Frankreich Wein erntend kennenzulernen**? Die regionalen Arbeitsämter vermitteln Saisonarbeiter (übrigens nicht nur für die Weinlese: den ganzen Sommer über können Sie erntend durch Frankreich ziehen – hier Kirschen und Pfirsiche, dort Oliven und Knoblauch). Je nachdem, ob Sie gerne ein lärmendes Gruppenleben führen oder aber an französischem Familienleben teilhaben wollen, sollten Sie ein größeres oder kleineres Weingut wählen. Bei den größeren dauert die Lese – mit einer Horde von Hilfskräften – manchmal nur drei, vier Tage; bei den kleineren Familienbetrieben, die keine Unterbringungsmöglichkeit für so viele Helfer von außerhalb anzubieten haben, kann sie 10–14 Tage dauern.

«In vino cognitio» – Frankreich im Weine erkennend

Tu & Tabu:
Weintrinken

Tabu! In Frankreich heißt es, **mit den Gläsern stoße nur das einfache Volk an**, und zwar vorwiegend auf dem Lande. Sie sollten **Ihr Glas nicht klingen oder gar klirren lassen**, wo der dezente Ton des *comme il faut* herrscht. Die bürgerliche Zurückhaltung untersagt derlei überschäumende Emotionalität.

Tu! Sind Sie bei Russen oder gar Georgiern in die Schule des meisterhaften **Toasts** gegangen, so vergessen Sie unbedingt alles, was Sie dort gelernt haben. **In der Kürze liegt die Würze**. Mit diesem deutschen Sprichwort lässt sich umschreiben, wie man in Frankreich den guten Ton der **Tischreden** bewertet.

Tu! Sagen Ihnen die meisten Weinnamen auf der Karte eines Restaurants nichts, so **fragen Sie getrost den Kellner** um Rat. Er wird Ihnen einen guten, zu Ihrem Essen passenden Wein empfehlen. Gehen Sie mit französischen Bekannten oder Freunden aus, so vertrauen Sie sich diesen an.

Tu! **Zu Hause kostet selbstverständlich der Gastgeber den Wein.** Wenn nicht aufgrund anderer Merkmale eine Hierarchie unter Ihnen, den Männern, besteht, bzw. Sie als Laie Ihrem französischen Bekannten ohnehin die Leitung des Tisches überlassen oder Ihnen Formalitäten nur wenig bedeuten, so überantworten Sie im Regelfall dem **Ältesten** das Kosten des Weins.

Tu! Wenn Sie bei Freunden eingeladen sind, bei denen es **ungezwungener** zugeht, mag das ***santé*** **des Gastgebers** ausbleiben. (Es wird auf jeden Fall ausbleiben, wenn es, noch ehe Sie sich zu Tisch setzen, schon einmal zum Apéritif gesagt wurde!) Dann können Sie, sobald die Dame des Hauses zu trinken beginnt, zu Ihrem Glas greifen.

Tu! Sind Sie selbst der Gastgeber, so **füllen Sie die Gläser nicht mehr als bis zu zwei Dritteln**, maximal drei Vierteln, und **schenken Sie nach**, ehe ein Gast sein Glas geleert hat.

Tu! Hat man Ihnen als Gastgeber eine Flasche Wein mitgebracht, so **muss dieses Gastgeschenk im Laufe des Abends getrunken werden**.

Tabu! Zwar **verdünnen**, wie aus einer Umfrage hervorgeht, 38 von 100 französischen Weintrinkern ihren *rouge* mit Wasser – auf französisch heißt das: *couper son vin* –, doch gilt dies an vornehmen Tafeln als eine schwere Verletzung des Codex.

Tu! Denken Sie bei **Arbeitsessen** an die Wendung *entre la poire et le fromage* und **fallen Sie nicht mit dem Thema ins Haus**. Bedenken Sie aber auch, dass Ihre französischen Partner über espritvollen Unterhaltungen bei delikatem Essen und blumigen Weinen nur allzu leicht den eigentlichen Grund des Zusammenkommens vergessen. Die Folge: Nach einigen Stunden solcher Arbeitsessen zeigen sich oft beide Seiten von geringer Verhandlungsfähigkeit, wie Dolmetscher immer wieder amüsiert berichten.

Tabu! Treffen sich Studenten tagsüber zu einer Arbeitsgruppe im Café, so trinken Sie nie Alkohol, sondern Schokolade, Milchkaffee, Tee, *lait fraise* (Milch mit einem Schuss Erdbeersirup), Saft und ähnliches. Wenn Sie als Intellektueller wie Arbeiter **außerhalb der Mahlzeiten Bier oder Wein trinken**, mögen Ihre Kommilitonen oder Kollegen Sie für einen Alkoholiker halten.

Schattenspiel Weinherstellung auf der Mauer eines Gutshofes in Burgund

Tips für Gastgeber: Alkoholische Getränke

- **Servieren Sie leichte Weine vor schweren, Weine geringerer vor solchen höherer Qualität, junge Weine vor älteren.** Beachten Sie dabei eine **Ausnahme**: Ein mittlerer älterer Jahrgang wird vor einem guten jungen serviert.

- **Vermeiden Sie Dissonanzen beim Aufeinandertreffen von Rot-, Weiß- und Likörweinen:** Reichen Sie trockene Weine vor, süße hingegen nach den Rotweinen. Bieten Sie niemals zwischen zwei anderen Weinen (ob rot oder weiß) einen Likörwein an: Haben Sie beispielsweise zum *hors d'œuvre* einen Weißwein serviert, so bieten Sie zur Brühe keinen Portwein mehr an.

- Servieren Sie alkoholische Getränke **richtig temperiert**.

- **Sekt** und insbesondere **Champagner** können während des ganzen Essens gereicht werden. Servieren Sie in diesem Fall allerdings keine anderen Weine.

- **Stimmen Sie die Weine auf die einzelnen Gänge ab.**

- Beim **Käse**, von dem es (umstritten) heißt, er bringe das Bukett eines Weines besonders zur Geltung, bleibt man bei der Weinsorte, die zum Hauptgericht serviert wurde.

- Zum **Dessert** wird bevorzugt Champagner gereicht; jedoch eignen sich auch andere moussierende, Likör- oder Dessertweine, z.B. süße Rheinweine, *Sauternes* oder *Barsac*.

- Zum oder nach dem **Espresso** trinkt man keinen Wein mehr, sondern andere alkoholische Getränke: einerseits Liköre, andererseits Branntweine.

Tips: Apéritifs und Digestifs

Apéritifs und Digestifs sind überwiegend **Spirituosen**. In der Regel trinkt man sie in Frankreich in **geringen Mengen**. Kombinationen wie Ein-Bier-ein-Korn, und dies einen Abend hindurch und ohne entsprechende Essensgrundlage, werden Sie in französischen Cafés oder Bistros nicht finden. Dies und die Institution des *repas de famille* erklären, weshalb Sie nachts auf der Straße kaum «Schnapsleichen» begegnen. Franzosen **verteilen ihren Alkoholkonsum** besser **über den Tag**. Dass am Ende eines solchen Tages manch einer in den eigenen vier Wänden *paf*, *rond* oder *plein*, also *noir*, ist oder zumindest *éméché* («gelockert», «strähnig»), d.h. *gris*, versteht sich von selbst. Auch in Frankreich gilt ein Teil der aktuellen Wertediskussion den Leberwerten.

Les apéritifs

- Im **Alltag** sind **Bier** und ***panaché*** (Radler, Alsterwasser) als Apéritif recht verbreitet.
- Mancher ***vin doux naturel*** oder ***vin liquoreux*** (Süß- bzw. Likörwein) wird sowohl als Apéritif wie Digestif genommen.
- Zur Öffnung des Magens ist ebenso ein ***kir*** oder ***kir royal*** beliebt (trockener Weißwein bzw. Champagner mit einem Schuss schwarzen Johannisbeerlikörs).
- Doch die **Anisschnäpse** (*alcools anisés* bzw. auf provenzalisch *pastis*) nehmen mit Abstand den ersten Platz ein (und zwar nur versetzt mit Wasser, nicht mit Cola und Schlimmerem).
- ***Suzes***, um einen weiteren Apéritif aus dem unüberschaubaren Angebot zu nennen, wird auf der Basis von Enzian hergestellt.

Les digestifs

- Als erstes wären hier die Obstwässer und Weinbrände zu erwähnen, die *eau-de-vie* («Lebenswässer»): ***armagnacs*** und ***cognacs***, die aus Weißwein destilliert werden und als die edelsten unter den französischen

Digestif

Getränken **Qualitätsbezeichnungen** tragen: Drei Sterne bedeuten ein Mindestalter von 36 Monaten, *V.O.* und *V.S.O.P.* (*Very Old* bzw. *Very Superior Old Pale*, auf frz. auch *réservé*) ein Mindestalter von vier bis fünf Jahren; die nächsthöhere Stufe lautet für den *armagnac Q.S.* (*qualité supérieure*), für den cognac, der dann über zehn Jahre alt ist, *V.V.S.O.P.*

● ***Calvados*** heißt ein aus Apfelcidre gewonnenes Obstwasser. Bei großen Festgelagen erzeugen zwischendurch die Bewohner der Normandie mit seiner Hilfe das, was *trou normand* («normannisches Loch») genannt wird: Platz im Magen durch einen *calva* auf ex.

● Die **bescheideneren Wein- und Apelbrände** heißen ***fines***.

● ***Marc*** nennt man Branntweine, die fast überall in Frankreich aus **Trester** gewonnen werden.

● Schließlich stellt man unterschiedliche **Obstler aus Kernobst oder Beeren** her; ein Teil von ihnen trägt deutsch klingende Namen, denn sie werden überwiegend im Elsass und in Lothringen produziert: *quetsche* z.B. und *kirsch*.

● Neben den Weinbränden und Obstwässern sind als Digestifs **Liköre** beliebt, besonders wenn sie von grüner Farbe sind: die *chartreuses*, die aus *eaux-de-vie* und zahlreichen Kräutern hergestellt werden, *curaçao*, eine mit Orangenschalen aromatisierte *eau-de-vie*, und diverse Pfefferminzliköre. Andere kennen Sie aus den Verkaufsregalen Ihrer größeren Einkaufsmärkte.

● Abschließend sei noch vermerkt, dass Frankreich über eine **eigene Rumproduktion** verfügt – in seinen Übersee-Départements auf den Antillen, wo der Rum aus Zuckerrohr hergestellt wird.

Einkaufen dies- und jenseits der Überlebens-notwendigkeit

Tritt er aus dem gleißenden Licht eines dieser drückend heißen Augusttage, die nach Staub, schmelzendem Asphalt und Trägheit riechen und deretwegen die Pariser zu Vieltausenden die Stadt verlassen, in die klimatisierte Kühle und Schattigkeit des Printemps, der Samaritaine oder der Galeries Lafayette, so ist das erste, was dem Touristen in den Sinn kommen mag, der immer wieder in den Reiseführern gelesene Ausdruck «Paläste des Konsums».

«Paläste des Konsums»

Paläste – zweifellos. Doch wenn sich das Auge an das gedämpfte Licht gewöhnt, der Reisende einen ersten Blick hat schweifen lassen, ergreift ihn weniger die Gier des königlichen Prassens und Schwelgens in all diesem Luxus als ein Wunsch nach stiller Andacht. Was die Atmosphäre dieser Kaufhäuser prägt, ist derselbe **sakrale Pomp** wie in gotischen Kirchen. Zugleich wird die Atmosphäre getränkt von raffinierter Sinnlichkeit. Parfums und Kochtöpfe, Dessous und Kehrbesen, Abendgarderoben und Wandfarben, Pumps und Scheibenwischer, Echthaarperücken und Staubsaugerbeutel – alles wird dargeboten, als diene es allein der sublimen Verfeinerung des *savoir-vivre*. Überall wirken Lichteffekte, die Messingleisten in Gold oder schummrige Ecken in einen Haremsraum verwandeln. Inmitten all dieser Waren stehen Verkäuferinnen, die wie Luxusgeschöpfe aussehen, mit einem lasziven Blick zwischen Langeweile und Nonchalance; und die Musik, verhalten, klassisch, lässt den Betrachter zwischen Eroberungswillen und platonischem Genußwunsch schwanken.

Kaufkultstätten, in denen der Mephisto der Versuchung und Verführung Geschäftsführer ist

Diese Kaufhäuser, von denen es noch etliche in Paris und der Provinz gibt, entstanden seit den 50er Jahren des 19. Jhs. Sie waren (und sind) die Materialisierung einer bestimmten Idee des Verhältnisses von Notwendigkeit und Genießertum beim Einkaufen, wobei ein Mephisto der Versuchung und Verführung dieses Verhältnis erotisiert. Der Käufer sollte flanieren wie auf den großen Boulevards oder in den Einkaufspassagen *(passages couverts)*, aber statt durch ein Schaufenster von den Waren getrennt

«Kaufrausch»

zu sein, sollte er sich inmitten der Waren befinden; er sollte frei sein, absichtslos umherzustreifen, statt wie bisher ein Geschäft mit einem bestimmten Wunsch zu betreten. Aber natürlich sollte er nicht nur platonischer Betrachter bleiben: Zum Kauf wollte und will man ihn in diesen Kaufhäusern verlocken mit Raffinement – mit all den Verführungskünsten der Verkaufspsychologie und Warenästhetik. Heute sprechen die Kaufhäuser nicht nur den reichen Flaneur an, sondern das gesamte Volk, die Massen. Da darf alles etwas gröber und schreierischer ausfallen, da muss man nicht unbedingt den Seriencharakter verbergen. Um vieles mehr gilt dies für Verkaufseinrichtungen, wo statt mit Exklusivität mit statistischen Superlativen geworben wird: 73.700 qm Verkaufs- und Vergnügungsfläche auf fünf Etagen unter einem Dach – mit 15 Kinos, 1 Galerie, 2 Diskotheken, mit 180 Geschäften, 24 Cafés und Restaurants, 3 Kinderhorten, mit 3.000 Stellplätzen für Autos und vielem anderen mehr. Auf deutsch heißt dieses Kommerz-Babylon «Einkaufscenter», auf französisch ***centre commercial*** (die vier größten verbreiten sich über eine Fläche von 250–300.000 qm und befinden sich im Großraum Paris). Doch finden sich auch feinsinnigere Namen, wie etwa ***espace*** (Raum), was die Weite von Landschaften und Erlebnisräume suggeriert, oder ***forum***, was an die Marktplätze der altrömischen Städte erinnert, wo die Bürger zusammenkamen, um über Staatsangelegenheiten zu debattieren.

Das Exklusive wird «demokratisiert» und popularisiert.

Eine andere moderne Variante der «Paläste des Konsums» sind die ***hypermarchés*** – Super-Supermärkte = Hypermärkte von über 2.500 qm, die wie die entsprechenden Märkte hierzulande an Ausfallstraßen und Autobahnauffahrten auf der grünen Wiese stehen. Dort kann man mit Scannerstrichcode ausgepreiste und diebstahlgesicherte Lebensmittel en détail und en gros in riesige Einkaufswagen füllen, von der Lesepistole die Rechnung erstellen lassen und anschließend an 25 verschiedenen Kassen mit Kreditkarte bezahlen. Hat man alles in sein Auto gewuchtet, das unterdessen in der Werkstatt durchgecheckt und aufgetankt wurde, kann man noch einen Streifzug durchs Möbellager und die Fertighausausstellung unternehmen, ehe man sein Kind wieder aus dem *espace-enfants* (der Aufbewahrungsstelle für Kinder, wo garantiert pädagogisch geschultes Personal die süßen Kleinen betreut) abholt, um mit ihm noch im *fast* (-food-Restaurant) einen *macdo* (also eine der Leckereien der fast ebenso heißenden Kette) zu verzehren. Die größte Hypermarché-Kette in Frankreich heißt übrigens sinnreich *Mammouth* – eine Wiederbelebung des seit einer Million Jahren ausgestorbenen Tieres in Kastenform, plastikverkleidet.

Die Krönung des Einkaufserlebnisses: im «fast» einen «macdo» mampfen.

Zwischen der Mengenbevorratung und dem Exklusivkauf liegt der **Alltagseinkauf**. Den besorgen die Franzosen noch häufig in **kleinen Geschäften** in ihrem Wohn-, seltener ihrem Arbeitsviertel. Auf dem Nachhauseweg biegen sie in die Geschäftsstraße ein, die es in jedem Altstadtteil der großen und auch in den alten Kernen der kleinen Städte gibt.

Die ***rues commerçantes*** verwandeln sich auch in Frankreich nach und nach in Fußgängerzonen, wo Sie die euroweit bekannten Kleidungs-, Schuh- und Haushaltsmaschinenketten ebenso finden wie die nicht min-

Palast des Konsums

Fußgängerzonen

der bekannten Teilzeitarbeit- und Schnellimbissketten. Diese *rues commerçantes* beginnen ihr Leben zwischen 4 Uhr und 4.30 Uhr, wenn die Müllabfuhr über das Pflaster poltert. Um 5 Uhr, 6 Uhr hört man den Bäcker, den Zeitungshändler und den *patron* (Besitzer, Wirt) des Bistros, wie sie die Eisengitter vor ihren Läden beiseite- oder die Rolläden hochziehen. Aus den Großmarkthallen kommen in ihren Lieferwagen die Gemüse-, Blumen-, Fischladenbesitzer. Mit anderen Ladenbesitzern trinken sie am Bistrotresen einen Espresso oder einen *ballon de rouge* (ein Glas von den ballonrunden 0,1- oder 0,2 l-Gläsern mit Rotwein). Dann scheppert es auch vor ihren Läden vor Geschäftigkeit: Gitter werden beiseite- und ganze Ladentheken auf den Gehsteig geschoben; Kisten (Eisengeflecht oder Plastik) voller Leergut werden zur Abholung menschenhoch neben Selbstbedienungsläden auf dem schmalen Trottoir gestapelt; in den

Läden selbst, die vollgestopften Höhlen gleichen, türmen sich Waren aller Formen, Farben, Größen und Gerüche: Mehl und Waschpulver, Vakuumkäse und Zahnbürsten, Wäscheleinen und Konserven ... Pyramiden aus Obst und Gemüse werden auf rohen Brettern errichtet, die auf der Schwelle zwischen Gehsteig und einem lagerhallenartigen Raum auf Holzböcke gelegt wurden; die leeren Kisten landen donnernd auf der Straße; über diese Verkaufsstände ragt eine Markise mit der Aufschrift *primeurs* (Frühobst und -gemüse). In die offenen metallenen Kühlvitrinen beim Fischhändler wird klirrend Eis geschüttet, und darauf arrangiert er zahllose Arten von Fisch und Meeresfrüchten. In der *crémerie* werden Milch, Joghurt, Butter, die gegen Mitternacht angeliefert wurden, in die Kühlschränke geräumt und der Käse neu drapiert. In den Hinterräumen der *charcuterie* beginnt man mit der Zubereitung von Fertiggerichten, während zur Straße hin elsässisches Sauerkraut und Schinken aus der Auvergne dekorativ aufgebaut werden ...

Babylon der kleinen Einkaufswelt

Über dieser Arbeit wird es 8.30 bis 9 Uhr. Da und dort verkauft man schon eine Kleinigkeit, doch am regsten ist der Betrieb noch immer im Café. Erst gegen 10 Uhr kommen die Hausfrauen, die Rentner und Rentnerinnen, die Au-pair- und anderen Haushaltshilfen, die als erste diese kunstwerkartigen Arrangements der Lebensmittel und anderen Alltagswaren erblicken und deren Perfektion zu zerstören beginnen. (Gleichwohl wird sie in Momenten, wenn keine Kundschaft wartet, im Verlauf des Tages immer von neuem hergestellt.) Oder es trudeln diejenigen ein, die die ruhige Stunde zu einem Plausch mit «ihrer» Bäckersfrau oder «ihrem» Tierbedarffachhändler nutzen wollen. Um diese Zeit fließt im Rinnstein Wasser, in das der Straßenfeger Papier und andere Abfälle kehrt. Das Wasser trägt sie fort bis zu einer Stelle, wo ein Stück Tuch sie staut; dort werden sie später vom Straßenfeger auf eine kleine Karre verladen. Jetzt werden auch dem Fleischer neue Schweine- und Rinderhälften angeliefert. Vom Lieferfahrzeug in den Laden trägt sie ein Mann im rotfleckigen weißen Kapuzenkittel; er wirft sie sich über die Schulter wie der Matrose seinen Seesack.

Gegen 10 Uhr kommen die ersten Käufer, die die kunstwerkartigen Arrangements der Warenangebote zu zerstören beginnen.

Zwischen 11 und 13 Uhr herrscht Hochbetrieb – da drängeln und schieben sich die Leute wie auf dem Jahrmarkt. Danach beginnt eine **dreistündige Mittagspause**: Geschäfte mit Tür schließen diese ab; aber es gibt doch auch zahlreiche Läden, die fenster- und türlos gleich hinter den Eisenrolläden wie eine Garage gelegen sind und folglich keine Tür verriegeln können. Dort werden über die Verkaufstheken am Rande des Straßenraums Netze geworfen oder einige wertvolle Gegenstände angekettet. Selbst im nördlichen Frankreich liegt zwischen 13 und 16 Uhr über diesen Marktstraßen eine scheinbar von lastender 35°-C-Hitze erzwungene Siesta-Stimmung. Sommers steigert diesen Eindruck ein muffelnder Geruch nach Gemüsestrünken, Fischköpfen und anderen Abfällen.

Siesta-Stimmung auch im nördlichen Frankreich und im Winter

Ab 16 Uhr räkeln sich die *rues commerçantes* aus ihrem Mittagsschlaf, und es beginnt ein sich von Stunde zu Stunde steigernder Rhythmus, der sich **zwischen 18 und 19 Uhr zu nervösem und hektischem Gedränge** verdichtet, zu Ich-war-zuerst-da und Je-eher-bedient-desto-schneller-zu-

Haus. Und trotzdem findet man dazwischen immer wieder die, die für einen Schwatz in ihrem *quartier* (Stadtviertel) Zeit finden, die an einer Kasse stehen und mit der Kassiererin plaudern, geduldig ihren Satz unterbrechend, wenn ihr Gegenüber einem Kunden den Preis nennt mit *s'il vous plaît, Monsieur/Madame* und *merci, au revoir, Monsieur/Madame*.

Um 19.30 Uhr erst wird es stiller, werden die Läden eingeräumt, die Stände und Verkaufstheken auf der Straße abgebaut, leere Theken und Auslageflächen gescheuert und geschrubbt. Die Letzten sind immer die Verkäufer und Besitzer der Fleisch- und Fischläden. Sie schließen die Gitter oder Rolläden erst um 21 Uhr, wenn sogar schon im Bistro die Stühle hochgestellt und die Sägespäne verstreut werden. Als Allerletzte streunen die Clochards, gefolgt von den Hunden, durch die Gasse und wühlen in den Abfalltonnen. – Ach ja, und nach ihnen, gegen Mitternacht, kündet der Molkereilieferwagen, der durch die nachtschlafende Straße kriecht, von einem erneut kommenden Tag.

Tips & Knowhow

Einkaufen

- Frankreich kennt **keine Ladenschlusszeiten**. In der Regel halten die Geschäfte **dienstags bis samstags von 9–19.30** Uhr offen, wobei Sie immer mit einer **Mittagspause zwischen 13 und 15 Uhr** rechnen sollten. (Bei Kaufhäusern und Supermärkten dauert sie in der Regel kürzer, in den Marktstraßen länger.)

- Auch am **Sonntagmorgen** sind Geschäfte geöffnet, vorwiegend die in den *rues commerçantes*, in denen dann am **Montagmorgen** alles verschlossen bleibt. (Doch Vorsicht: einzelne Marktstraßen bleiben sonntags ganz geschlossen!)

- Da es keine staatlich festgeschriebenen Öffnungszeiten gibt, können Sie in den **Städten** immer kleine Lebensmittelläden, ***épiceries***, finden (meist von nordafrikanischen Händlern betrieben, weshalb die Franzosen sagen: «*On va acheter ça chez l'Arabe.*»), die **bis 22 Uhr**, gar **23 Uhr geöffnet** haben, auch an den **Sonntagen**.

- Eine ebenso erlebnisreiche Form des Einkaufens wie in den *rues commerçantes* bieten die **Märkte**. In **großen Städten** findet in jedem Viertel zwei- oder dreimal wöchentlich der *marché* statt – meist vormittags, und nahezu immer zählt der Sonntagmorgen dazu. In **kleineren Städten** mag es unter Umständen nur einen Markttag pro Woche geben.

- Manche **kleineren Städte**, deren Markt Mittelpunkt für eine weitere ländliche Umgebung bildet, veranstalten **einmal im Monat einen besonders großen Markt**. Dann reisen Imker an, die Akazien-, Thymian- und viele andere Sorten Honig anbieten; Töpfer, die abseits der Dörfer leben und die man gern (diesseits des Rheins allerdings häufiger als in Frankreich) als «Aussteiger» bezeichnet; Bauern, die einen außergewöhnlichen Käse herstellen; Kräutersammler, die alte Heilrezepte ken-

Straßenauslage (Krustentiere)

nen; und zahllose andere, die Kunterbuntes feilzubieten haben – dies mögen antiquarisches Mobiliar, Hasen und Kanarienvögel sein.

- Neben etlichen extravaganten Kaufhäusern und der Vielzahl an Märkten und kleinen Läden finden Sie in Frankreich dieselben Geschäftstypen wie hierzulande: **teurere, billigere und Billigstkaufhäuser und -supermärkte**.

- Kleidung, Elektroartikel und **Film- und Fotobedarf kosten erheblich mehr** als in D / CH / A. Als Tourist, der fotografiert, sollten Sie deshalb ausreichend Filmmaterial mitnehmen. Und wenn Sie für längere Zeit nach Frankreich gehen, lohnt es sich, bestimmte Gebrauchsgüter dorthin mitzunehmen. Erkundigen Sie sich bei Elektroartikeln aber vorher, ob Sie sie in Frankreich anschließen können: Mit Ihrem Farbfernsehgerät, das mit einem PAL-System ausgerüstet ist, können Sie beispielsweise die französischen SECAM-Bilder nicht empfangen.

Bezahlen

● In den **Supermärkten**, den **kleinen Selbstbedienungsläden** und den meisten **Kaufhäusern** zahlen Sie wie hierzulande: Man lädt in den Einkaufswagen oder -korb, was man erstehen möchte, und reiht sich dann zum Bezahlen an der Kasse ein.

● Anders in den meisten **kleinen Lebensmittelläden**, in **traditionsbewussten Geschäften** und in den **alten Kaufhäusern**; dort wird die Person, die Sie bedient hat, Ihnen einen Zettel mit den Einzelbeträgen aushändigen; diesen überreichen Sie an der Kasse. Die Kassiererin errechnet die Endsumme, stempelt den Zettel ab und reicht ihn mit dem Wechselgeld zurück. Jetzt können Sie Ihre Ware beim Verkäufer erhalten, sobald Sie ihm den Zettel gegeben haben.

● Franzosen hängen hin und wieder stark an Traditionen. Deshalb nennen sie noch heute bestimmte Geldbeträge – besonders, wenn es um große Summen geht, die noch größer erscheinen sollen – in **alten Francs** (wenngleich die Währungsreform auf das Jahr 1959 zurückgeht). Seien Sie also nicht verwundert, wenn jemand sich brüstet, er habe «diese Schrottkarre superbillig für nur 700.000 Francs» erstanden, oder wenn Sie auf dem Flohmarkt eine zwar schöne, doch wertlose Vase mit 3.000 Francs bezahlen sollen. In den letzten Jahren können Sie allerdings häufiger die Präzisierung ***anciens francs*** hören; auch ist die Variante, **den Betrag in Centimes auszudrücken**, beliebt geworden; dies gilt insbesondere für Fernseh- und Radiojournalisten, wenn sie der Öffentlichkeit mitteilen, was der eine oder andere gewonnen haben könnte, falls er beim Wetten auf die richtigen Pferde gesetzt hätte, bzw. wieviel Geld ein Bankraub den Räubern gebracht hat.

● Wenn es um **große Summen** geht – beispielsweise bei staatlichen Investitionen –, bedient man sich einer weiteren Hervorhebungsmöglichkeit: Man nennt den Betrag in **neuen Francs**, sagt aber nicht einfach *francs*, sondern ***francs lourds*** («schwere Francs»). (Weitere Geldbezeichnungen, die Franzosen häufig verwenden und die Sie kennen sollten, finden Sie im anschließenden Wörterbuch.)

● Als die **Centimes** – die neuen – noch mehr wert waren, befanden sich sowohl alte Ein- und Zwei-Francs-Stücke als Centimes wie auch Ein- und Zwei-Centimes-Münzen in Umlauf. Mittlerweile gibt es sie nicht mehr: Gegebenenfalls wird **auf- oder abgerundet**.

● So wie die Franzosen an der Tradition hängen, so schätzen sie auch Fortschritt und Modernität. Deswegen **zahlen sie ständig mit Schecks** – selbst Summen von 50 oder 100 Francs, was die Warteschlangen an den Kassen erheblich verlängert. Franzosen tragen beständig zwei, drei Scheckhefte bei sich. Leben Sie für längere Zeit in Frankreich, so müssen auch Sie sich an diese Zahlungsweise gewöhnen, denn **Einzugsermächtigungen** gibt es nicht. **Daueraufträge** können Sie erteilen; Franzosen aber nehmen diese Möglichkeit nicht wahr, sondern begleichen Strom-, Gas-, Btx-, Telefonrechnung, Miete und sonstige Fixkosten allmonatlich (bzw. zweimonatlich) mit Scheck.

● Zudem haben die Franzosen das **Kundenkarten- und Kreditkartenwesen** bereitwillig angenommen – mit der Folge, dass manche Konsumenten so hoch verschuldet sind, dass es ihr Jahreseinkommen übersteigt. 1990 musste deshalb ein besonderes Gesetz verabschiedet werden, das diesen Menschen hilft, dem Kreislauf von Umschuldung und Höherverschuldung ohne Schuldturm zu entkommen. – Wenn Sie **Kreditkarten** oder wenigstens **Euroschecks und/oder Eurocards** besitzen, so heißt man Sie damit überall willkommen. Aber anders als in den USA kommen Sie noch gut ohne diese Plastikkärtchen zurecht.

Tips & Knowhow

Kleines Wörterbuch des Geldes

la monnaie: Kleingeld, Wechselgeld

le fric: Kohle

le pognon: Knete

des sous: Kröten. Ein Sou ist eine alte französische Münze und kommt deshalb nicht nur in der Umgangssprache der Jungen, sondern auch in den Redewendungen der Alten vor.

une brique: (wörtlich: «ein Backstein») = 1 Mio. alte bzw. 10.000 neue Franken, also 10 Riesen

des balles: (wörtlich: «Kugeln»). Mit den Eiern verhält es sich besonders verflixt: Bei **niedrigen Summen** werden häufig alte Francs gemeint (z.B.: *Est-ce que tu peux me donner cent balles?* – Kannst du mir einen – neuen – Franc geben?), bei **höheren Summen** dagegen eher **neue** (also würde man im Falle der Schrottkarre sagen: *J'ai payé ce tacot 7 milles balles*).

Kleines Wörterbuch der Markennamen für Gebrauchsgegenstände

Wie in allen Ländern hat es sich auch in Frankreich eingebürgert, statt des eigentlichen Begriffs bei bestimmten Produkten den Markennamen zu verwenden. Deshalb sollten Sie folgende Bezeichnungen kennen:

des boules Quies: Ohropax, Lärmstopp

l'aspéro:	Medikament auf Aspirinbasis
le doliprane:	Schmerzmittel
un kleenex:	ein Tempo
le tampax:	o.b.
le ricils, le rimmel:	Wimperntusche
un bic:	ein Kuli
du scotch:	Tesafilm, Uhu
le post-it:	Haft-Notizen, Post-it
un tampon Jex:	Stahlwolle
le sopalin:	Küchenkrepp
le tupperware:	verschließbares Plastikgefäß
l'eau de Javel:	Allesreiniger
le mir:	Spüli
le ronron:	Kitekat
le canigou:	Hundefutter
le frigidaire:	der Kühlschrank (auch frigo)
la rustine:	Fahrradflicken
le delco:	Batteriezündung
la mobylette:	Mofa
le bottin:	Telefonbuch (mittlerweile mit Hinzufügung auch für andere Nachschlagewerke, so etwa: *Le Bottin gourmand*: Der Almanach des Feinschmeckers)

Riten des Alltags – Haushaltsführung

Eine Anleitung (nicht nur für Au-pair-Kräfte)

Alltägliche kleine Unterschiede

Das Unsinnlichste im Leben der Franzosen sind ihre Betten.

Das Unsinnlichste im Alltagsleben der Franzosen sind ihre Betten – die, merkwürdigerweise, außerhalb des Hexagons unter der Bezeichnung «**Französische Betten**» eine Zeitlang der letzte Schrei werden konnten. Wenn Sie einmal zu zweit in einem französischen Hotelbett eine Nacht verbracht haben, sich an der Bettkante festklammernd, um nicht gegen den kalten oder verschwitzten Rücken des Partners in der Mittelkuhle zu rollen, das Oberlaken zwischen die Zähne geklemmt, damit der andere es Ihnen nicht mit einer schlaftrunkenen Bewegung entziehen kann, den Kopf pausenlos verdrehend, in der Hoffnung, so vermeiden zu können, von dieser Stopfwurst, die sich Kopfkissen nennt, einen steifen Nacken zu bekommen. Und immer wieder im Halbschlaf nach der Überdecke rudernd, die wie magnetisch angezogen ständig zu Boden gleitet. Wenn Sie einmal eine solche Nacht verbracht haben, wissen Sie, woran Franzosen wirklich leiden – und ihre Haushaltshilfen, die allmorgendlich, indem sie das gordische Laken- und Deckenknäuel glatt über das Bett breiten und sodann die überlappenden Enden unter die Matratze stopfen, eine Art Zwangsjackenschlafsack herstellen, in den die Franzosen sich zwar abends hineinquetschen, doch sobald sie das geschafft haben, heben sie abwechselnd die Beine und den Oberkörper an, bis das Ganze wieder frei flottiert. Deshalb schwärmen Franzosen von Federbetten; gleichwohl wusste noch kein Unternehmer diese Marktchancen zu nutzen.

Unerfüllter französischer Bett-Traum: Federbetten

Sollten Sie **bei Franzosen privat zu Gast** sein oder als **Au-pair-Kraft** in einer Familie angestellt, so werden Sie auf mehr Ungewohntes stoßen als nur diese Betten; Sie werden vermutlich bestimmte Haushaltsgegenstände vermissen, andere hingegen nicht kennen, Sie werden etwas suchen und es nicht finden, Sie werden unter Umständen sogar eine Ihnen übertragene Arbeit nicht recht auszuführen wissen.

Tips & Knowhow

Einige Suchhilfen für die Küche

- **Wenn Sie den Kaffee suchen**, öffnen Sie nur den Kühlschrank: dort steht wahrscheinlich eine mit einer Wäscheklammer verschlossene Packung – beides (Kühlschrank und Klammer) dient dem Aromaschutz.
- Den **Käse** dagegen werden Sie bestenfalls im Hochsommer im Kühlschrank finden, ansonsten in der Speisekammer, vor dem Fenster oder in einem anderen Raum oder Eckchen, wo die Temperatur zwischen 10 und 18° C liegt.
- Der **Salat**, falls er schon gewaschen ist, befindet sich in der Salatschleuder.

- Das **Baguette** könnte in ein Küchenhandtuch eingewickelt sein, wodurch es sowohl vor dem Austrocken als auch vor einer allzu schnellen Verwandlung in zähes Pappmaché geschützt werden soll.

- Wenn Sie ***porte-couteaux*** (Messerbänkchen) neben die Teller aufdecken sollen, so müssen Sie nach kleinen Glas- oder Silberblöckchen Ausschau halten; sie dienen zum Ablegen des beim Speisen benutzten Bestecks (wobei die Gabel mit den Zinkenspitzen nach unten zeigt) und liegen rechts neben den Tellern.

- Suchen Sie nicht nach einem unbedingt **passenden Deckel für einen bestimmten Kochtopf**: Deckel und Topf werden in Frankreich meist getrennt verkauft.

- Statt eines **Toasters** können Sie einen schlichteren *grille-pain* verwenden – ein pfannenähnliches Gebilde aus Metall, das von einem Rost überzogen ist, auf den man das Brot legt, um es bei kleiner Flamme auf dem Gasherd zu toasten …

Als Au-pair-Mädchen in Paris

Als Au-pair-Kraft in Frankreich

Vermittlung von Au-pair-Stellen

Es bestehen zahlreiche Organisationen, besonders in Paris, die bei der Vermittlung von Au-pair-Stellen behilflich sind. Zudem können Sie an verschiedenen Orten (z.B. im Goethe-Institut) Annoncen von Familien finden, die eine Haushaltshilfe oder einen Babysitter suchen.

Sollten Sie ohne die Hilfe einer Organisation eine Stelle finden, so beschaffen Sie sich dennoch Informationen darüber, wie das **Arbeitsverhältnis** gestaltet werden darf, denn unter Umständen entstehen darüber krasse Meinungsverschiedenheiten.

Schließen Sie nach Möglichkeit einen **Arbeitsvertrag** ab. **Grundsätzlich gilt**: Ihnen dürfen keine schweren Arbeiten zugemutet werden (dazu zählt auch das Putzen der Böden und Fenster). Sie haben Anspruch auf einen freien Tag pro Woche. Sie haben ein Recht auf Arbeitszeiten, die es Ihnen ermöglichen, Ihr Studium oder Ihren Sprachunterricht zu absolvieren. Die Arbeitszeit ist abhängig davon, ob Sie ein Taschengeld erhalten und/oder die Mahlzeiten inbegriffen sind, und schwankt zwischen 1,5 und 3 Stunden täglich; die Familie muss darüber hinaus für Sie eine **Sozialversicherung** abschließen.

Die wesentlichen Konfliktpunkte

Die wesentlichen Konfliktpunkte: Immer wieder werden junge Frauen (überwiegend sind es Frauen, doch gelingt es auch Männern, eine Au-pair-Stelle zu finden) zur Betreuung von Kindern eingestellt; womöglich kommt es aufgrund unterschiedlicher Auffassungen von Erziehungsmethoden zu Auseinandersetzungen. Versuchen Sie nach Möglichkeit, schon beim **Einstellungsgespräch** eine Vorstellung über die Wünsche Ihrer zukünftigen Arbeitgeber zu gewinnen.

Manchmal heißt es auch: «mit kleiner Haushaltstätigkeit». Fragen Sie nach, was dies einschließt – ob zum Beispiel die Zubereitung des Abendessens für die Kinder, die ganze Familie oder aber auch Tätigkeiten gemeint sind, die eine zweite Kraft erledigen sollte: ob Ihnen also eventuell zwei Stellen aufgebürdet werden.

Besteht Ihre Arbeit in der **Haushaltsführung**, so klären Sie zuvor, welche Arbeiten Sie zu verrichten haben. Achten Sie besonders darauf, dass es nicht eine Putzfrauentätigkeit ist.

Von einer Person, die zur **Kinderbetreuung** eingestellt wird, erwartet die Familie häufig, dass sie mit in die Ferien fährt. Wollen Sie diese Zeit anders verbringen, so erwähnen Sie dies frühzeitig, am besten schon bei der Einstellung.

Familienanschluss – Vorteile und Nachteile

Wenn dann noch Ihr Zimmer innerhalb der Wohnung Ihrer Arbeitgeber liegt, mag es vorkommen, dass Sie eher als Familienmitglied denn als Arbeitskraft behandelt werden. Mögen Sie das, so finden Sie nicht nur familiäre Geborgenheit, sondern sicherlich auch Möglichkeiten, weitere Menschen kennenzulernen, die in dieser Familie verkehren: Großmütter und andere Verwandte, Freunde und Bekannte; dann haben Sie Zugriff auf Fernsehen, Video, Radio, Telefon usw. (soweit vorhanden). Doch die Kehrseite könnte sein, dass Sie hie und da und vielleicht allzu oft um einen Sonderhilfsdienst gebeten werden (etwa in dieser Art: «Sie sind doch heute abend ohnehin zu Hause; vielleicht könnten Sie mit einem Ohr nach den Kindern hören – wir wollen ins Kino gehen!»).

Bei Unterbringung in der Wohnung kann es leicht vorkommen, dass Ihnen allerlei **Vorschriften** gemacht werden: kein Herren- bzw. Damenbesuch nach 18 Uhr; oder gar: keine Musik, nicht rauchen u.a.m. Besprechen Sie dies unbedingt im Vorhinein.

Kinder: Objekte der Erziehung

Als Au-pair-Mädchen in einer Lyoner Familie

Sie sind eine frischgebackene Abiturientin, später einmal wollen Sie Französisch studieren, jetzt leben Sie als Au-pair-Mädchen in einer Lyoner Familie. Angestellt wurden Sie zur Betreuung von Monique, 7, und Frédéric, 4 Jahre alt. Die Eltern hatten beim Einstellungsgespräch Ihren **Aufgabenbereich** umrissen: «Sie müssen die Kinder um 16.30 Uhr von der Schule abholen. Unterwegs kaufen Sie den beiden einen Croissant und für das Abendessen ein Baguette. Bei schönem Wetter gehen Sie mit den Kindern eine halbe Stunde im Park spazieren. Zu Hause können Sie mit den beiden spielen, und Sie sollten darauf achten, dass Monique ihre Hausaufgaben erledigt. Im Fernsehen dürfen die beiden sich die Kindersendungen anschauen. Wenn wir gelegentlich spät nach Hause kommen – das sagen wir Ihnen vorher –, sollten Sie den beiden ein einfaches Essen zubereiten, eine Suppe, etwas Kartoffelbrei. Mehr brauchen Sie nicht zu tun.»

Das hatte einfach geklungen. Weil Sie noch nie Kinder betreut haben, fällt Ihnen erst im Laufe der Arbeit auf, dass man Kinder auch **erziehen** muss. Kaum sind Sie mit den beiden allein zu Hause, klettert Frédéric, den Mund verschmiert vom *pain au chocolat* (Schokoladencroissant), auf einen dieser wankenden konkaven Plastikhocker *(tabourets)*, die in allen französischen Küchen stehen, und angelt aus dem oberen Küchenregal eine Packung Kekse, die er im Handumdrehen verschlingt. Am nächsten Tag machen Ihnen die Eltern Vorhaltungen und bitten Sie, fortan darauf zu achten, dass der Junge nicht zu viel nascht. Von nun an entziehen Sie ihm die Süßigkeiten und lösen bei ihm Tobsuchtsanfälle aus. Dabei rutscht Ihnen einmal versehentlich die Hand aus. Er rächt sich an Ihnen und petzt seinen Eltern, was Sie getan haben. Noch am selben Abend ernten Sie erneut Vorwürfe, während der Junge siegesstolz die Kekse verzehrt, die ihm seine Mutter zum Trost in die Hand gedrückt hat.

Solche und ähnliche Szenen spielen sich immer wieder ab: wenn es um einen für Kinder nicht geeigneten Fernsehfilm geht, um das Aufräumen des Kinderzimmers, um Moniques Hausaufgaben, ums Essen, ums Schlafengehen. Und wenn Sie sich bei Diskussionen mit den Kindern auf Verbote oder Aufträge der Mutter berufen, so erwidert das jeweilige Kind: «Aber *papa* hat's mir erlaubt.»

Oder Sie hören: «Aber *mémé* hat gesagt, ich darf das.» (*Mémé*, das ist die Großmutter, genauer: Oma. Sie passt am Mittwochnachmittag auf die beiden auf, wenn schulfrei ist.) **So viele Betreuer, so viele Erziehungsmethoden:** Eltern, Oma, jedes Jahr ein wechselndes Au-pair-Mädchen, die Lehrerin und, wenn die Kinder einen Musik- oder Sportzirkel besuchen, noch der eine oder andere *animateur*. Selbstverständlich wird nicht jedes Kind von einer solchen Vielzahl von Personen betreut. Jedoch kann es gerade Ihnen als Au-pair-Kraft widerfahren, dass Sie auf diese Knirpse stoßen, die, weil ihre Eltern so viel beschäftigt sind, sich zu besonders cleveren Sachverwaltern ihrer eigenen Bedürfnisse entwickelt haben. Diese Kinder lernen im Handumdrehen, Lücken und Nischen zu finden, um sich an den Vorschriften vorbeizudrücken, um die Autoritäten trickreich gegeneinander auszuspielen – eine Fähigkeit, die sich bis zum Erwachsenenalter zur débrouillardise gemausert hat, was sich unzulänglich mit «Trickserei» oder «Pfiffigkeit» übersetzen lässt.

«Débrouillardise» – Kinder sind pfiffige «Trickser»

Vom Säuglingsalter an rundum betreut

Zahlreiche Einrichtungen erleichtern den Alltag berufstätiger Mütter.

Haben die französischen Männer sich auch kaum emanzipiert und liegt die Versorgung der Kinder in den Händen der Frauen, so erleichtern doch zahlreiche Einrichtungen mehr als hierzulande den Alltag berufstätiger Mütter. Gleich nach dem Schwangerschaftsurlaub können Sie schon die Kleinsten staatlicher Obhut anvertrauen. Sie können dabei zwischen **Krippen** *(crèches)* oder einer *garde à domicile* (einer Betreuung der Kleinkinder durch **Tagesmütter**) wählen. Und schon im Alter von zwei Jahren können Sie Ihr Kind, sofern es sauber ist, in der **Vorschule** *(école maternelle)* anmelden.

Wenn Sie sich als berufstätige Frau in Deutschland bereits bei der Frage, ob sich Arbeits- und Familienleben vereinbaren lassen, ob Sie überhaupt ein Kind in die Welt setzen sollen, den Kopf zermartern, dann besänftigen Sie womöglich nach der Geburt Ihr nagendes schlechtes Gewissen durch eine «neue Mütterlichkeit», eine zärtliche Hingabe, die Sie so nie von Ihrer eigenen Mutter empfangen haben, die nach dem Krieg noch ihr ganzes Leben, zumindest Berufsleben, Ihnen opferte. Kommen Sie nach Frankreich, so werden Sie erstaunt feststellen, dass die Fragestellungen, die Sie bewegen, dort unbekannt sind und zahlreiche andere **feministische Forderungen** ebenso wenig erhoben werden. 75% der Frauen im Berufsalter gehen einer Arbeit nach; mit vier Jahren besuchen bereits 87%, mit fünf Jahren 98% der Kinder staatliche oder private Vorschulen.

75% der Frauen im Berufsalter gehen einer Arbeit nach.

In diesen Einrichtungen, einer Mischung aus Kindergarten und Vorschule, lernt Ihr Kind auf spielerische Weise: ohne Zwang, allerdings unter ständiger Anleitung und Aufsicht. Man bemüht sich, die Individualität eines jeden Kindes zu fördern, wenngleich Klassenstärken von 25 bis 35 Kindern eine gewisse Disziplin verlangen, die schon die Fünf- und Sechsjährigen grundlegend von den vergleichsweise wildwüchsigen Kids aus (west)deutschen Kinderläden unterscheidet. Während diese in Begleitung ihrer ringelpullovrigen und neongrünhaarigen weiblichen wie männlichen Erzieher rotznasig und rotzfrech durch städtische Busse und Bahnen, Schwimmbäder und Parks toben, laufen jene in Zweierreihen und einander bei den Händen fassend ordentlich und leise durch die Welt der Erwachsenen.

Vorschule

Rund um die Uhr beaufsichtigt und angeleitet, eignen die Kinder sich schon früh ein ernsthaftes Wesen an. Auf uns wirken die französischen Vor- und ABC-Schüler manchmal wie kleine Erwachsene. Mitunter erinnern sie sogar an Bilder aus dem 19. Jh., aus einer Zeit, in der die Idee des Kindseins nicht existierte. Sehr früh werden hier die Grundsteine gelegt für **sozialkonformes Verhalten**, auf das auch der gesamte Schulunterricht bis hin zu den Universitäten und den Lehrlingszentren ausgerichtet ist. (Kommen Sie aus Ostdeutschland, werden diese Kinder Ihnen

Kindsein ist eine ernsthafte Aufgabe.

Französische Vor- und ABC-Schüler wirken häufig ernsthaft wie kleine Erwachsene.

vielleicht vertrauter erscheinen als die westdeutschen. Und wenn Sie an einer französischen Universität studieren, werden Sie den Erfolg dieser Erziehung an Ihren Kommilitonen verwundert beobachten können.)

«Chahut» – Rebellion gegen die Ernsthaftigkeit von Kindheit und Jugend

Diese Ernsthaftigkeit wird allerding nie konsequent durchgehalten. Wie ein Kessel unter Überdruck muss von Zeit zu Zeit Luft abgelassen werden. Mittels *chahut*. Laut Wörterbuch bedeutet dieser Begriff, der etymologisch mit «Katzengeschrei» verwandt ist: Tumult, Lärm und insbesondere Krawall von Schülern, die gegen einen Lehrer protestieren. Meist handelt es sich um harmlosen Ulk, Jux, um Schülerstreiche.

Wenn aber ein Lehrer wirklich unbeliebt ist, wird der *chahut* zum Aufruhr. Und sollten Sie als Au-pair oder *assistant* (Assistant teacher) sich plötzlich als Zielscheibe eines solchen *chahut* wiederfinden, so müssen Sie sich als talentierter *débrouillard* erweisen, um die Rebellen mit «Trick siebzehn» erneut für sich einzunehmen. Oder Sie benötigen Nerven wie Drahtseile, denn der Boykott wird Tage andauern. Anders, als das Wörterbuch vorgibt, ist das Ulken keineswegs auf die Schulzeit begrenzt. Auch im Berufsleben sollten Sie als Chef oder Chefin darauf gefasst sein, dass Ihre Mitarbeiter Ihre Autorität mit *chahut* zu untergraben versuchen, um Ihnen damit ihre Unzufriedenheit zu signalisieren.

Tips & Knowhow

Kinderbetreuung

- Trotz der wesentlich besseren Infrastruktur im Vergleich etwa zu (West-) Deutschland mangelt es auch in Frankreich an Krippen- und Kindergartenplätzen und an Personal, weshalb, ähnlich wie hierzulande, Eltern für **private Betreuung** tief in die Tasche greifen.

- Neben Krippen, Tagesmüttern, Kindergärten und Vorschulen bietet sich Eltern die Möglichkeit, **Kinder unter sechs Jahren** für Überbrückungszeiten der Obhut von ***haltes-garderies*** zu überlassen. Schon zwei Monate alte Babys können Sie, während Sie zum Beispiel einkaufen gehen, in diese **Horte** bringen, die sehr oft am Marktplatz zu finden sind. Morgens und abends und/oder am Mittwochnachmittag werden dort auch die Vorschulkinder gern betreut.

- Eine ähnliche Einrichtung ist die ***crèche parentale***, eine junge, staatlich anerkannte Elterninitiative, die erste dieser Art im Hexagon.

- Wenn Sie als nicht berufstätige Mutter **für ein paar Stunden** dringend eine Betreuung für Ihr Kind brauchen oder als berufstätige Frau eine **vorübergehende Ganztagsbetreuung** (weil z.B. Ihr Kind krank ist), so gehen – allerdings vorzugsweise in Paris – verschiedene staatliche und gemeinnützige Einrichtungen unmittelbar auf Ihre Wünsche ein, etwa *S.O.S. Urgences Maman oder Grand-Mères occasionnelles.*

- **Nachbarn**, die selber Kinder haben, helfen in Betreuungsnotfällen bereitwillig aus.

- Gehen Sie mit älteren Kindern für längere Zeit nach **Paris**, ein Wechsel in eine französische Schule aber erscheint schwierig, dann können Sie Ihr Kind im **deutschfranzösischen Gymnasium** anmelden.

Tu & Tabu: *Anleitung für Au-pair-Kräfte*

Tu! Wenn Sie als Au-pair-Kraft zur Betreuung von Kindern angestellt werden, so bedenken Sie: Libertäre Spuren, die die antiautoritäre Erziehung bei uns hinterlassen hat, werden Sie in den Erziehungsmethoden der französischen Mittelschicht, bei der man Sie angestellt hat, nicht finden. Vielmehr **beruht die Erziehung auf einer nicht rigiden Strenge**. Es setzt schon mal einen Klaps auf den Hintern *(une fessée)* oder eine Ohrfeige *(une gifle)*, zu denen **Sie** allerdings nicht berechtigt sind. Damit nicht genug, hat der *martinet* überlebt. Das ist eine kleine Kinderpeitsche, die, so werden Ihnen alle Franzosen bestätigen, nicht wirklich weh tue, aber bei Familien ab drei Kindern eingesetzt werde.

Tabu! Gleichzeitig jedoch werden die Kinder auf eine **nicht verhätschelnde Weise verwöhnt**. Seien Sie hierin als Au-pair allerdings zurückhaltend. Ein *bisou* (Kuss in der Kindersprache) hie und da als Geste der Zärtlichkeit reicht.

Tu! Erziehen Sie die Kinder, wie es Ihnen richtig erscheint. In Frankreich misst man einem klaren, einheitlichen Erziehungskonzept nicht dieselbe Bedeutung bei wie bei uns. Und da französische Eltern ihre Kinder der Obhut unterschiedlichster Institutionen und Personen anvertrauen, **akzeptieren sie** selbstverständlich auch **verschiedene Erziehungsmethoden**.

Tu! Denken Sie zugleich daran, dass, wer auch immer die Kinder betreut, im Vordergrund stets die Heranbildung sozialkonformen Verhaltens steht. Diese **Anpassungspädagogik** ist allerdings keine bornierte Methode.

Schüler: Ein Beruf mit Überstunden

Sophie Martin ist ein stilles und ernstes zwölfjähriges Mädchen mit großen, wachen Augen. Obwohl Sophie mit Beginn der Pubertät hoch aufschoss und spindeldürr erscheint, ist sie nicht nervös und zappelig. Wenn sie ruhig am Tisch sitzt und mit aufmerksamen Ohren und ruhigem Blick den Diskussionen zwischen ihren Eltern und den Gästen folgt, spüren die Erwachsenen, dass diesem Kind nichts entgeht. Wir würden Sophie zunächst für scheu halten, aber allmählich verstehen, dass sie sich wie die meisten französischen Kinder verhält. Sie spricht nur dann, wenn sie gefragt wird, und antwortet in einer **wohlerzogenen Höflichkeit**, auf die man bei uns ab den frühen 70er Jahren weniger und weniger Wert legte.

Fragt man Sophie nach ihrem Leben, so gibt sie selbstbewusst Auskunft. Sie sei im dritten Jahr auf dem *collège* (Gesamtschule). Sie lerne sehr leicht und langweile sich manchmal im Unterricht. Deshalb hätten sie und ihre Eltern beschlossen, dass sie im übernächsten Jahr nicht auf das normale staatliche Gymnasium überwechseln, sondern in Paris das Lycée Henri IV besuchen sollte. Zu diesem Zweck ziehe sie zu ihrer Tante.

Sophie überlegt ihren Werdegang.

Sophie streicht sich eine Haarsträhne aus der Stirn, die sich aus ihrem dicken dunkelblonden Zopf gelöst hat. Wenn sie spürt, dass man ihr zuhört, spricht sie weiter: «Das Problem am *collège* ist, dass die guten und die schlechten Schüler alle zusammen sind. Die ersten sind ja schon weggegangen, die schlechtesten, in die berufsvorbereitenden Klassen. Aber es gibt immer noch gute und schlechte. Ich interessiere mich für Kunst, und wenn ich mich langweile, zeichne ich: den Lehrer, die Klassenkameraden oder ähnliches. Zur Zeit male ich Pferde. Ich mag Pferde. Mittwochs gehe ich auch in einen Kunstzirkel, und ich nehme an dem freiwilligen Kunstkurs in der Schule teil. Das ist toll. Aber doof ist, dass ich kein Kunstabitur machen kann. Dann kann man ja nur Kunst und so was studieren. Und wenn man später kein Künstler wird, hat man keinen Beruf. Der Leiter im *atelier* sagt, ich sei gut, aber ich bin ja noch jung, und vielleicht werde ich nie richtig gut. Es ist besser, ich lerne richtig am Henri IV und mache ein Mathe-Abitur; dann kann ich alles studieren. Obwohl ich Physik und Mathe und all das langweilig finde. Das macht mir gar keinen Spaß.»

Sie fährt fort: «Ich muss auch gut Sprachen lernen. Meine Schwester – die im Internat ist –, also, die war schon mal in Deutschland. Sie sagt, eine Sprache lernt man nur im Land. Ich lerne Spanisch, aber die Lehrerin sagt, es gibt keinen Schüleraustausch mit Spanien. Seit diesem Jahr habe ich noch Chinesisch, als Wahlpflichtfach. Aber meine Eltern sagen, ich soll Englisch lernen, weil man Englisch immer mehr braucht. Aber der Sprachunterricht ist sowieso schlecht bei uns. Meine Schwester meint, in Deutschland können die Schüler viel besser Englisch. Eigentlich mag ich nur Kunst. Am Sonntag gehen wir mit meinen Eltern immer ins Museum ...»

Sophie wohnt mit ihren Eltern (der Vater ist Elektroingenieur, die Mutter Musiklehrerin) in einem kleinen Dorf, eine halbe Autostunde von La Rochelle entfernt. Sie steht morgens um 6.15 Uhr auf, duscht, kleidet sich an, trinkt eine Schokolade; um kurz nach 7 Uhr geht sie aus dem Haus zur nahegelegenen Schulbushaltestelle: Bis mit diesem, wie es auf französisch heißt, *ramassage scolaire* (wörtlich: «Schuleinsammlung») alle Schüler der Umgegend eingesammelt und nach La Rochelle an die Gesamtschule gebracht sind, ist es 8.30 Uhr. Zurück kommt Sophie gegen 16.30 oder gar erst 17 Uhr: In Frankreich besuchen die Kinder vom Vorschulalter an die Ganztagsschule, lediglich am Mittwochnachmittag haben sie frei, doch dann geht Sophie nach dem *collège* in ihr *atelier d'arts plastiques*. Mit diesem privaten Kunstzirkel und ihrem freiwilligen Wahlfach Kunst kommt Sophie auf 34,5 Wochenstunden – und zwar Zeitstunden. Hausaufgaben muss sie an sich nicht erledigen, aber faktisch schreibt sie doch täglich etwa anderthalb bis zwei Stunden Unterrichtsmitschriften noch einmal sauber ab, lernt sie Vokabeln oder bereitet sich auf eine Arbeit vor (*interrogation* oder kurz: *interro*). Auf ihrem wöchentlichen Arbeitsplan stehen also **rund 45 Stunden**: eine Vollzeitstelle mit Überstunden.

Ganztagsschule

Ob sie spiele? «Ja, manchmal ein bisschen mit der Katze, wenn ich vorm Fernseher sitze. Und samstags gehe ich reiten.» Ob sie eine **Freundin** habe, mit der sie etwas unternehme, die zu ihr zu Besuch kommt oder die sie besuche? «Ja, Marie, sie geht mit mir in den Kunstzirkel, und wir sitzen in der Schule nebeneinander. Und manchmal fährt Marie mit uns nach Paris, wenn wir dort in ein Museum gehen. Aber besuchen tun wir uns fast nie. Marie wohnt in La Rochelle, und ich fahre ja nach der Schule nach Hause. Nur manchmal bleibe ich zum *goûter* bei Marie, wenn *maman* in La Rochelle zu tun hat und mich mit dem Auto mitnehmen kann.» Selbstverständlich sind nicht alle Kinder wie Sophie. In den Satellitenstädten verläuft ein kindlicher Werdegang meistens weniger geplant und behütet. Dort ist für viele Kinder die Lebenssituation von Anfang an verfahren. Doch kann Sophie als ein typisches Beispiel für die Kinder der Mittel- und Oberschicht gelten, die nahezu alle gleichermaßen ruhig, fleißig, zukunftsorientiert ihren Weg gehen. Diese Kinder wirken immer leicht erschöpft, überarbeitet wie ein Erwachsener, der sich der Karriere zuliebe keine Pause gönnen kann. Über die **Nachteile eines solch belastenden Schulsystems** wird in Frankreich zyklisch immer wieder heftig diskutiert, doch letztendlich bleibt – Schulreformen hin oder her – alles beim Alten.

In den Satellitenstädten verläuft ein kindlicher Werdegang meistens weniger geplant und behütet.

Pauken in den Sommerferien

Tips & Knowhow

Französisches Schulsystem

- In Frankreich bestehen **öffentliche** und **Privatschulen**. 17% der französischen Schüler besuchen Privatschulen, die in der Mehrzahl der katholischen Kirche unterstehen. Daneben finden sich einige wenige jüdische und protestantische sowie konfessionell nicht gebundene schulische und vorschulische Einrichtungen. Die meisten dieser Privatschulen haben einen «Assoziationsvertrag» mit dem Staat geschlossen, d.h. dieser trägt einen Teil der Kosten, dafür respektieren die Schulen die staatlichen Schulpläne.

- In der **Schulpolitik** tragen seit dem 19. Jh. zwei verfeindete Lager einen Kampf aus: Im 19. und beginnenden 20. Jh. versuchte die Kirche als Anhängerin der Monarchie in ihren Schulen einen antirepublikanischen Geist heranzuziehen, während die Verfechter der Republik die staatlichen Schulen als Instrument zur Zurückdrängung des kirchlichen Einflusses nutzten. Seit der Zeit nach dem II. Weltkrieg kristallisiert sich im Tauziehen um die Stellung des *enseignement libre* (Bildungsfreiheit) der ideologische Kampf zwischen dem rechten und dem linken politischen Lager. Der jüngste Höhepunkt in dieser Auseinandersetzung wurde 1982/83 nach der Wahl der sozialistisch-kommunistischen Regierung erreicht. Mit dem Argument, die *laïcité* – die strikte **Trennung von Staat und Kirche**, wie sie in der Verfassung verankert ist – im Bildungsbereich endlich durchzusetzen, gedachte die Regierung, Privatschulen in öffentliche umzuwandeln. Das Projekt scheiterte am geballten Protest der Eltern.

- Nicht der Wunsch, ihre Kinder katholisch erziehen zu lassen, veranlasste die Eltern zu diesem Protest. Ebenso war eine liberale oder konservative politische Einstellung von geringer Bedeutung. Ihr Widerstand gründete sich vielmehr auf das **Prestige** und **höhere Bildungsniveau der Privatschulen**. Dieses Renommée genießen die Privatschulen gewiss zu Recht, und sei es allein deshalb, weil sie vorwiegend Kinder aus der Mittel- und Oberschicht ausbilden, denn Privatschulen kosten eine nicht geringe Summe Geld. So bleiben die Kinder, denen aufgrund ihres familiären Hintergrunds das Lernen ohnehin leichter fällt, unter sich. Kinder von weniger bildungsbeflissenen bzw. finanziell schwach gestellten Eltern landen deshalb in der Regel in den staatlichen Schulen. Dort unterstützt man Kinder mit Schulschwierigkeiten zwar durch Förderkurse *(cours de soutien)*, doch hat sich eine **Politik der Chancengleichheit** in Frankreich als nahezu folgenlos erwiesen, während sie hierzulande die Zahl von Arbeiterkindern unter den Abiturienten und Studenten deutlich ansteigen ließ. Dazu trug zweifellos der Umstand bei, dass in Deutschland durch die Nazis die traditionelle Bildungsschicht teilweise zerschlagen wurde, während sie in Frankreich bis heute intakt blieb, Bildung gewissermaßen als Mitgift den Kindern in die Wiege gelegt wird.

- In Frankreich endet die **Schulpflicht** im Alter von 16 Jahren. Schüler, die wiederholt sitzen geblieben sind, verlassen deshalb häufig **ohne regulären Schulabschluss** die vierjährige Gesamtschule *(collège)*. Sie werden zum Teil in **berufsvorbereitenden Klassen** aufgefangen, die ihnen den Übergang in eine Berufsschule erleichtern sollen.

- **Schulisch schwachen Kindern von betuchten Eltern** wird selbstverständlich in zahlreichen Privatschulen die Möglichkeit gegeben, ihren Rückstand aufzuholen und doch noch den ihrer Schicht gemäßen Einstieg in das Berufsleben zu schaffen.

- Früher einmal glich das ***Lycée*** unserem Gymnasium. Seit Ende der 50er Jahre schrittweise die Gesamtschule eingeführt wurde, heißen aber nur noch die drei zum Abitur führenden Klassen – also die Sekundarstufe 2 – *Lycée*. Doch auch die Berufsschulen tragen diesen Namen: *Lycées d'enseignement professionnel*.

- In der Sekundarstufe 2 führen Pflicht- und Wahlpflichtfächer auf das jeweils gewünschte **Abitur** hin. Zum Abitur (*baccalauréat*, meist kurz *bac* genannt) führen unterschiedliche Zweige, und **nicht jede Abiturprüfung ermöglicht den Zugang zu allen Studienfächern**; insofern lassen sich einige Abiturarten mit der hiesigen Fachhochschulreife vergleichen. Die Abiturprüfung im Fach Französisch wird schon am Ende der *première* abgelegt, und im letzten Schuljahr ist für alle Schüler Philosophie Pflichtfach. Im zentralistischen Frankreich schreiben sämtliche Abiturienten eines bestimmten Faches an ein- und demselben Tag eine Klausur zum selben Thema. Die Namen der erfolgreichen werden alljährlich in *Le Monde* veröffentlicht.

● Das **Schuljahr** ist in Frankreich in **Trimester** eingeteilt. Schüler, denen am Ende des *année scolaire* mitgeteilt wurde, sie seien **nicht versetzt**, können nach den Sommerferien eine Art Aufnahmeprüfung in die nächsthöhere Klasse ablegen und so vielleicht doch noch versetzt werden.

● Ferientage gibt es in Frankreich etwa so viele wie in der Bundesrepublik, doch sind die **Ferien** anders verteilt: Die Sommerferien umfassen 2,5 Monate, von Ende Juni bis Anfang September; 14 Tage jeweils dauern die restlichen Ferien: über Weihnachten und Neujahr, die Winterferien im Februar und die Frühjahrsferien, die unabhängig von den Osterfeiertagen immer im April liegen. Um den Straßenverkehr während der *départs* und *rentrées* (Hin- und Rückreisen) in die Ferienorte etwas zu entlasten, hat man Frankreich in den 70er Jahren in **drei Zonen** aufgeteilt, in denen die Ferien jeweils leicht zeitversetzt beginnen und enden. Doch sind die Feriendaten, anders als hierzulande, insgesamt Jahr für Jahr nahezu identisch.

● Früher **zählte man die zwölf Schulklassen** «rückwärts»: Das erste Schuljahr hieß demnach elfte Klasse. Heute werden die fünf Grundschuljahre Vorbereitungs-, Elementar- 1 + 2 und Mittelstufe 1 + 2 (*cours préparatoire*, *cours élémentaire* 1 + 2, *cours moyen* 1 + 2) genannt. Die herkömmlichen Bezeichnungen verwendet man mit Beginn der sechsten Klasse *(sixième)* in der Gesamtschule, wobei das letzte Gymnasialjahr *terminale* (Abschlussklasse) heißt.

● Das **Benotungssystem** reicht von 20 bis 0 Punkten, wobei man ab 10 Punkten abwärts eine Prüfung nicht bestanden hat.

Lernen statt leben: Studium und Berufsausbildung

Studieren wie zu Großvaters Zeiten: Die Universitäten

Alma mater Sorbonne

Es sind altehrwürdige Räume in der Sorbonne: holzgetäfelt, mit Engeln, Wolken, Jagdszenen, die die Decken der Auditorien zieren. Die Vorlesungssäle steigen steil an, und doch scheint der Professor auf dem Podest hinter dem Katheder die Studenten zu überragen. Aber so wirkt es nur auf die 17-, 18jährigen Erstsemester. Tatsächlich ist der Professor, von fern oben und weit hinten betrachtet, ein kleines Männchen. Wenn Sie von einer Schule oder Hochschule in D / A / CH auf eine französische Universität kommen, werden Sie nicht recht begreifen, was hier vor sich geht. Alle Studenten sitzen konzentriert auf ihren Plätzen, vor sich Blätter Papier und drei verschiedenfarbige Stifte. Flink wie Stenografen schreiben sie mit, indes besser als diese gelingt es ihnen, zugleich noch Überschriften zu unterstreichen und Wichtiges nach einer Ihnen unbekannten Hierarchie rot oder grün zu markieren. Doch trotz des Tempos stenografieren sie nicht, sondern verwenden nur für manche Wörter Abkürzungen. Wenn Sie einmal solche Mitschriften miteinander vergleichen, werden Sie verblüfft feststellen, dass die Kommilitonin aus Paris dieselben Abkürzungen verwendet wie der Kommilitone, der aus irgendeiner Provinzstadt stammt: ss steht für *sans*, pb für *problème* usw.

Protokollanten der Wissenschaft

Am Ende der Vorlesung packen alle ihre Stifte, Hefte und – kaum zu glauben – Karteikarten ein und verlassen den Saal. Niemand stellt eine Frage, der Professor hat auch nicht dazu aufgefordert. Statt dessen sitzen sie gemeinsam in der viel zu kleinen Bibliothek und besprechen flüsternd diese oder jene Passage aus dem fotokopierten Unterrichtsmaterial. Die offenen Fragen werden sie in der zweistündigen Übung stellen, in der die Assistentin nach der Hausaufgabenkontrolle eine Stunde lang Detailinformationen **diktiert**, ehe sie in den letzten zwanzig Minuten neue Hausaufgaben ebenfalls diktiert, die wiederum zu Beginn der nächsten Sitzung durchgesprochen werden. In jeder dritten Übung wird eine kleine Prüfung *(contrôle continu)* abgehalten: Rund ein Dutzend Noten kann man auf diese Weise über das Studienjahr verteilt sammeln und dadurch die **Endprüfung** umgehen, die man zum Erhalt eines Scheins *(unité de valeur, UV)* ablegen muss. Zwölf Scheine, die man in zwei (maximal drei) Jahren erreichen soll, ergeben eine **Zwischenprüfung** *(DEUG)*, noch einmal vier eine *licence*, mit der man zum **Magister** zugelassen wird.

Niemand stellt eine Frage, der Professor hat auch nicht dazu aufgefordert.

Erst im Licence-Jahr schreiben die Studenten Arbeiten, die den Seminararbeiten an unseren Universitäten ein wenig ähneln: Im Grundstudium ist eigenständiges Denken nicht gefragt, nicht einmal bei den *dissertations* (Aufsätzen). Mit diesen dissertations sollen die Studenten nicht lernen, (Sekundär-) Literatur unterschiedlichster Quellen darzustellen, zu verschränken und zu bewerten; vielmehr dienen sie allein dazu, die Gestaltung eines bestimmten Gedankens zu üben. Übt man also bei uns mit Pro-

Im Grundstudium ist eigenständiges Denken nicht gefragt.

seminararbeiten den Umgang mit **Inhalten**, so erlernt man in Frankreich mittels *dissertation* den Umgang mit der **Form**.

Auch wird französischen Studenten im Verlauf des gesamten Studiums nicht vermittelt, wie man Quellenarbeit betreibt, Literatur zu einem Thema findet, bibliographiert usw. Wird nicht spezielles Unterrichtsmaterial verwendet, so erhalten die Studenten eine Leseliste. Diese Bücher und Lehrmaterialien liegen in bestimmten Buchhandlungen aus, deren Name und Adresse den Studenten von den *profs* genannt wird. Bücher aus Bibliotheksbeständen werden auf der Leseliste mit Signatur verzeichnet.

Wissen fressen die Studenten in Grundstudium und Licence-Jahr kritiklos. Sie «assimilieren» vorgekaute Inhalte und Methoden. Und sie fressen es gut: Sie malmen und malmen jede Freistunde hindurch in der Bibliothek, an den Abenden und Wochenenden zu Hause. Sogar in der U-Bahn, für die sie sich mit den Karteikarten wappnen: Eine Karteikarte zum Pauken von Vokabeln, Fachtermini oder Definitionen lässt sich in der überfülltesten Bahn auch dann noch vor die Nase halten, wenn ein Buch oder Heft längst nicht mehr umgeblättert werden kann. Über so viel Rationalität und Arbeitsökonomie kann jeder Deutsche nur staunen.

Wissen fressen, schlucken und widerkäuen die Studenten in Grundstudium und Licence-Jahr kritiklos.

Doch noch mehr werden Sie staunen, wenn Sie im Hauptstudium erfahren, dass das anstrengende Studium an der Sorbonne gar nicht das einzige ist, das manch einer Ihrer Kommilitonen absolviert. Da sind einige zusätzlich an der *Ecole normale supérieure* immatrikuliert, jener *grande école*, die Lehrer ausbildet.

So ist es nicht verwunderlich, wenn Sie als ausländischer Student in Frankreich das Gefühl gewinnen, Ihre Mitstudierenden verschöben das Leben auf später: Sie tun es. Deshalb – unter anderem, natürlich – finden Sie kaum jemanden, der abends oder am Wochenende etwas mit Ihnen unternimmt. Deshalb gibt es nur diese schwach entwickelte studentische Kultur: kaum Wohngemeinschaften, keine Studentenkneipen, wenige Clubs ... Nur selten gehen französische Studenten gemeinsam ins Kino oder treffen sich zu einer *bouffe* (d.h. kochen zusammen). Dafür sind allerdings die viermonatigen Ferien, sofern man in der *session de juin* (Juniperiode) alle Prüfungen bestanden hat und sie im September nicht wiederholen muss, wirkliche Ferien (nicht etwa «vorlesungsfreie Zeit»), in denen französische Studenten nichts anderes tun als Urlaub machen.

Schwach entwickelte studentische Kultur

Durch **wohlorganisiertes und diszipliniertes** – aber nicht preußisch-strenges – **Lernen** werden die Kinder, Jugendlichen und jungen Erwachsenen vom Kindergarten bis zur Universität recht systemkonform herangezogen. Das Aufbegehren des Individuums gegen die Institutionen Schule und Universität und gegen die Familie (die das Heranwachsen hierzulande stärker prägt) bleibt aus. Dies leistet starren Ausbildungsstrukturen Vorschub – bis sie eines Tages als derart veraltet und einschränkend empfunden werden, dass ein **Protest** hervorbricht, dessen Heftigkeit die Streiks und Demonstrationen bei uns weit übertrifft. Dafür steht bis heute symbolhaft der Mai '68, und die revolteartigen Aktionen gegen verschiedene Hochschulreformen vor wenigen Jahren haben erneut bewiesen, wie jäh Zorn und Unzufriedenheit sich entladen können.

Starre Ausbildungsstrukturen

Französische Studenten sind ehrgeizige bis verbissene (Kopf-) Leistungssportler.

Tips & Knowhow

Universitäten

Die französischen **Universitäten** haben über Jahrhunderte und bis in die Gegenwart hinein andere Entwicklungen durchlaufen als etwa die deutschen Universitäten. Sie galten gegenüber den *grandes écoles* und den Elitegymnasien als minderwertige Ausbildungsstätten. Um die Wende der 50er zu den 60er Jahren, als in Frankreich ein rasanter Industrialisierungsprozeß einsetzte, schienen sich die beiden Universitätssysteme anzunähern. Auf der Suche nach immer höher gebildeten und besser qualifizierten Kräften förderte man den Zugang breiter Schichten zur Universität. Die Auseinandersetzungen des Mai '68 führten zur Umgestaltung der veralteten Strukturen, die den neuen Bedürfnissen nicht mehr entsprachen, und zur Neugründung von Universitäten, vor allem in den größeren Provinzstädten.

Doch die Anpassung an die veränderten gesellschaftlichen und wirtschaftlichen Erfordernisse war noch nicht abgeschlossen, da begann mit der ökonomischen Krise Mitte der 70er Jahre das allmählich erworbene **Prestige der Universitäten in den Augen der Industrie erneut abzubröckeln** – eine Situation, die sich mit den technologischen Entwicklungen der 80er und 90er Jahre weiter verschärft hat.

Der **Konflikt, in dem sich die Universitäten befinden**, liegt darin, dass sie einerseits Menschen auf ein Berufsleben vorbereiten, d.h. ein enges, hochspezialisiertes, letzten Endes reduziertes Wissen vermitteln sollen. Damit würden sie affirmativ gesellschaftlichen Interessen dienen. Sie selbst setzen sich andererseits traditionell zur Aufgabe, ein bestimmtes Wissen, «nationales Erbe» genannt, zu bewahren und weiterzugeben. Ein Wissen, das als objektiv notwendig für den Fortbestand der französischen Nation angesehen wird. Sie sind also den humanistischen universellen Bildungsidealen verpflichtet.

Natürlich kennen diesen Konflikt auch andere Länder. Dort, etwa in der Bundesrepublik, wird er allerdings häufig innerhalb der Universitäten ausgetragen. In Frankreich ist dies um so weniger möglich, als neben den Universitäten die ***grandes écoles*** bestehen, die traditionell schon deshalb eine Konkurrenz darstellen, weil sie die zukünftige staatstragende Elite ausbilden. Daher **fließen erhebliche staatliche Mittel in diese Eliteuniversitäten, während die Universitäten finanziell schlecht ausgestattet** sind. Infolge all dessen zeigen die französischen Universitäten noch heute im wesentlichen ein Profil wie zum Jahrhundertbeginn:

- Der Studiengang ist, wenngleich mit leichten Abweichungen je nach Universität, insgesamt äußerst **verschult**. Nach wie vor überwiegt der Frontalunterricht; selbst die sogenannten «Übungen» *(travaux dirigés)* verlaufen nach der Art von Vorlesungen.

- Zwar bestehen weder Aufnahmeprüfungen noch Numerus clausus, doch müssen sich die Studenten **regelmäßigen Prüfungen** unterziehen, mit denen Jahr für Jahr eine Auslese vorgenommen wird. Weniger als ein Drittel der Studienanfänger gelangt bis zur *maîtrise* oder einem *DEA*.

- An französischen Universitäten wird noch heute **wenig Forschung** betrieben. Zwar wurden 1966 neue Studienabschlüsse eingeführt, die *maîtrise* (Magister) und das *doctorat de 3ème cycle* (Doktorarbeit). Doch die wichtigen Forschungen finden an speziellen Instituten statt, z.B. am *CNRS*.

- Obwohl man sich in den letzten Jahren bemüht hat, Studienabschlüsse mit Berufsprofil zu schaffen, erfahren in Wirtschaft, Industrie und im Sozialbereich **Universitätsabschlüsse meist geringere Wertschätzung als die Fachhochschulabschlüsse** der *IUT*.

• Die **Führungsschichten** im **Staatsapparat**, in den politischen **Parteien** und im **Management** werden weiterhin nicht an den Universitäten, sondern in den grandes écoles herangebildet.

Die Bezeichnung *université* dürfen Sie nicht leichtfertig mit dem deutschen Begriff «Universität» gleichsetzen. Sie bedeutet vielmehr «Hochschule», denn **viele** der französischen ***universités* umfassen nur zwei, drei Fachbereiche**. So erklärt es sich auch, weshalb es in Paris 13 «Universitäten» gibt.

Die **Sorbonne** ist die älteste und, im Hinblick auf ihre Lehrmethoden, zugleich die konservativste Universität. Auch politisch hat sie sich durch die Jahrhunderte immer wieder gegen neue Denkanstöße gestemmt. Heute wird sie von **Paris II-Assas** rechts überholt. Politisch und methodisch diametral entgegengesetzt sind die Universitäten **Paris VIII-St.-Denis** und **Paris VII-Jussieu**. International genießt St.-Denis, ehemals Vincennes und eine Gründung in der Folge des Mai 1968, einen ausgezeichneten Ruf, da dort solch berühmte Professoren wie Foucault, Lacan, Macciocchi, Lyotard, Châtelet, Meschonnic u.a. unterricht haben oder unterrichten. In Frankreich dagegen haftet dieser Universität der Ruch eines linken Wespennestes an. Dort erreiche selbst noch ein Pferd das dritte Studienjahr. (In den Endsiebzigern soll dort tatsächlich ein Pferd immatrikuliert gewesen sein.) Dagegen finden Sie als Studienabgänger der Sorbonne mühelos eine Anstellung: Man wird Ihren Fleiß, Ihren Respekt vor der Hierarchie und Ihre rundum konservative Bildung zu schätzen wissen.

Die ***Instituts universitaires de technologie (IUT)*** bieten eine zweijährige praxisbezogene Ausbildung im Wirtschafts-, Industrie- und Sozialbereich. Sie sind den jeweiligen Fachbereichen an den Universitäten angegliedert, doch ist in den *IUT* die Aufnahme beschränkt. Zwar ähneln die *IUT* unseren Fachhochschulen, doch genießt als Studienabschluss der *brevet de technicien supérieur (BTS)* häufig einen besseren Ruf als mancher Universitätsabschluss, etwa die *licence*.

Nichtabiturienten können nach einer Aufnahmeprüfung an den *IUT* ein **reguläres Studium** aufnehmen, an der Universität von St.-Denis nach einer fünfjährigen Berufstätigkeit sogar ohne Aufnahmeprüfung in allen Fachbereichen.

Zahlreiche Universitäten bieten die Möglichkeit eines **Fernstudiums**, Paris VIII-St.-Denis auch ein **Abendstudium**.

Auch im Hochschulbereich bestehen **nichtstaatliche Fakultäten**, so etwa die *Instituts catholiques*, die nicht nur Theologen ausbilden, sondern darüber hinaus sogenannte «profane Disziplinen» anbieten: Ökonomie, Recht, Politologie, französische Sprache und Literatur, Philosophie.

Die Kopfleistungssportler oder: Das *Concours*-Prinzip

Henri ist seit dem Kleinkindalter geistiger Stabhochspringer. Noch ein paar gelungene Flyaways und er wird auf dem weichsten aller Sprungkissen landen: auf einem bequemen ledernen Staatssekretär – oder Managersessel. Mit elastischem Sprungstab wird er aus dem Milieu, in das er von Kindesbeinen an gebettet war, noch höher federn. Ein Großvater war Professor für Philosophie, der andere Straßenbauingenieur, eine Großmutter Pianistin, die andere (eine Emigrantin aus Sowjetrußland, bei der er zeitweise aufwuchs) zwar ohne Beruf, doch höchst gebildet: belesen, musisch geschult und an Naturwissenschaftlichem interessiert. Sein Vater ist leitender Angestellter, seine Mutter «nur» Gymnasiallehrerin (doch hat auch sie eine Eliteausbildung durchlaufen).

Familiäre Grundausstattung für Karriere

Henri wuchs zweisprachig auf. Russisch sprach er mit der Großmutter und im katholischen Kindergarten Französisch. Mit vier Jahren spielte er ausgezeichnet Klavier und konnte schon ein wenig lesen, weshalb man ihn im Alter von fünf Jahren einschulte. Aber die staatliche Schule unterforderte ihn, und so setzte er sich eigenhändig zum ersten Mal die Sprunglatte höher, indem er an eine der renommiertesten Privatschulen ging. Von dort wechselte er als einer der besten Schüler seines Jahrgangs an das Lycée Louis-le-Grand, das wie Henri IV im 5. Arrondissement von Paris liegt, in unmittelbarer Nähe der Sorbonne. Die beiden zählen zu den berühmtesten Elitegymnasien, von denen es noch einige in der Provinz gibt. Henri IV bereitet auf die *grandes écoles* für Lehrer und Hochschullehrer vor, Louis-le-Grand auf die Elitehochschulen für Wirtschaft, Verwaltung und Politik. Jedoch reicht es nicht, an einem der Elitegymnasien die drei Jahre Sekundarstufe 2 erfolgreich abzuschließen, um in eine *grande école* aufgenommen zu werden. Man muss zudem zwei Jahre in so genannten **classes préparatoires** hart pauken, um sich auf die Aufnahmeprüfungen vorzubereiten. Im allgemein verbreiteten Jargon heissen diese Vorbereitungsklassen *hypocagne* und *cagne*, eine ironische Anlehnung an *cagneux* (faul).

Fünf Jahre Elitegymnasium und Vorbereitungsklassen bedeuten geistigen Dauerwettkampf.

Diese fünf Jahre Elitegymnasium und Vorbereitungsklassen bedeuten, einen geistigen Dauerwettkampf anzutreten. Dieser verlangt mehr als den Ehrgeiz, persönliche Spitzenleistungen zu erbringen. Er setzt zugleich die Bereitschaft voraus, andere auszustechen und zu übertrumpfen, mit ihnen einen «Wettkampf» *(concours)* aufzunehmen, noch ehe Wirtschaft und Staat dies fordern. Über die im Lehrprogramm vorgesehenen Fächer hinaus wird von den Schülern erwartet, das **Angebot an freiwilligen Wahlfächern** auszuschöpfen. Neben dem eisernen Willen, das Lernen dem Leben vorzuziehen, müssen die Schüler die Bereitschaft mitbringen, sich weitgehend von der Außenwelt zu isolieren. Als beste, wenn auch nicht zwingende Methode bietet es sich an, *interne* (Internatsschüler) zu sein.

«Non vitae, sed scholae discimus.»

Henri, der die Ingenieursausbildung gewählt hat, spricht neben Russisch noch Englisch, er verfügt über vertiefte Kenntnisse in Griechisch und Latein und ist in Philosophie bewandert. Dennoch hat er im ersten Anlauf die **Aufnahmeprüfung** *(concours)* zur *école polytechnique* nicht bestanden.

Concours heisst u.a.: Prüfung, Wettkampf, Leistungsschau. Zum «Wettkampf» muss man nicht nur für die Zulassung zu einer Elitehochschule antreten. Auch die **Abschlussprüfungen** der *grandes écoles* (*agrégation*

Für Liebe bleibt häufig erst nach dem Stress des Studiums Zeit.

bzw. *C.A.P.E.S.*) sind *concours*. Und wählt man die Beamtenlaufbahn in den *grands corps* (den obersten staatlichen Behörden), so werden Eintritt wie Aufstieg ebenfalls durch *concours* entschieden, die sich **classement** (Klassifizierung, Erstellung einer Rangliste) nennen. Dieser Begriff ist den Beamten schon aus ihrer Schulzeit vertraut: Da wurde trimesterweise klassenintern und jahrweise jahrgangsintern jedem Schüler ein Ranglistenplatz zugeteilt.

Den *concours* unterscheidet von unseren Prüfungen, vom Staatsexamen oder der Diplomprüfung, und macht ihn zu einem tatsächlichen Wettkampf, dass nicht jeder die Prüfung besteht, der unter Beweis gestellt hat, dass er über ein bestimmtes Wissen verfügt. Vielmehr bestehen die Prüfung jedes Jahr nur so viele Kandidaten, wie Stellen frei sind, also die «**Allerersten**».

Nicht der objektive Leistungsnachweis zählt, sondern die Rangliste.

Weiterhin wird nur begrenzt selbständiges Denken verlangt. Beim *concours* wird ein zuvor festgelegter Wissensbereich abgefragt. Welche Kenntnisse in der kommenden Prüfungsperiode gefordert werden, legen genau ausformulierte Programme fest. Anhand dieser Programme werden die Prüflinge in speziellen staatlichen und privaten Einrichtungen (wie den *classes préparatoires* und den *grandes écoles*) vorbereitet.

Selbst von den «Allerbesten» wird nur begrenzt selbstständiges Denken verlangt.

Muß bei uns ein angehender Lehrer sich mit Pädagogik befassen und zwei Jahre in einem Referendariat eine harte Didaktikausbildung durchlaufen, so werden die siegreichen *Concours*-Teilnehmer zum Unterrichten abkommandiert, ohne allzu häufig eine Schule anders als aus der Froschperspektive des Schülerpults gesehen zu haben. Ebensowenig haben die Abgänger der Verwaltungshochschule für längere Zeit eine Behörde und Abgänger der Ingenieurhochschulen Industriebetriebe und ähnliche Einrichtungen von innen betrachtet.

Les grandes écoles Zuchtanstalten der Nation

Michèle ist 26 Jahre alt und hat seit einem halben Jahr zum ersten Mal einen Freund. Seit zwei Jahren schon Gymnasiallehrerin für Deutsch, unterrichtet sie nun auch an der Universität. Sie hat die *Ecole normale supérieure*, eine der Elitehochschulen für zukünftige Lehrer, besucht. Jetzt, da der Dauerhochleistungssport hinter ihr liegt und sie einen gesicherten Arbeitsplatz hat, «schiebt sie», wie sie selber sagt, «eine ruhige Kugel» *(je me la coule douce)*, obgleich sie noch an einer Doktorarbeit schreibt. Jetzt, da der Streß hinter ihr liegt und sie einen Partner hat, mit dem sie sich wohlfühlt, kann sie zugeben, was sie all die Jahre angetrieben hat – vom *bac C* (dem prestigereichsten Abitur mit Schwerpunkt Mathematik) über die Vorbereitungsklassen für die *normale sup* bis zur *agrégation* (dem Abschluß-*concours* dieser Elitehochschule): die Angst vor dem Leben oder, wie sie sagt, «die Angst, das Leben in Angriff zu nehmen».

«Hamsterrad»-Stress aus Angst vor dem «Draußen» des Lebens

«Natürlich war es Streß. Ich würde sogar sagen, Fontenay glich einem Zuchthaus. Ich habe das Internat nur verlassen, um sonntags *maman* zu besuchen (wobei ich auch zu Hause noch geochst habe). Aber weisst du, es war so bequem, so schön sicher. Wir wurden ja rundum versorgt: Vom Klopapier bis zum Essen in der Kantine stand im **Internat** alles zur Verfügung. Und wir erhielten ja schon ein richtiges Gehalt, über 6.500 Francs im Monat. Dazu das Wissen, später mit Sicherheit eine Stelle zu erhalten. Nun gut, in den ersten fünf Jahren können sie uns in der Provinz herumschicken, sonst verlieren wir unser Anrecht auf eine Stelle, aber immerhin ... Sieh mal, du fängst an zu studieren und weisst schon: mit etwas Glück wirst du später mal Hochschuldozentin.

Eh oui. Und weisst du, die Männer, die haben mir schon immer Angst gemacht ... na ja, Menschen überhaupt. Ich glaube, dass viele von uns Spätentwickler in seelischer Hinsicht sind. Die Frage ist nur, was ist Ursache und was Wirkung: Waren wir von Anfang an Spätentwickler und hatten wir von klein auf Angst vor der Welt und haben deshalb Bestätigung in hohen intellektuellen Leistungen gesucht? Oder haben wir uns verspätet entwickelt, weil wir nur mit dem Lernen befaßt waren ...? Nun gut, natürlich spielt da auch ein soziales Erbe mit. Wenn du lauter Intelligenzbestien zu Verwandten hast, darfst du doch kein Versager oder Faulpelz sein. Wer wird dich dann noch mögen und anerkennen ...?»

Heute findet sich Michèle zurecht im Leben, vielleicht, so scheint es, sogar besser als andere, die ihre *éducation sentimentale* schon in der frühen Pubertät erfuhren. Das Werkzeug, um ihren Weg im Leben zu finden, hat sie nicht zuletzt an der *normale sup* erhalten.

Ziel der Elitehochschulen: Erwerb eines bestimmten Habitus' und Elitebewusstseins

Die **Elitehochschulen** legen bei ihrer Ausbildung nicht nur Wert auf die Aneignung eines erlernbaren, vorgegebenen Wissens. Es geht zudem, und zwar ganz wesentlich, um den Erwerb, ja die Assimilierung eines bestimmten Habitus.

Zunächst müssen die Studenten das Bewußtsein verinnerlichen, dass sie die künftige wissenschaftliche, geistige und politische Elite des Landes bilden werden und hierin in einer Ahnenfolge stehen. Die Verkettung der Generationen erfolgt durch die Weitergabe eines Wissenskanons, über das Bewahren von Traditionen und durch **Protektion** beim Einstieg in den Beruf (Laurent Fabius beispielsweise, der mit 36 Jahren Premierminister wurde, war ein Protégé Mitterrands). Auf diese Weise entsteht ein Korporationsgeist. Die *Grande-école*-Abgänger eines bestimmten Jahrgangs bilden eine Art Loge, deren einzelne Mitglieder sich gegenseitig Posten zuschanzen.

Als nächstes erfahren die *agrégatifs*, dass zum Elitestatus auch ein bestimmter Habitus gehört. Er umfaßt die Art, sich zu bewegen und zu benehmen, die Kleidung, Höflichkeitsformen ... und natürlich das *savoir-dire* (das Zu-reden-Verstehen).

Und wiederum vor allem wichtig: «savoir-dire»

In der Tat erlernen die Studenten der *grandes écoles* das *savoir-dire*, und sie werden daraufhin geprüft. Wissen allein gleicht einem Klumpen unförmigen Tons. Zu reden verstehen bedeutet, diesen Ton zu gestalten, wobei es nicht nur darauf ankommt, eine formvollendete Plastik aufzustellen.

Der Schaffensprozeß selbst muss dem Zuhörer-Zuschauer transparent gemacht werden. Dies geschieht durch die Art und Weise des Kontakts, den der Redner zum Publikum aufbaut.

Wenn Michèle einen Vortrag, auch vor großem Publikum, hält, sitzt sie, mit dezenter Eleganz gekleidet, ruhig und aufrecht da. Sie hat Lampenfieber, das gibt sie hinter vorgehaltener Hand zu. Doch der Zuhörer im Publikum merkt nichts davon. Sie hat gelernt, Angstvibrationen in ihrer Stimme und nervöse Ticks (etwa das Hin- und-Herrutschen auf dem Stuhl oder das Wippen mit dem Fuß) zu beherrschen. Sie spricht nicht zu schnell und nicht zu langsam und fast ohne abzulesen. Ihr Vortrag folgt dem klassischen Dreischritt: eine Neugier erweckende Ouvertüre; das Kernstück, in dem sie ihre Ideen entfaltet; ein Schluss, der einerseits aus einem kurzen Resümee besteht und andererseits sich auf Aspekte hin öffnet, die über das gestellte Thema hinausweisen.

Kunstvolle Rhethorik als Elitemerkmal

Das Kernstück des Vortrags selbst ist wie ein Crescendo angelegt. Durch die Modulation ihrer Stimme und eine Gestik, die den Vortrag gemessen unterstreicht, gibt Michèle ihren Zuhörern zu verstehen, welche Sätze oder Worte die Quintessenz eines Gedankens bilden. Und selbst optische Signale gibt Michèle ihrem Publikum: Sie blättert die Seiten sichtbar um, so dass jeder weiss, wann sie ihren Vortrag beenden wird.

An den *grandes écoles* (und ebenso beim Paukstudium anderer Schulen und Universitäten) wird, dem ersten äußeren Anschein zum Trotz, die Persönlichkeit des einzelnen nicht gebrochen. Sie bringen nicht standardisierte, maskenhafte Funktionäre der gesellschaftlichen Elite hervor (obwohl sich natürlich manche Einzelexemplare finden). Der Drill gilt nicht als spartanisches Ideal an sich. Er verhilft dem einzelnen zu einem Schutzschild und zu einer zuverlässig erwartbaren Anerkennung, also auch zu **Selbstbewusstsein**. Unter diesem Schutzschild kann sich die besondere Begabung, die individuelle Sicht der Dinge, das Genie des Subjektiven entfalten, ohne in Unbeholfenheiten und Misserfolgen zu zerbröseln. So entsteht eine Staatselite, die keineswegs nur durch ein affirmatives Verhältnis zu Staat und Gesellschaft gekennzeichnet ist: Sartre beispielsweise hat, wie unzählige andere französische Künstler und Intellektuelle, selbst eine Eliteausbildung durchlaufen und später an Eliteschulen und -hochschulen unterrichtet.

Auch Sartre entstammte dem elitären Apparat.

Grandes écoles

Tips & Knowhow

- Die ersten *grandes écoles* wurden Ende des 18., Anfang des 19. Jh. gegründet. Sie kamen dem **Bedarf an Ingenieuren** entgegen, der von den an humanistischen Bildungsidealen (sprich: am Geisteswissenschaftlichen) festhaltenden Universitäten nicht gedeckt wurde. Heute gibt es 142 *grandes écoles*, ein rundes Drittel davon sind privat.

- Die überwiegende Zahl dieser Eliteschulen bildet nach einer harten Vorauslese *(concours)* **eng umrissene Berufsbilder** aus: Diplomingenieure und -kaufleute. Im organisatorischen Aufbau orientieren sie sich stark an **staatlichen Interessen**. Sofern es sich um staatliche Einrichtungen handelt, unterstehen sie den jeweiligen Ministerien (die *école navale*, Marineschule, etwa dem Armeeministerium). Zugleich richten sie sich deutlich an den **Interessen von Industrie und Wirtschaft** aus. Deren Vertreter lehren an diesen Hochschulen, sitzen im Verwaltungsrat, in den Prüfungskommissionen und nehmen – gemeinsam mit den Ministerien – Einfluß auf das Lehrprogramm, dessen Erstellung eigentlich in den Händen der Schulen liegt.

- Eine geringe Zahl der grandes écoles bildet die **Staatselite im engeren Sinne** heran: Aus der *Ecole polytechnique* (genannt «*l'X*», deren Studenten im Rang eines Reserveoffiziers stehen), dem *Institut d'études politiques* (abgekürzt *sciences-PO*) und der *Ecole nationale d'administration (ENA)* gehen die hohen Staatsbeamten, Politiker und Manager, die Spitzenführungskräfte in Staat und Wirtschaft, hervor. Diese Hochschulen vermitteln nicht schmalspuriges, sondern ein breit gefächertes Wissen. Sie bilden **nicht Spezialisten, sondern Generalisten** heran mit der Fähigkeit, ihr fachlich begrenztes Wissen so einzusetzen, dass es fundiert und mit universaler Bildung verknüpft erscheint. Und für den Fall, dass sie Fachkenntnisse im engeren Sinne brauchen, müssen sie die Wege kennen, sich diese schnell anzueignen.

- Ähnlich wie an den Universitäten leidet unter dieser Art der Studiengestaltung die **Forschung**. Damit die Absolventen der *grandes écoles* auch auf diesem Gebiet Fähigkeiten erwerben, müssen sie **zugleich an einer «normalen» Universität ein Hauptstudium absolvieren**, also *licence* und *maîtrise* ablegen. Durch diese zusätzliche Belastung kommen sie spielend – bzw. büffelnd – auf 80 Wochenstunden. Wer bei diesem Wettkampf auf der Strecke bleibt und kein Abschlussdiplom der *grande école* erhält, hat dank dieser Ausbildung dennoch gute Berufsaussichten.

Hinaus auf den Arbeits(losen)markt: Die Berufsausbildung

Tahar ist der älteste von fünf Geschwistern. Er wohnt mit seinen Eltern in einer Dreizimmer-Sozialbauwohnung in Saint-Denis, einem Pariser Vorort. Als seine Eltern 1974 von Marokko nach Frankreich kamen, war Tahar sechs Jahre alt und wurde, ohne ein Wort Französisch zu sprechen, in die letzte Vorschulklasse aufgenommen. Mit anderen algerischen und marokkanischen Kindern wiederholte er diese Klasse, ehe er, nun schon zwei

Jahre älter als seine französischen Klassenkameraden, in die erste Grundschulklasse kam.

«In der Vor- und der Grundschule haben uns die Franzosen nie spüren lassen, dass wir nicht dazugehörten. Im Gegenteil. Die Lehrerinnen haben immer Übungen gemacht, bei denen uns die Franzosen helfen sollten. Ich habe schnell Französisch gelernt – reden, nicht schreiben. Meine Mutter geht noch heute nicht alleine einkaufen, und als ältestes Kind musste ich mit ihr gehen. Und mein Vater konnte auch kein Wort Französisch am Anfang; da musste ich auch immer mitgehen: auf die Ausländerbehörde, aufs Arbeitsamt, zur Krankenkasse. Ja, so hab' ich schnell Französisch gelernt. Aber dann, weil ich nicht gut schreiben konnte – na ja, schön ausdrücken kann ich mich heute noch nicht –, haben sie begonnen, mich zu hänseln, die Klassenkameraden im *collège*. Dabei waren fast alle Kinder von Arbeitern wie ich, die dann auch nie das *bac* gemacht haben. Na ja, ich fing an mich zu prügeln und hörte auf zu lernen. Dann gab es eine Bande von Nordafrikanern. Wir fuhren nach Paris rein, hingen dort den ganzen Tag in der U-Bahn rum. Ich ging einfach nicht mehr zur Schule, fast ein ganzes Jahr. Das gab Ärger mit der Schule und natürlich zu Hause. Mein Vater drohte mir, mich nach Marokko zurückzuschicken. Aber ich wußte: das kann der gar nicht; ich bin schließlich der einzige Sohn – der braucht mich hier zum Geldverdienen. Die Schule hat mich dann in

Tahar erzählt seine «Bildungskarriere» als Kind nordafrikanischer Zuwanderer:

Von der Arbeitslosigkeit sind besonders Araber und Schwarze betroffen. Straßenkunst bietet nur wenigen ein Zubrot.

eine berufsvorbereitende Klasse gesteckt, ich war ja noch schulpflichtig. Aber dann saß ich auf der Straße. Obwohl ich jetzt was lernen wollte. Das war '83. Das war die Zeit, wo die Franzosen langsam sauer wurden, weil die Linke die **Arbeitslosigkeit** auch nicht beseitigt hat. Die begannen Le Pen zu wählen, und wir sind die Sündenböcke geworden. Ich hab' erst rumgejobbt, schwarz, dann hab' ich im Lehrlingszentrum eine Ausbildung als Dreher angefangen. Aber da haben bestimmte Franzosen uns bedroht. Die haben uns auf den Klos eingesperrt oder uns gesagt, wir gehören vergast und unsere Schwestern werden sie ficken und so was. Ein paar von uns haben eine Gang gebildet; die laufen nur noch mit Messer rum. Ich hab' da aufgehört. Aber ich hab' einen französischen Freund, und der hat mir gesagt, ich soll an eine andere Schule gehen. Das hab' ich gemacht, jetzt bin ich Dreher. Aber schon zwei Jahre arbeitslos. Das Verrückte ist, dass ich nur während der *CPA*-Zeit einen Betrieb von innen gesehen habe. Wenn das einer hört, der Arbeit zu vergeben hat, sagt er schon am Telefon nein. Da braucht er erst gar nicht meine Araberbirne zu sehen, wenn er ein **Rassist** ist.

Da gibt es so Typen: Wenn du denen am Telefon sagst, dass du Tahar el Korchi heisst, musst du erst gar nicht weiterreden. Manchmal sag' ich, ich heisse Jean Martin. Aber wenn die meine *gueule d'arabe* sehen … Na gut, die französischen Kumpels hier sind auch arbeitslos. Manchmal jobbe ich schwarz oder im Sommer gehe ich als Saisonarbeiter in den Süden. Aber ich mach' jetzt einen Fernkurs mit meinem Freund, und danach finden wir Arbeit, sagt er. Sein Onkel ist bei Renault, der hilft uns, was zu finden. Die brauchen gute Leute, sagt er.

Das Verrückte ist: Ich bin ja Franzose, schon vier Jahre, seit ich 18 bin. Trotzdem sag' ich immer *die Franzosen*, als wär' ich keiner. Dabei werden die genauso verarscht. Die finden auch nicht leichter Arbeit. Ich kenn' jetzt über meinen französischen Freund eine ganze Menge Leute. Da sind sogar welche, die haben Abitur und ein *BTS*, aber die sind auch arbeitslos. Die halten sich gegenseitig aus: Immer wenn einer Arbeit hat, kocht er abends für alle. Drei wohnen nicht mehr zu Haus, die wohnen auf einer 15 qm-Bude zusammen. Na ja, meist ist einer weg, weil er irgendwo Arbeit hat: mal in Strasbourg, mal in Marseille. Das ist verrückt: Die gehen überall hin, wenn irgendeiner ihnen sagt, dass es dort Arbeit gibt; die verlassen ganz einfach ihre Familie.»

Tips & Knowhow

Berufsausbildung

Sie sind ein junger Mensch, der im Rahmen einer Städtepartnerschaft an einem Sportwettkampf in einer französischen Kleinstadt teilnimmt. Sie sind Automechaniker, haben bereits Ihre Gesellenprüfung abgelegt. Und während Sie nun in einem Betrieb arbeiten, durchlaufen Sie eine Ausbildung zum Meister. Sie erzählen von Ihrer Lehrzeit und dem Kegel, den Sie am Ende des ersten Ausbildungsjahres zurechtfeilten, bis er sich nach und nach zu einem Kunstwerk entwickelte, das noch heute in der Glasvitrine der betrieblichen Lehrwerkstatt prangt. Der dolmetschende Gymnasialschüler, der beteuert, erst im dritten Jahr Deutsch zu lernen, und es dennoch fast fehlerlos spricht, gerät mehr und mehr ins Schwitzen. Es fehlt ihm nicht nur der Fachwortschatz, sondern er begreift nicht recht, wovon Sie erzählen. Leichter wird es für ihn auch nicht, als Ihr französischer Gesprächspartner von seiner Ausbildung zu berichten beginnt. Da wimmelt es von **Abkürzungen wie BTS oder CPPN**, die der Dolmetscher beim besten Willen nicht ins Deutsche zu übertragen weiss. Am Schluss haben Sie bei all dem Kauderwelsch vielleicht nicht einmal begriffen, dass Ihr Gesprächspartner ohne ordentlichen Schulabschluss als ungelernter Arbeiter in einer Werkstatt anfing, ehe er mit Hilfe von überbetrieblichen Aus- und Weiterbildungsmaßnahmen zum Facharbeiter aufstieg.

Schuld an diesem Nichtverstehen tragen nicht die Bildungslücken des Dolmetschers, sondern die gänzlich **unterschiedlichen Ausbildungswege** der beiden Länder.

● Anders als hierzulande fand in Frankreich von den 50er bis in die 70er Jahre die Berufsausbildung kaum in den Betrieben, sondern in Vollzeitberufsschulen statt. Erst die wiederholten Klagen des Unternehmerverbands haben zu einer **Rückkehr zum dualen Ausbildungssystem (Betrieb und Schule)** geführt. Dieses hat man allerdings bis heute nur **bruchstückhaft** wieder eingeführt.

● Aufgrund der Arbeitsmarktlage fehlen Ausbildungsplätze in den Betrieben. Und um die Jugendlichen von der Straße zu holen, bildet der Staat sie weiterhin **vollzeitlich in schulischen Einrichtungen** aus (was vielfach die Arbeitslosigkeit nur um zwei oder drei Jahre hinausschiebt).

● Ebenso versucht der Staat durch so genannte **berufsvorbereitende Klassen** *(classes préparatoires à l'apprentissage, CPA* und *classes préprofessionnelles de niveau, CPPN)* **Schülern ohne regulären Schulabschluss den Weg zu einer Ausbildung zu eröffnen** – mit ebenso geringen Erfolgsquoten wie vergleichbare Maßnahmen (die berufsbefähigenden Lehrgänge) sie bei uns aufweisen. Die meisten sitzen ihre Pflichtschulzeit ab. Sie stammen fast ausschließlich aus dem Land-, Hilfs- oder Gastarbeitermilieu; 15% der Teilnehmer kommen gar unmittelbar von der Grundschule, da sie die Aufnahmealtersgrenze für die Gesamtschule (14 Jahre) überschritten haben.

● Im Arbeiter- wie im mittleren und unteren Angestelltenbereich schließt man nach einer **zweijährigen Berufsausbildung**, z.B. zum Fräser oder zur Schreibkraft, mit einem brevet d'études professionnelles («Berufsausbildungszeugnis», *BEP*) ab. Das *certificat d'aptitude professionnelle* («Berufsfähigkeitszertifikat», *CAP*) erhält man nach einer **dreijährigen Ausbildung**, etwa zum Elektroanlageninstallateur oder Zimmerer. Für beide Abschlüsse ist kein (Fach-) Abitur vonnöten.

• Die Mängel in der primären Berufsausbildung versuchen die Unternehmen durch eine **staatlich geförderte Weiterbildung oder Umschulung** *(formation continue)* auszugleichen. Es werden zahllose Abend- und Fernkurse sowie Kurse während der Arbeitszeit angeboten. Meist erfolgt diese berufsbezogene Erwachsenenbildung im Rahmen der Bedürfnisse und Anforderungen eines Betriebes, doch besitzt jeder Arbeitnehmer das Recht, auch auf eigenen Wunsch an berufsbildenden Maßnahmen teilzunehmen. Wie bei uns über den sogenannten Zweiten Bildungsweg besteht dabei die grundsätzliche Möglichkeit, durch eine **Höherqualifizierung** schließlich **zum Studium zugelassen zu werden**. Allerdings begrenzt die Tatsache, dass Abgänger der *grandes écoles* sofort nach Studienabschluss höhere und höchste Positionen besetzen, die innerbetrieblichen Aufstiegsmöglichkeiten.

Tips & Knowhow

Tips für Studierende und Auszubildende

• Wollen Sie **in Frankreich eine Ausbildung** durchlaufen, so sollten Sie sich zuvor erkundigen, **ob und wie der angestrebte Abschluss anerkannt wird**. Informieren Sie sich darüber anhand der *Verordnung zur Gleichstellung französischer Prüfungszeugnisse mit Zeugnissen über das Bestehen der Abschlußprüfung oder Gesellenprüfung in anerkannten Ausbildungsberufen*, die Sie u.a. beim Bundesministerium für Bildung und Wissenschaft anfordern können. Aus dieser Verordnung können Sie z.B. ersehen, dass ein *CAP de mécanicien d'entretien* einem Betriebsschlosser gleichkommt, *ein CAP de constructeur en maçonnerie et béton armé* einem Maurer sowie einem Beton- und Stahlbauer usw. Auf diese Weise können Sie vermeiden, einen Berufsabschluss zu erwerben, der Ihnen später daheim nicht oder nicht ausreichend anerkannt wird.

• Wenn Sie **ein reguläres Studium in Frankreich** aufnehmen, ist es sinnvoll, sich im vorhinein zu erkundigen, **welches Prestige eine Hochschule in Frankreich und Ihrer Heimat genießt**, denn davon hängen später maßgeblich Ihre Berufschancen ab. Dabei sollten **Sie** in Ihre Überlegungen jedoch unbedingt einbeziehen, wie Sie sich Ihr späteres Berufsleben vorstellen. Es ist nicht immer die in Frankreich renommierteste Hochschule, die Ihnen zu Hause die interessantesten beruflichen Wege eröffnet. Und selbstverständlich sollten Sie bei der Wahl der Hochschuleinrichtung berücksichtigen, wie Sie sich die **Studiengestaltung** und Ihre **Studentenzeit** vorstellen.

• Für die **Universitätsabschlüsse** gilt: ein *DEUG* (*Diplôme d'études universitaires générales*, «Diplom über allgemeine Hochschulstudien») wird der Zwischenprüfung gleichgestellt, eine licence einer Zwischenprüfung + zwei Hauptseminarscheinen, eine *maîtrise* einem Magister (dasselbe gilt umgekehrt), Trotzdem ist es nicht immer leicht, im Lauf des Studiums **von einer französischen an eine deutsche Uni überzuwechseln**.

Denn zum einen studiert man in Frankreich in der Regel nur ein Fach, und zum anderen unterscheiden sich die Lehrinhalte teilweise so sehr, dass man den Anschluss nur mit mindestens einem bis zwei Semestern Zeitverlust schafft.

● Da an französischen Universitäten **keine Aufnahmebeschränkungen** bestehen, können Sie dort das Studium von Fächern aufnehmen, die Ihnen zu Hause vielleicht verwehrt wurden. Allerdings müssen Sie gerade in diesen Fächern mit **stufenweisen Ausleseverfahren** rechnen. (In Medizin beispielsweise beginnt es mit einem *concours* am Ende des ersten Studienjahres, für den die Studentenzahlen alljährlich sowohl nach den Universitätskapazitäten als auch nach dem erwarteten gesellschaftlichen Bedarf festgesetzt werden.) In vielen Fächern erreichen deshalb nur 20–40% der Studienanfänger den Studienabschluss *maîtrise* oder *DEA*.

● Es ist Teil des Renommees der **Elitegymnasien** und **-hochschulen**, ein bestimmtes Kontingent an ausländischen Studierenden vorzuweisen. Dieser Weg ist Ihnen also keineswegs versperrt.

● Inzwischen wurde auch ein gemeinsames **deutsch-französisches Hochschulinstitut für Technik und Wirtschaft** eingerichtet. Es ist ein Projekt der FH Saarbrücken und der Universitäten Metz und Nancy. Sie erhalten eine zweisprachige und auf die in beiden Ländern erwarteten Kenntnisse zielende Ausbildung.

Im Reich der Notwendigkeit: Arbeiten in Frankreich

Sie arbeiten als Schlachter und Schlosser, als Dozenten und Damenoberbekleidungsverkäufer, als Lastwagenfahrer und Landwirte, Bankkaufleute und Buchdrucker, Programmierer und Polizisten, als Meteorologen, Maurer, Monteure, Magenspezialisten, Mechaniker, Militärs, Makler, Musiker, Magnetiseure, Möbelpacker, Mundartforscher, Melker, Modeschöpfer, Mittelstürmer, Manager, Molekulargenetiker, Magazinverwalter, Münzbeamte, Moralphilosophen, Mimen, Metaller, Matrosen, als Abbé und Zwangsverteidiger. Sie sind leitende Angestellte und Hilfsarbeiter, Meister und Beamte der mittleren Laufbahn, sie sind Freiberufler, *patrons* und Lohnabhängige, erhalten den Mindestlohn oder mehr, und einige wenige sind Milliardäre, die einen schuften sich ab, die anderen schieben eine ruhige Kugel. So betrachtet, geht es in Frankreich nicht anders zu als in den meisten Ländern Europas.

Berufsbilder und Arbeitsprozesse nach europäischem Standard

Ebenso genügt ein Blick in ein Büro oder eine Fertigungshalle, um zu begreifen, dass die Arbeitsabläufe dieselben sind wie in jedem industrialisierten Land. Da wird die eingegangene Post von der Sekretärin geöffnet, überflogen, fotokopiert, weitergeleitet, vom Chef oder der Abteilungsleiterin gelesen und die Antwort aufs Diktaphon diktiert, die von der Sekretärin getippt, kopiert und zum Versand fertig gemacht wird; da heftet die Sekretärin die eingegangene Post unter «Eingänge» ab, die herausgehende Post unter «Ausgänge», sucht Vorgänge heraus, nimmt Buchungen vor, vermittelt Telefonate, während die Chefin bzw. der Abteilungsleiter telefonierend Organisationsprobleme bespricht, Kundenkontakte knüpft, Untergebenen Anweisungen erteilt oder zu Sitzungen und Arbeitsessen verschwindet, Planungen entwirft, Fachzeitschriften studiert; da stehen zur gleichen Zeit in den Werkhallen – und sofern die Produktion nicht schon vollautomatisiert ist, in Lärm, Schmutz und Gestank am Fließband – die Arbeiter und ziehen im Gehen zwei, drei Schrauben fest oder nehmen eine Schwungscheibe vom Band, um sie in eine Kiste zu legen, die von Zeit zu Zeit von einem Gabelstaplerfahrer an einen anderen Punkt der Halle gefahren wird, oder schweißen oder stanzen oder drehen oder fräsen im Takt der Maschinen und nehmen hin und wieder vom Vorarbeiter ein Papier mit neuen Maßen und Vorgaben entgegen, während in Glaskombüsen vor Pulten Ingenieure sitzen und die Funktionstüchtigkeit der Fließbänder, Maschinen, der ganzen Maschinerie überwachen …

«Arbeiten gehen ist kein Lustwandeln»

Dennoch wird in Frankreich anders gearbeitet als etwa in der Bundesrepublik. Dies zeigt vielleicht schon ein genauerer Blick, wie Sie ihn als Arbeiter oder Ingenieur auf Montage oder als studentische Aushilfskraft oder als Saisonbeschäftigter zur Erntezeit hinter die Kulissen werfen können.

Und dennoch: in Frankreich wird anders gearbeitet als bei uns.

Es beginnt bereits mit der **Arbeitszeit**. Die Angestellten kommen um 9 Uhr ins Büro, ihre Mittagspause beträgt oft eine, sogar zwei Stunden, abends gehen sie nicht vor 17.30 Uhr nach Hause. Verkäufer und Verkäuferinnen, Handwerker, Installateure, Automechaniker haben teilweise bis zu drei Stunden Mittagspause und verlassen dann ihre Arbeitsstelle frühestens gegen 19.30 Uhr. Nur der Zeitplan der Schichtarbeiter ist derselbe wie bei uns.

Die Plauderpause gilt anscheinend nicht als Diebstahl von Arbeitszeit.

Gilt bei uns das Schwatzen während der Arbeit als Stehlen der Zeit, die doch dem Arbeitgeber gehört, und wird es deshalb häufig heimlich getan – tuschelnd mit beständigem Blick auf die Chefbürotür oder, wenn der Chef außer Hör- und Sichtweise gewähnt wird, im Extremfall bei einer Zigarette in den Toilettenräumen –, so wird in Frankreich die Plauderpause eher toleriert. Man könnte meinen, dort haben die Unternehmer den sozialintegrativen Charakter des kleinen Schwätzchens erkannt. Vielleicht schicken sie sich allerdings nur in eine unabänderliche Realität – nämlich: dass die Franzosen gerne reden. Während die Deutschen einen Teil ihrer kommunikativen Bedürfnisse abends am Stammtisch oder im Sportverein befriedigen, tun die Franzosen dies eher während der Arbeitszeit. Und wenn sie dabei einmal allzu viel Zeit verschwatzt haben, bleiben sie eben ein wenig länger.

Disziplinierungsmaßnahmen

Gleichzeitig gibt es in Frankreich Disziplinierungsmaßnahmen, die der eben genannten *légerté* zu widersprechen scheinen. Wegen kleinster Vergehen werden Untergebene «nach oben» zitiert, wegen «nichts und wieder nichts» bis zum Personalchef bestellt, wo sie mit einer Schelte empfangen werden. Die spitze, kalte oder schneidende Stimme, die scharfen Worte,

Arbeitsidylle der Vergangenheit – mit Schwätzchen und Tasse Wein aus dem Kanister

die der Übergeordnete dann zum Einsatz bringt, mag Sie als Deutsche oder Deutschen, sofern Sie nicht jünger als dreißig Jahre sind, an die schulmeisterlichen Stimmen von Eltern, Lehrern und Vorgesetzten aus den 50er und 60er Jahren erinnern. Da werden Sie zurückgestoßen in Unmündigkeit, und wenn Sie sich widersetzen wollen, bleibt Ihnen zunächst nur das Mittel **trotziger Aufmüpfigkeit**, der Ulk *(chahut)*.

Rigides Rangbewusstsein trotz freundlicher Gesten von Vorgesetzten

Wenn der unmittelbare Vorgesetzte morgens eine Runde durch seine Abteilung dreht, um einen jeden mit Händedruck zu begrüßen, und während der Frühstückspause gar eine Tasse Kaffee zusammen mit seinen Untergebenen trinkt, so heißt dies nicht, dass ihm der Rangunterschied gleichgültig sei. Solche Gesten dienen einem entspannten Betriebsklima – wenigstens einen Augenblick lang sollen die hierarchischen Strukturen aufgebrochen werden. Der Beitrag, den die Untergebenen zum entspannten Betriebsklima zu leisten haben, besteht in einem bürgerlich-respektvollen Verhalten gegenüber den Höhergestellten. Diese benehmen sich allerdings des öfteren aus Standesdünkel und Kastendenken gegenüber Rangniedrigeren, als seien diese Unberührbare.

Begrenzte Aufstiegschancen

Diese starke **Hierarchisierung** der Betriebs- und Verwaltungsstrukturen hat ihren Ursprung in den Ausbildungswegen. Durch sie wird eine **Klassenstruktur** aufrechterhalten, wie sie hierzulande kaum noch existiert. Mehr noch, durch sie werden Qualifikationskasten gebildet und Aufstiegsmöglichkeiten hart begrenzt. Aufstiegschancen sind normalerweise nur innerhalb der eigenen Kaste vorhanden, bestenfalls gelingt der Klimmzug in die nächsthöhere. Wer von unten aufsteigt, kommt über den Mittelbau keinesfalls hinaus. Darüber werden die Posten von denen besetzt, die mindestens von den Universitäten, meist aber den *IUT* und *grandes écoles* kommen.

Tips & Knowhow

Gesellschaftshierarchie

Um statistische Erhebungen vornehmen zu können, die in Frankreich sehr beliebt sind, wird die Bevölkerung gemeinhin in sogenannte **sozioberufliche Gruppen** bzw. Kategorien eingeteilt. Bei dieser Einteilung werden Industrie- und Landarbeiter zusammengefasst, ebenso Handwerker, Geschäftsinhaber und Chefs von Unternehmen mit mehr als 10 Mitarbeitern und *last not least* die Pensionäre aus allen Berufen. Dieses Verfahren gibt wenig Aufschluß über den sozialen Status. Deshalb soll hier **eine andere Einteilung** versucht werden:

- Hilfsarbeiter, *manœuvres*, und angelernte Arbeiter, *ouvriers spécialisés*, bilden über 50% der **Arbeiterschaft**; viele von ihnen sind Arbeitsimmigranten oder Frauen. Häufig erhalten sie nur Zeitverträge. Den anderen Teil der Arbeiterschaft machen die *ouvriers qualifiés* (Facharbeiter) aus. Gesellschaftlich auf der gleichen Stufe stehen die **Angestellten**, *employés*, von denen zwei Drittel Frauen sind. Sie arbeiten als Sekretärinnen und Bürokräfte im öffentlichen oder privaten Bereich, als Verkäuferinnen, Serviererinnen, Pflegerinnen usw.

Arbeits- und Sozialrang «manœvre»: Hilfsarbeiter in einer Markthalle

- Im **Übergangsfeld zum Mittelbau** stehen wohl Arbeitskräfte wie die *contremaîtres* (Vorarbeiter) und *agents de maîtrise* (Meister) und vergleichbare Tätigkeiten, etwa Stationsschwestern.

- Landwirte, Handwerker und Inhaber von Einzelhandelsläden *(patrons)* werden in der Gesellschaftshierarchie im allgemeinen der **Mittelschicht** zugeordnet, mal am unteren Rand, mal am oberen. In der Produktionssphäre gehören einfache *techniciens* (Techniker) zum Mittelbau. Im Bereich der Verwaltung, des Staatsapparates usw. sind es die *cadres moyens* (mittleren Angestellten) und die angrenzenden Berufe: Grundschullehrer, Sozialarbeiter und dergleichen.

- Das **Übergangsfeld nach oben** bilden Abteilungsleiter, Ingenieure, *cadres techniques d'entreprise* (technisches Führungspersonal), Gesamtschul- und Gymnasiallehrer und Angehörige bestimmter intellektueller und künstlerischer Berufe.

- Bei einigen dieser Berufsfelder bleibt der Aufstieg nach oben in die Kategorie der *cadres supérieurs* (leitenden Angestellten) und der *profes-*

sions intellectuelles supérieures offen, wo Ärzte, Unternehmer, Hochschulprofessoren u.a. ihre Kaste weitgehend vor eventuellen Aufsteigern abschotten und die ***crème de la crème*** sich gegenseitig Respekt bezeugt.

- Doch über ihnen stehen in der Hierarchie des sozialen Prestiges natürlich die **Olympier von Staat und Wirtschaft**, die *P.-D.G.*, wie sie noch immer genannt werden, wenngleich es heute offiziell nur noch die eine oder andere Funktion gibt – entweder Präsident oder Generaldirektor.

Les patrons

Das Wort *patron* geht auf lateinisch ***patronus*** (Schutzherr), abgeleitet von ***pater*** (Vater), zurück. So wird es auf französisch noch heute verwendet: Der *patron* ist einerseits der Schutzheilige eines Ortes und andererseits «jede Person, die Beschäftigten oder Bediensteten vorsteht» – wobei außer acht bleibt, ob die *patronne* eine Hausfrau ist, die einer Putzfrau Befehle erteilt, oder der *patron* als *P.-D.G.* einen multinationalen Konzern leitet. Noch der Doktorvater wird *patron* genannt und spielerisch kann selbst ein Mann über seine Ehefrau sagen, sie sei seine *patronne*.

«Patrons» sind auch die Inhaber der kleinen und mittelständischen Betriebe.

Spricht man von den *patrons* als einer sozio-beruflichen Kategorie, so sind jene von ihnen gemeint, die Inhaber eines der kleinen und mittelständischen Betriebe, der sogenannten *P.M.E. (petites et moyennes entreprises)*, sind. Wie hierzulande sind viele von ihnen, an die Wand gedrückt von der Übermacht der Großkonzerne, einer beständigen Existenzbedrohung ausgesetzt. (Dabei rackern sich die kleinen dörflichen Ladeninhaber besonders ab.) Ein Geist des **wirtschaftlichen Überlebenswillens**, der sich verbündet mit alten Tugenden wie Ordnung, Sauberkeit, Sparsamkeit und der kleinen wirtschaftenden Einheit (sei es Familien- oder Kleinbetrieb) als verschworene Gemeinschaft gegen die allseitige Konkurrenz, lässt im selbständigen kleinen Bürgertum eine Sympathie für nationalistische ausländer- und außenseiterfeindliche Ressentiments entstehen. «Wir hier und unsere Tugenden, unser Zusammenhalt – die dort und ihre Untugend, die Bedrohung, die von ihnen ausgeht», scheint das zugrundeliegende allgemeine Wertemuster zu sein.

Wer mythenbildend oder romantisierend an Frankreich denkt, vergisst leicht, dass es eine bestimmte Art von **aggressiv gestimmter Spießigkeit**, die Deutsche gern ihren eigenen Landsleuten zuschreiben, in Frankreich – *mutatis mutandis* – ebenso gibt. Dies hat der Comic-Zeichner Cabu in seinen *bédé* schon in den ausgehenden 60er Jahren thematisiert, als er sich einen *patron* zum *beauf* nahm.

Tips & Knowhow

Siezen und Duzen am Arbeitsplatz

Wie sich die Menschen am Arbeitsplatz ansprechen, dies hängt zum einen vom **Alter** ab (unter 45 Jahren duzt man sich leichter als in älteren Generationen) und zum anderen von **Milieu** und **Schicht**.

- So duzen sich beispielsweise die **Absolventen einer *grande école***, und zwar unabhängig vom Alter und unabhängig davon, ob sie in späteren Jahren auf einer unterschiedlichen Gesellschaftsstufe stehen. (Absolventen unterschiedlicher *grandes écoles* duzen sich allerdings nicht.)
- Ebenso bleiben Leute, die früher einmal **eine Ausbildung zusammen begonnen haben**, beim Du, selbst wenn einer von ihnen aufsteigt und zum *patron* der anderen wird.
- **Je kleiner ein Unternehmen** ist, um so häufiger duzen sich alle Mitarbeiter, einschließlich des Chefs. In **großen Betrieben** beschränkt sich das Du in der Regel auf die jeweilige Abteilung. Und ob man sich in einer bestimmten Abteilung duzt, hängt wiederum, ähnlich wie bei uns, von ihrer Organisationsweise ab. Je mehr ein Betrieb nach amerikanischem Muster aufgebaut ist, um so mehr soll der **Teamgeist** u.a. mit Hilfe des Duzens gestärkt werden.
- Im Kunst- und kunstnahen ***Free-lance*-Milieu** (ob Architekten, Journalisten, Schriftsteller, Übersetzer, Musiker ...) geht man leichter zum Du über als in Industrie und Verwaltung.
- Insgesamt lässt sich jedoch sagen, dass man sich in Frankreich etwas weniger häufig duzt als hier bei uns. **Verwenden Sie deshalb, wenn Sie unsicher sind, lieber das Sie.**

Tu & Tabu: *Rangverhalten*

Tu! Besonders in **größeren Wirtschaftsunternehmen** wird von den Angestellten erwartet, dass sie die **Rangordnung respektieren**. Wenn Sie sich durch Ihr Verhalten nicht in die hierarchische Schichtung Angestellter–mittlerer Angestellter–höherer Angestellter bzw. Arbeiter–technisches Führungspersonal einfügen, können Sie Befremden auslösen.

Tu! Denken Sie daran, dass **Sprachvermögen ein Distinktionsmerkmal** ist. Wenn Sie nicht durch willentliches Abweichen vom *savoir-dire* bewusst irritieren wollen, so müssen Sie sich je nach Ihrer Position «standesgemäß» ausdrücken.

Tu! und ***Tabu!*** Denken Sie bei **Arbeitsessen** an die Wendung *entre la poire et le fromage* und **fallen Sie thematisch nicht mit der Tür ins Haus.** Da aber der Genuss am Essen und an der zwanglosen Unterhaltung bei Ihren französischen Gesprächspartnern ins Uferlose abdriften kann, sollten Sie mit dem Wein vorsichtig umgehen. Dolmetscher berichten immer wieder belustigt von der geringen Verhandlungsfähigkeit beider Seiten nach solchen Essen.

Tu! Wenn Sie eine Leitungsfunktion ausüben, **zeigen Sie Ihren Untergebenen, dass Sie sie als Menschen und Individuen respektieren**, etwa indem Sie morgens nach Ihrem Eintreffen die Runde durch Ihre Abteilung machen, die einzelnen mit Handschlag begrüßen und fragen: *Ça va?* Dies kann dann als persönliche Erkundigung aufgefasst werden, nämlich: «Wie geht's?», aber ebenso als berufliche Nachfrage: «Alles in Ordnung?», was es Ihren Untergebenen ermöglicht, gegebenenfalls ein Problem Ihnen gegenüber anzuschneiden. Dies gilt vor allem für Unternehmen, die nach altem französischen Stil organisiert sind. Dort gehören der Handschlag und/oder die gemeinsame Tasse Kaffee zum zweiten Frühstück zur **Schaffung eines familiären Klimas**.

Tabu! Fragen Sie niemanden nach seinem **Einkommen**.

Tu! Wenn Sie mit Ihren Arbeitskollegen noch nicht allzu vertraut sind, diese aber dennoch zu sich nach Hause einladen möchten, so ist eine **Einladung zum Apéritif** das richtige Vorgehen.

Tabu! **Laden Sie als Vorgesetzter nicht zuerst Ihre Untergebenen ein.** Dies wäre nicht üblich. Warten Sie vielmehr ab, ob Sie eingeladen werden. Dann können Sie eine Gegeneinladung aussprechen.

Tu! **Kollegenkontakte** können Sie am leichtesten knüpfen, indem Sie versuchen, **in bestehende Gemeinschaften aufgenommen** zu werden: Dies kann im Arbeitermilieu eine Gruppe von Boule- oder Kartenspielern sein, die sich in einem bestimmten Café trifft, ebenso wie einer der klassischen Arbeitervereine (der KPF, der katholischen Kirche oder die *œuvres laiques*) oder, vor allem in den Satellitenstädten, eine der neu gegründeten *associations*. Im Angestellten- und Technikermilieu ergibt sich manchmal der eine oder andere regelmäßige private Kontakt, häufig allerdings unter (noch) Unverheirateten

Tips: Betriebsfeiern und -ausflüge

- Auch an französischen Arbeitsplätzen findet die eine oder andere **Betriebsfeier** statt: Runde Geburtstage, ein Neugeborenes, eine Eheschließung, das Ausscheiden aus dem Betrieb, der Eintritt in die Rente bieten dazu Anlass. Einige Tage zuvor werden Einladungen verschickt und man versammelt sich in der Mittagspause oder kurz vor Arbeitsschluss. Die Eingeladenen arbeiten in der Regel in derselben Abteilung, auch der Chef erscheint, möglicherweise der eine oder andere aus einer anderen Abteilung. Getränke (Apéritifs, Champagner, Säfte, Wasser) und ein kleiner Imbiss (süßes und salziges Gebäck) werden gereicht. Es wird viel geredet, gescherzt, gelacht.

• Doch über **diese privat initiierten Feiern** hinaus finden **vom Unternehmen organisierte Jahresversammlungen** *(réunions annuelles)* statt. Nehmen wir das Beispiel einer Exportabteilung: Da werden die Mitarbeiter dieses *service* eingeladen, sich die Bilanz des verstrichenen Jahres anzusehen, sich über bestimmte Initiativen der einzelnen Verantwortlichen zu informieren, neue Informations-, Werbe- und andere Materialien in Augenschein zu nehmen. Den Abschluss einer solchen Versammlung bildet ein üppiges **Restaurantessen** mit Smalltalk, bei dem es meist **sehr förmlich** zugeht.

• In **modernen Industriezweigen**, die nach amerikanischem Vorbild **paternalistische Strukturen durch Teamgeist ersetzen** wollen, werden Versuche unternommen, die Mitarbeiter durch **Betriebsausflüge** auch privat zusammenzuschließen – etwa durch eine Golfpartie mit anschließendem Essen. Doch scheint dies, anders als hier, bisher nicht sonderlich erfolgreich zu sein. Häufig hört man französische Betriebsangehörige über dergleichen Veranstaltungen stöhnen. Ein Grund dafür liegt zweifellos darin, dass hierfür noch keine Traditionen bestehen. In D / CH / A (und noch viel mehr in Japan) können sich die modernen Betriebe einen traditionell – noch – vorhandenen Sinn für firmenbezogene Gemeinschaft und Gruppenzusammenhalt zunutze machen. Noch sind in Frankreich der Individualismus und die Verbundenheit mit der Familie stärker. Doch in dem Maße, wie durch wirtschaftliche Veränderungen die Mobilität der Bevölkerung steigt und somit die Familienbande auf- und zerbrechen, steigt auch dort der Wunsch nach anderen, nach **Ersatz**gemeinschaften.

Streiks: Eine französische Leidenschaft

Französische Gewerkschaften sind keine Vermittlungsausschüsse, sondern «Kampffront der Arbeiterklasse».

Die ausgeprägte Trennung der einzelnen Klassen, Schichten und Kasten in Frankreich spiegelt sich auch im Ablauf von Arbeitskonflikten sowie in der Geschichte der Gewerkschaftsbewegung. In der Bundesrepublik übernehmen die Gewerkschaften in etwa eine Vermittlungsrolle zwischen Arbeitnehmern und Arbeitgebern. Und ehe sie zum Streik aufrufen, finden – im Prinzip konstruktive – Verhandlungen statt. In Frankreich dagegen verstehen sich die Gewerkschaften, besonders die *C.G.T. (Confédération générale du travail)*, als Kampffront der Arbeiterklasse.

Da außerdem der Handlungsspielraum des Betriebsrats geringer ist und der Weg, der im Fall von Konflikten durchschritten werden muss (Tarifverhandlungen, Urabstimmung, Schlichtung usw.), gesetzlich weniger geregelt, da schließlich die Arbeitgeber sich üblicherweise erst einmal taub stellen, wenn Arbeitnehmervertreter ihnen etwas vortragen (sofern sie diese überhaupt empfangen), platzt den Arbeitern früher oder später der Kragen und kommt es zu **expressiver Empörung**. Dann treten sie in den Ausstand, und wenn der Unternehmer «auf stur schaltet», besetzen sie auch Fabriken, sperren sogar hin und wieder die Chefs in ihren Büros ein (was immerhin Freiheitsberaubung bedeutet), «beschlagnahmen» notfalls Akten, um Beweismaterial für eine von ihnen kritisierte Betriebspolitik zu erhalten, oder legen auch einmal Baumstämme über Eisenbahntrassen (das eine wie das andere ist selbstverständlich auch ein Straftatbestand nach bürgerlichem Gesetzbuch).

Grund zur Unzufriedenheit: die weit geöffnete Einkommensschere zwischen niedrigen und hohen Löhnen

Immer wieder von neuem nährt sich die Unzufriedenheit: die geringen Löhne (die Einkommensschere zwischen den niedrigsten und den höchsten Löhnen und Gehältern klafft in Frankreich um ein Vielfaches weiter auseinander als etwa in Deutschland), die schlechten Arbeitsbedingungen, Rationalisierungen, Betriebsschließungen (die jahrelangen Auseinandersetzungen um die Schließungen der Uhrenfabrik LIP, der Druckerei Chaix, der Kohlezechen und Stahlindustriebetriebe in Lothringen mach-

Auch die Plakate für das große Fest der (kommunistischen) «L'humanité» spiegeln in ihrer Form – angelehnt an Keith Haring – das gewandelte politische Bewusstsein.

ten auch in unseren Zeitungen Schlagzeilen) geben Zunder. Und da die Mehrzahl der Auseinandersetzungen auf Betriebs- oder Regionalebene geführt wird, **findet immer irgendwo in Frankreich** gegen oder für etwas **ein Streik statt**.

Auch Sie werden Streikbetroffener sein.

Dies werden auch Sie verspüren, selbst wenn Sie nur als Tourist für kurze Zeit nach Frankreich reisen. In den leichteren Fällen kommen Ihre Urlaubspostkartengrüße einige Wochen später als Sie wieder zu Hause an, weil ein Postverteilerzentrum die Arbeit niedergelegt hatte. Oder Sie promenieren in Städten über Trottoirs, die versperrt sind von faulig riechendem Hausmüll, weil die städtische Müllabfuhr streikt. In schwerwiegenderen Fällen geraten Sie in einen Dienst-nach-Vorschrift-Streik der Fluglotsen oder eine Straßenblockade der LKW-Fahrer und verbringen einen halben oder auch zwei Tage Ihrer Ferien in den Schalensitzen einer Abflughalle bzw. in den Polstern Ihres Autositzes.

Stille Streiktage in Paris

Erstaunliches Beharrungsvermögen der Streikenden und der Bestreikten

Das Beharrungsvermögen sowohl der Streikenden als auch der Bestreikten lernt allerdings nur in vollem Umfang kennen, wer für längere Zeit in Frankreich lebt. Wochenlang halten Klinikärzte nur einen Notdienst für die akuten Fälle aufrecht, weil sie gegen ihre düsteren Berufsaussichten protestieren. Wochenlang bleibt das Centre Pompidou (Pariser Kulturzentrum, Bibliothek und Museum in einem) geschlossen, weil das Reinigungspersonal streikt. Halbtageweise frieren und darben Sie ohne Strom oder Gas, weil die Gewerkschaften zum zentralen Streik für höhere Löhne aufgerufen haben …

Erlebnis der Vierten Art: Streik der Pariser Verkehrsbetriebe

Doch das sinnlichste Erlebnis, ein Erlebnis der Vierten Art, wird für Sie sein, wenn Sie einen Streiktag (bestenfalls nur einen!) der städtischen Pariser Verkehrsbetriebe *R.A.T.P.* erleben dürfen. Wird der Streik weitgehend befolgt, so finden Sie die Eingangssperren beim Betreten der U-Bahn-Anlagen beiseitegedreht – gibt es doch keine Kartenverkäufer, geschweige denn Kontrolleure. Und Bahnen im Einsatz, nun ja, gewißss wird die eine oder andere kommen, es fragt sich nur, wann: in zwanzig Minuten, in dreißig, wer weiß.

Auf den Bahnsteigen von Métro und *R.E.R.* herrscht eine merkwürdige Stille, eine beinahe – wohl weil so ungewohnte – beängstigende Stille. Der Luftzug aus dem Tunnel und das Quietschen der Räder, die den einrollenden Bahnen vorausgehen, sind nicht zu fühlen und zu hören. Es fehlen der tausendfache Trittlaut von Schuhsohlen gegen Beton, der Reibelaut von Taschen auf Stoffen und Stoffen auf Nylonstrümpfen, das Geraschel von Zeitungen, das Gekräusel von ununterscheidbaren Stimmen, die verwehte Musik aus einem Verbindungsgang und die verwischten Laute vom Bahnsteig der Umsteigelinie. Es fehlt dieser gesamte Klangkörper ineinanderfließender Töne, aus der sich hin und wieder das Klackklack von Stöckelabsätzen heraushebt, das asthmatische Husten eines Greises, das Gejohle einer Gruppe Halbstarker.

Sie finden an solchen Tagen tatsächlich einige Menschen in den Untergrundstationen. Sie stehen dort mit einem Gesichtsausdruck, als wäre es das Selbstverständlichste der Welt, in Paris auf einem entvölkerten Bahnsteig eine halbe Stunde auf ein öffentliches Nahverkehrsmittel zu warten. Wahrscheinlich haben sie sogar den kürzesten Weg gewählt, um an ihr Ziel zu gelangen. Denn über der Erde hupen sich die Autos Stoßstange an Stoßstange vorwärts. Zwischen ihnen eingekeilt schwanken die mehr als überfüllten städtischen Busse, die in ähnlichen zeitlichen Abständen verkehren wie die Bahnen und neben deren vorderer Einstiegstür der Schriftzug *complet* ununterbrochen aufleuchtet.

Die einzige wirkliche Alternative sind an Verkehrs-Streiktagen die eigenen Füße.

Die einzige wirkliche Alternative sind an Streiktagen die eigenen Füße. Für Sie als Neu-Pariser bietet sich so zudem die Chance, den in Ihrem Kopf aus zerfetzten Teilen bestehenden Stadtplan gehend zu einem Ganzen zusammenzufügen: Nord, Nordost und Nordwest, Süd, Südwest und Südost usw. einander zuzuordnen. Oder den Kern und die ihn umschließenden, durch Boulevards bezeichneten Ringe zu erkennen, die wie die Jahresringe der Bäume Jahrzehnt- und Jahrhundertringe der Stadt bedeuten. Oder Kontrastfelder zu entdecken: Im Westen und Südwesten (noch in den Vororten) wohnen die Wohlhabenden und Reichen, im Norden und Nordosten (bis weit ins Hinterland) die Armen und Ärmsten. Vielleicht werden Sie erst jetzt merken, welch unterschiedliche Gesichter die Stadt zeigt: maskiert, grimassierend, zugeknöpft, cool, lachend, offen, runzlig, glücklich … (Solche Streiktag-Entdeckungen zu Fuß können Sie natürlich ebenso in Lyon, Marseille, Lille/Tourcoing/Roubaix, Bordeaux, Strasbourg, in jeder größeren Stadt unternehmen.)

Arbeitskämpfe – noch immer Klassenkämpfe

Selbst wenn Streiks sich in die Länge ziehen, bleiben die Franzosen gelassen.

Selbst wenn Ausstände wie die der R.A.T.P. sich unbefristet in die Länge ziehen, bleiben die Franzosen gelassen. Dann klettern sie schon mal auf die Ladefläche von Armeelastern, wo sie dicht an dicht auf Holzbänken Platz nehmen, oder trampen in Anzug und Schlips oder nehmen, ansonsten ungewöhnlich, Anhalter mit – und gewinnen dem etwas Abenteuerliches ab.

Sie bleiben gelassen, denn sie sind daran gewöhnt, dass **Arbeitnehmer und Arbeitgeber mit harten Bandagen kämpfen**: In Arbeitsauseinandersetzungen besteht keine Bewußtseinstradition dafür, dass jede Gesellschaft einen permanenten Entwicklungsprozeß durchläuft und deshalb auch beständig ein neues Gleichgewicht zwischen gegensätzlichen Interessen gesucht werden muss. Die **Starrköpfigkeit** auf beiden Seiten erscheint manchmal wie die Pampigkeit zweier Kinder, die mit dem Fuß aufstampfen und nichts hervorbringen außer: «Nein!» «Doch!» «Nein!» «Doch!» Irgendwann gibt eine Seite nach, entweder die Arbeitnehmer, weil ihnen das Geld ausgeht (nur wenige Arbeitnehmer sind überhaupt Mitglied einer Gewerkschaft, und diese verfügt ohnehin nur über wenig Geld: Streikkassen gibt es nicht); oder die Arbeitgeber, weil auf ihrer Seite die Verluste durch Arbeitsausfall zu groß werden (im Hexagon fallen viermal mehr Stunden durch Arbeitsniederlegungen aus als z.B. in Deutschland).

Die Arbeitnehmer und ihre Gewerkschaften

Einerseits widmen sich also Arbeitgeber und Arbeitnehmer immer noch in inniger Feindschaft dem Klassenkampf, andererseits wurde auch Frankreich längst von der sozialen Entwicklung erfaßt, die alle europäischen Industrienationen nach dem Kriege zunehmend prägte: Proletarier im kapitalismusklassischen Sinne gibt es immer weniger. Und auch wenn die unteren Einkommensschichten in Frankreich zwar finanziell noch schlechter gestellt sind als bei uns (insbesondere in der Schweiz), so fordern doch auch sie nicht mehr nur die Verbesserung ihrer materiellen Situation, sondern umfassender auch ihrer Arbeits- und Lebensbedingungen.

Das «Klassenbewusstsein» verändert sich von unten.

Diesen im Vergleich zu früher weitreichenderen Zielsetzungen bei Arbeitskämpfen trug die bis dahin tonangebende ***C.G.T.*** nicht Rechnung. Mehr noch, in allen Arbeitskämpfen, in denen Arbeitnehmer – wie im Fall der Uhrenfabrik LIP – bei drohenden Schließungen mangels Rentabilität oder wegen Konkurses ihren Betrieb besetzten, um ihn selbstverwaltet und basisdemokratisch weiterzuführen, entzog die *C.G.T.* ihnen die Unterstützung. Die eng mit der kommunistischen Partei verflochtene Gewerkschaft (in Frankreich gibt es anders als in Deutschland – auch das ist ein ganz wichtiger Unterschied – so gut wie **keine Branchengewerkschaften**) hatte einst Zulauf, weil das Klassenbewusstsein der Arbeiter sie zum gewissermaßen «natürlichen» Verbündeten erklärte: Den Unternehmern mussten ihre Pfründe entrungen werden, das konnte nur die kapitalismusfeindliche *C.G.T.* leisten; da musste man gar nicht selber Kommunist sein, um so zu denken. Und da Ordnung und Autorität im traditionellen Wertesystem der Arbeiterklasse von Bedeutung waren (negativ verinnerlicht durch die Organisation der industriellen Produktion), hatte man auch nichts gegen die **zentralistisch-rigiden Strukturen** dieser Organisation einzuwenden.

Doch genau das, was ehemals die Kraft der *C.G.T.* ausmachte, geriet ihr im Lauf der 70er und 80er Jahre, indem sie starr an der Idee des Klassenwiderspruches festhielt, zum Verhängnis. Die industrielle Entwicklung hat

Machtverlust der Gewerkschaft C.G.T., Zugewinn bei der reformerischen C.F.D.T.

nicht nur die Lebens- und Arbeitsbedingungen der Menschen verändert, sondern auch ihr soziales und politisches Bewusstsein. Dem kam die an sozialistischen Gesellschaftsmodellen orientierte und basisdemokratisch organisierte *C.F.D.T.* entgegen, zu der die Arbeitnehmer überwechselten, sofern sie sich nach ihrem *C.G.T.*-Austritt überhaupt neu organisierten. (Neben der *C.G.T.* und der *C.F.D.T.* gibt es noch einige kleinere *syndicats*, z.B. die *liberale Force ouvrière*.)

Die ***C.F.D.T.*** *(Confédération française démocratique du travail)* verkörpert ein neues Element in der französischen Gesellschaft. Sie begreift sich als eine reformerische Kraft, die nicht auf einer einmal vorgegebenen Analyse der Gesellschaft beharrt, sondern die schleichenden Veränderungen in vielen Einzelbereichen ebenso wie den grundsätzlichen Wandel zu verstehen versucht. Sie war und ist die einzige Gewerkschaft, die in ständigem Dialog mit den Arbeitnehmern sowie unterschiedlichsten gesellschaftlichen Kräften (nicht zuletzt den Intellektuellen) steht und deshalb mit ihrem Programm auf die veränderte Lebenssituation der Menschen reagieren wollte und konnte.

Mit der *C.F.D.T.* einerseits und der sozialistischen Regierung andererseits tauchte während der 80er Jahre in den Arbeitskämpfen und in den anderen gesellschaftlichen Auseinandersetzungen ein neues Denken auf, das in der Bundesrepublik seit ihrer Entstehung als maßgeblich gilt – die sogenannte **Sozialpartnerschaft**, deren Leitidee eine konstruktive Verhandlungs- und Kompromißbereitschaft ist. Diese veränderte Grundeinstellung scheint sich bereits im Rückgang der Zahl der Streiks und in einer geringeren handgreiflichen Radikalität bei den Auseinandersetzungen zu äußern – was aber nicht heißt, dass sie weniger hart geführt werden: Dies hängt nicht zuletzt mit einer **zunehmenden Verelendung der ärmeren Schichten** zusammen, insbesondere seit die automatische Lohnanpassung an die Inflationsrate (die sogenannte *indexation des salaires sur les prix*) abgeschafft wurde.

Vater Staat und stille Anarchie

Französische Einheit der Widersprüche: Staatsgläubigkeit und -misstrauen

Selbstkritisch bezichtigen sich die Franzosen gern selber, ein widersprüchliches Verhalten an den Tag zu legen. Einerseits huldigten sie einem **Etatismus**, indem sie vom Staat alles und insbesondere soziale Sicherheit forderten. Andererseits misstrauten sie ihrem Staat so abgrundtief, dass sie sich lieber allein durchmogelten *(resquiller)* und durchschlügen *(se débrouiller)*, und leisteten daher nicht ihren Beitrag zum Allgemeinwohl.

«Resquiller» heißt für den Resquilleur nichts weiter als «etwas erhalten, irgendwo Zutritt erlangen usw., ohne zu bezahlen».

Resquiller ist ein Verb, das genauer zu betrachten sich lohnt. Schlagen Sie einmal in verschiedenen französisch-deutschen Wörterbüchern nach. Da finden Sie u.a.: «schwarzsehen, -hören, -fahren; nassauern, schmarotzen; schnorren; die Zeche prellen»; selbst vor «klauen» und «betrügen» scheuen die Wörterbuchmacher nicht zurück. Die meisten der Übersetzungen kann kein *resquilleur* auf sich sitzen lassen. Trocken wird er im Gegenzug die deutsche Ehrlichkeit, Pünktlichkeit, Staatsgläubigkeit, Behördenliebedienerei usw. betonen, die bei diesen Interpretationen zweifellos Pate gestanden haben. *Resquiller* heißt nichts weiter als «etwas erhalten, irgendwo Zutritt erlangen usw., ohne zu bezahlen».

In der Tat stammt dieses Wort, das zwischen 1910 und 1930 aus dem Matrosen-Argot in die französische Hochsprache aufzusteigen begann, vom provenzalischen *resquilia* ab, was «gleiten» bedeutet. *Resquiller* meint also: «sich durchmogeln, durchschlängeln, vorbeigleiten; schummeln, mogeln»; bestenfalls noch «schnorren, nassauern».

Definitionen des «resquiller»

***Resquiller* ist**: sich beim Finanzamt so lange tot stellen, wie dieses sich nicht selber rührt; und sobald es sich gemeldet hat: nichts angeben, was das Amt nicht weiß, absetzen, was abzusetzen geht, und zum letztmöglichen Termin zahlen;

«Resquiller» ist das Schlüsselwort für stille Anarchie. Es bedeutet auch, nicht zu fragen, ob etwas erlaubt oder verboten ist, sondern es zu tun, bis man daran gehindert wird.

es ist: den Scheibenwischer einschalten und warten, bis der «Schmetterling» davonfliegt (*papillon* oder *p.v.* heißt in der Umgangssprache ein «Knollen / Knöllchen»), und alsdann hoffen, dass die Angelegenheit irgendwo auf dem Behördenweg versandet. **Es heißt dagegen nicht**, dass man nicht bereit wäre, nach dem Eintreffen der dritten Mahnung zu zahlen. Doch vielleicht ist bis dahin längst eine neue Regierung gewählt, die als traditionelles Wahlgeschenk von Papa Staat sämtliche Strafmandate für null und nichtig erklärt;

und es ist auch: durch den Métroausgang die Métro betreten; und ebenso: eine billige Theaterkarte kaufen und darauf setzen, dass teurere, also bessere Plätze frei bleiben werden.

Resquiller ist: sich nicht fragen, ob etwas erlaubt oder verboten sei, sondern es tun, solange man nicht daran gehindert wird.

Was hingegen ist ein «débrouillard»?

Dem *resquilleur* verwandt ist der *débrouillard*, jenes kluge Köpfchen, das sich selber zu helfen weiß, das sich an den eigenen Haaren aus dem Schlamassel zieht, das irgendwie zurechtkommt und sich durchbeißt (in schlimmeren Fällen). Im Deutschen lässt sich sein geschicktes Wesen nur mit leicht ältlich klingenden Begriffen wie «Pfiffikus, Schlitzohr, Schlawiner» umschreiben. Er arbeitet mit *système D* (D wie *débrouillardise*), wobei Pfiffigkeit allein noch keinen französischen Pfiffikus macht. Er muss daneben zumindest noch Schlagfertigkeit, Mutterwitz und Werkelmentalität besitzen.

Die ***débrouillards* unterscheiden sich von den *resquilleurs*** in einigen wesentlichen Punkten. Während die Mogler sich durch Vorhandenes durchschlängeln, graben sich die Schlawiner einen unterirdischen Tunnel. Während sich die Mogler, einander zuzwinkernd, gemeinsam gegen sinnlose Gesetze stellen, handeln die Schlawiner überwiegend allein, und nicht nur gegen Behörden und Autoritäten, sondern notfalls jeder gegen jeden. Da mag man dann, etwa Bettlern gegenüber, aus ihrem Mund vernehmen: *«Débrouille-* (oder auch: *démerde-*) *toi tout seul!»* («Sieh zu, wie du selber zurechtkommst, allein aus der Scheiße kommst.») Oder: «Macht der Staat da denn nichts?! Da muss der Staat doch etwas unternehmen!»

Tout est pourri – Alles ist verfault

Wirtschafts- und Politikskandale als Rechtfertigung für moralische Verdrossenheit

Ob *resquilleur* oder *débrouillard*, ein Franzose, der auf die eine oder andere Weise zusieht, dass «Butter in seinen Spinat» kommt *(mettre du beurre dans les épinards)*, d.h. Speck an die Erbsen, hält eine glänzende Rechtfertigung bereit: Alles ist faul, verdorben, korrumpiert. Dabei stehen natürlich die Politiker und ihre Geschäfte sowie die führenden Kräfte des Landes an der Spitze. In der Tat, Wirtschafts- und Politskandale beweisen dies von Zeit zu Zeit und häufig genug, um nie Zweifel daran aufkommen zu lassen, dass sich dieser Zustand nicht ändern wird. Einen Beweis

Wachsendes Misstrauen gegenüber dem Staat und den etablierten politischen und gesellschaftlichen Organisationen

Repolitisierung der «Entpolitisierten»

lieferte in neuerer Zeit der so genannte «Klinikkrieg» von Marseille, in dem professionelle, von Klinikchefs angeheuerte Killer Konkurrenten erschossen. Was zunächst wie eine Fehde um teuer bezahlende Privatpatienten aussah, entpuppte sich als Kampf um die Vormachtstellung als Geldwaschanlage im Drogengeschäft.

Bei uns erregen ähnliche Skandale Aufsehen; man denke nur an den fast schon vergessenen Tod eines Ministerpräsidenten in einer Genfer Badewanne. Dies- wie jenseits des Rheins wird die Öffentlichkeit in den seltensten Fällen über die Hintergründe aufgeklärt. Und auf beiden Seiten wenden sich die Bürger mehr und mehr von der Politik ab; auf beiden Seiten nehmen die *débrouillards* zu. Dennoch lassen sich quantitative wie qualitative Unterschiede feststellen. **In Frankreich hat diese Haltung Tradition**, in Deutschland sind die «italienischen Verhältnisse im Land des Regens» (Enzensberger) vergleichsweise jung.

Bei uns bedeutet Misstrauen gegenüber dem Staat und den etablierten politischen und gesellschaftlichen Organisationen nicht unbedingt grundsätzliche Abkehr von politischen und gesellschaftlichen Belangen. In Frankreich dagegen sinkt stetig die Wahlbeteiligung, treten seit den ausgehenden 70er Jahren immer mehr Bürger aus den Gewerkschaften und Parteien aus, die kaum durch neue Organisationen ersetzt werden.

In D / CH / A hingegen haben sich in den 70er und 80er Jahren Parallelstrukturen herausgebildet, angetrieben von der Idee: «Was der Staat nicht für uns unternimmt, das nehmen wir selber in die Hand.» Französische **Bürgerinitiativen** dagegen verstanden sich höchstens in ihren allerersten Anfängen als Alternativeinrichtungen zum Staat. Sie sehen ihre Aufgabe vielmehr darin, eine **Pressuregroup** zu sein, die vom Staat den Bürgern zustehende Rechte einklagt. In jüngster Zeit wiederum ist in beiden Ländern eine Repolitisierung der «Entpolitisierten» zu beobachten: außerhalb der Parteien, Verbände und Gewerkschaften – mitunter gewalttätig, mitunter «nur» durch einen *vote de sanction* (eine «Denkzettel-Abstimmung»).

Tips & Knowhow

Tu & Tabu: *Individuum, Staat und Gesellschaft*

Tu! Wundern Sie sich nicht über das **scheinbar widersprüchliche Verhalten der Franzosen gegenüber ihrem Staat.** Manche Ungereimtheiten können Sie verstehen, wenn Sie nicht aus dem Auge verlieren, dass viele eine zwiespältige Einstellung zum Staat haben. Einerseits halten sie die bestehenden Verhältnisse für grundlegend verdorben und unmoralisch und leiten daraus ab, dass jeder das Recht habe, sich nach Gutdünken auf seine Weise durchzuschlagen. Andererseits meinen sie, dass es Vater Staats Pflicht und Schuldigkeit sei, für alles und jeden zu sorgen.

Tu! Wenn Sie mit Franzosen über Fragen diskutieren, die das Verhältnis von Individuum, Staat und Gesellschaft betreffen, so machen Sie sich auf

einen weiteren Widerspruch gefasst: Ihr Diskussionspartner wird **Dinge vehement kritisieren, an denen er sich selbst aktiv beteiligt**. Herausragendes Beispiel ist der Pariser Straßenverkehr, der kurz vor dem Kollaps steht. Ihr Gesprächspartner wird sicherlich händeringend Änderungen fordern. Anschließend jedoch wird er vermutlich in sein Auto steigen, um lieber im Stau festzustecken, als sich in die Métro wie eine Ölsardine in die Büchse zu drücken. Erwarten Sie also nicht, dass Franzosen, ehrenhaft sich selbst aufopfernd, mit gutem Beispiel vorangehen.

Tu! Berücksichtigen Sie bei diesen Gesprächen über das Verhältnis von Individuum, Staat und Gesellschaft zudem immer, dass Schule und Universität erfolgreich **sozialkonformes Verhalten** heranbilden. Die Franzosen aber pflegen ein **gänzlich anderes Selbstbild**. Sie meinen, weil sie als *resquilleur* und *débrouillard* handeln und ab und zu mit Autoritäten ihren Jux treiben, seien sie nicht angepasst.

Tabu! Überschätzen Sie nicht die ***légerté*** des französischen Staats. Dieser nützt die Aufmüpfigkeit seiner Bürger im Kleinen, um sie im Großen umso stiller zu wissen.

Soziale Absicherung in Frankreich

In Frankreich erhält jedes Baby bei seiner Geburt eine 13stellige Nummer. Zwar nennt man sie Sozialversicherungsnummer *(numéro de sécurité sociale)*, doch da sie ebenso in Personal-, Studenten- und anderen Ausweisen vermerkt wird, dient sie zugleich als «Identifizierungsnummer». Auch als ausländischer Arbeitnehmer oder Student werden Ihre Daten in einen solchen Nummerncode verschlüsselt: 1 steht für «männlich», 2 für «weiblich», andere Ziffern für Ihr Ankunftsjahr in Frankreich, 00 für «Ausländer» usw.

Sozialversicherungsnummer = «Identifizierungsnummer»

Die **Sécurité sociale** umfaßt die gesetzliche Kranken- und Unfallversicherung, die gesetzliche Rentenversicherung und die verschiedenen staatlichen Beihilfen *(allocations)*.

Das Kranksein kommt den einzelnen Franzosen teurer zu stehen als seinen deutschen Kollegen. In den ersten vier Wochen einer Krankheit erhält er nur die Hälfte seines Reallohns als Krankentagegeld, danach zwei Drittel. Beim Rentnerdasein unterscheiden sich die Verhältnisse dagegen kaum; selbst die **Rentensysteme** – bis hin zu den Betriebsrenten – ähneln einander. Der einzige wesentliche Unterschied besteht darin, dass in Frankreich eine staatlich festgesetzte Mindestrente allen Pensionären ein Leben oberhalb der Armutsgrenze erlaubt, wenn sie über diese hinaus

Krank sein ist teuer.

noch Wohngeld und andere Beihilfen beantragen. **Familien oder Alleinerziehende mit sehr geringem Einkommen** besitzen in Frankreich Anrecht auf zahlreiche Zuschüsse. Neben Wohn- und Kindergeld und ähnlichen hier auch bekannten Beihilfen können sie eine einmalige Unterstützung bei der Geburt eines Kindes, jährlich zu Schulbeginn und zu anderen Anlässen beantragen. Ob dadurch französische Eltern besser gestellt sind als etwa deutsche, die auf das Sozialamt angewiesen sind, lässt sich nur schwer beurteilen. Fest steht allerdings, dass sie ebenso viele Papiere ausfüllen, Anrufe tätigen, Einsprüche erheben und ebenso oft auf der langen Amtsbank sitzen müssen. Und trotz aller Beihilfen kommen auch sie nur mühsam über die Runden – *joindre les deux bouts*, so nennen die Franzosen diesen ständigen zähen Kampf: das geldlose Monatsende mit dem nächsten Monatsbeginn, wenn die Überweisungen eintreffen, verschweißen. Fest steht schließlich auch, dass dies entgegen der staatlichen Absicht (die sich aus Pétain-Zeiten in die Gegenwart hinübergerettet hat) die Gebärfreudigkeit der Franzosen nicht steigert.

Sozialleistungen

Nicht anders ergeht es den **smicards**, jenen, die vom staatlich festgesetzten Mindestlohn (S.M.I.C.) leben, und den **Arbeitslosen**. Die Arbeitslosigkeit verwalten in Frankreich zwei Institutionen: *A.N.P.E.*, zuständig für Arbeitsvermittlung, und *A.S.S.E.D.I.C.*, die Versicherungskasse. In vielen Punkten gleichen sich in Frankreich und Deutschland die Probleme und die mehr oder weniger oder nicht gelungenen Lösungsversuche. Grundlegend unterschied sich jedoch bis vor kurzem die Situation von Langzeitarbeitslosen und ebenso von all jenen, die aus anderen Gründen in finanzielle Bedrängnis geraten sind. Im Hexagon wurden sie von keiner Sozialhilfe aufgefangen, sondern waren auf Lazarusbrocken angewiesen. Mit der Dauerarbeitslosigkeit tauchten seit 1983, 1984 im öffentlichen Straßenbild, vor allem in Paris, immer mehr bettelnde Menschen auf; in besonders kalten Nächten erfroren Obdachlose. Private Hilfsorganisationen fuhren mit Gulaschkanonen durch die Stadt, der Komiker Coluche rief die *restaurants du cœur* ins Leben, Métrostationen blieben nachts für Obdachlose geöffnet. Und seit 1985 tauchte in den französischen Medien ein neuer Begriff auf: ***les nouveaux pauvres* (die neuen Armen)**, womit all jene bezeichnet werden, die, wie es heißt, «unverschuldet in Armut geraten» sind.

Dauerarbeitslosigkeit

Ende der 80er Jahre endlich verabschiedete man ein Gesetz über das sogenannte «**Eingliederungs-Minimaleinkommen**» *(Revenu Minimum d'Insertion, RMI)*. Diese unter dem Strich erbärmliche Summe soll das Überleben ermöglichen – sofern man willens (sprich: fähig) ist, sich in die Gesellschaft wieder einzugliedern.

Betteln aus schierer Not

Überall, wo viele Passanten vorübergehen – in den U-Bahn-Gängen, an Straßenkreuzungen, in den Einkaufsstraßen –, finden Sie nach wie vor bettelnde junge Mütter, die ihr Kind auf dem Arm tragen, Rentner, aber auch junge Männer. (Die meisten sind zwischen zwanzig und dreißig Jahren alt und gehören zu denen, die nie Arbeit fanden.) Ihre überkorrekte, sehr saubere ärmliche Kleidung, ihr schräg an den Passanten vorbeifliehender Blick sondern sie deutlich ab von Alkoholikern und Drogenabhän-

Mit der Zunahme der Dauerarbeitslosigkeit wurde vielen Menschen ihre soziale Ankerleine gekappt.

gigen, von den musizierenden Stadtstreifern und Weltenbummlern, die Seite an Seite mit ihnen stehen.

Kurz vor der Jahrzehntwende danach befragt, worin ihrer Auffassung nach die entscheidenden Probleme in den 90er Jahren bestehen würden, erwähnten die Franzosen an erster Stelle die **mangelnde soziale Absicherung**, die der Staat werde verbessern müssen.

Krankheit

Klassische **französische Schulmediziner unterscheiden sich in einzelnen Diagnose- und Behandlungspraktiken** von ihren deutschen Kollegen, so wie sich auch die Patienten etwas anders verhalten. Deshalb mag Ihnen, wenn Sie in Frankreich einen Arzt aufsuchen, manches fremd erscheinen. Es ist beispielsweise möglich, dass der Arzt Ihnen bei Kreislaufbeschwerden höchstens den Blutdruck misst, aber kein EKG macht, sondern Ihnen eine Weile aufmerksam zuhört und dann ein Rezept über Magnesium ausstellt.

In den großen Städten, besonders dem Pariser Ballungsgebiet, ist nämlich eine Krankheit verbreitet, die sich mit aufbauenden Mitteln, wie es scheint, behandeln lässt. Bei uns macht sie mit einem etwas anderen Profil – und als Krankheit gesellschaftlich weniger akzeptiert – unter der Bezeichnung **«Stress»** von sich reden. Auf französisch sagt man *faire un peu de dépression* («ein bisschen Depressionen haben») oder *faire de la dépression*. Sie hat – so die gesellschaftliche Überzeugung im Allgemeinen und die Übereinkunft zwischen Arzt und Patient im Besonderen – nichts mit einer Depression zu tun, sondern ist ein Zustand **physischer Mattigkeit**, die eine gewisse **psychische Niedergeschlagenheit** hervorruft. Man wird von dieser Krankheit infiziert durch das großstadtspezifische Zu-viel-von-Allem: Menschen, Lärm, Stress, Termine, *médiatisation* (Überflutung von elektronischen Medien) ... Sie kommt zum Ausdruck in Symptomen wie verminderter Widerstandskraft und chronischer Müdigkeit, in manchen Fällen wiederum Überaktivität und Schlaflosigkeit trotz gleichzeitiger Erschöpfung.

Behandeln könnte man sie durch eine einfache Krankschreibung. In der Regel aber verschreibt der Arzt zusätzlich – als Placeboeffekt? – einige aufbauende Mittel wie Calcium, Magnesium, Vitamin B12 und dergleichen mehr. Sie werden bevorzugt in Ampullen verabreicht. (An beiden Enden aufzubrechende Glasampullen, die den Patienten dem Risiko aussetzen, sich zusätzlich noch zu verletzen, sind als Verpackungsmaterial in der französischen Pharmaindustrie ausgesprochen beliebt.) In den letzten Jahren therapieren sich Frankreichs Großstädter, die befürchten, «nicht durchzuhalten», häufig präventiv selbst mit einer **Überdosis Vitamintabletten**, weshalb mitunter Dopingerscheinungen auftreten, oder gern auch mit **Tranquilizern** (hier gehören sie zu den Spitzenkonsumenten weltweit).

● **Im Kern jedoch unterscheiden sich Frankreichs Ärzte nicht von den unsrigen.** Bei einer Erkältung mögen Sie Ihnen ebenso bedenkenlos Penicillin verschreiben wie schlicht und einfach Spurenelemente und Vitamin C, mit der Empfehlung, heißen Thymiantee mit Zitrone zu trinken, mit Calendula-Extrakt zu gurgeln und gegen den Schnupfen ein Dampfbad zu nehmen. Und wie hierzulande können Sie auf anderen Mitteln bestehen oder einen zweiten Mediziner zu Rate ziehen. Franzosen tun dies allerdings selten. Sie stellen den Arzt als Autorität weit weniger in Frage als deutsche Patienten.

● Die **Inneneinrichtung der Praxisräume** gleicht häufig einem Wohnzimmer, was bei uns meist nur bei Privatärzten der Fall ist. Sofern der Arzt eingetragen ist, erhalten Sie **einen Teil der Arztkosten zurückerstattet**.

● **Billiger aber ist es, eine Poliklinik aufzusuchen.** Dort finden Sie eher die gewohnte, kühle und unpersönliche Praxisatmosphäre vor. Die Polikliniken verfügen zudem über eigene Laboratorien, so dass Sie sich gegebenenfalls einen, wenn nicht zwei Gänge ersparen können.

● Die **Arztkosten müssen Sie stets vorstrecken** und sich später von der Krankenkasse zurückerstatten lassen. Fragen Sie den Arzt nach seinem Honorar! Haben Sie einen frei praktizierenden Arzt aufgesucht, so werden Ihnen voraussichtlich nur 50% zurückerstattet; 70% dagegen, wenn Sie die Untersuchung in einer Poliklinik oder ambulant im Krankenhaus haben vornehmen lassen.

● Ebenso müssen Sie in der **Apotheke** die Medikamente – die trotz einer Preisexplosion seit etlichen Jahren noch immer billiger sind als in Deutschland – **im Voraus bezahlen**. Hier können Sie mit einer Rückerstattung von 40–60% rechnen. (Das **Rückerstattungssystem** stellt eine Wissenschaft für sich dar; erwähnt werden soll hier nur noch, dass im Falle eines Krankenhausaufenthalts 80–100% der Ausgaben von der Kasse übernommen werden.)

● Für die **Beantragung der Rückerstattung von Behandlungskosten** erhalten Sie vom Arzt die *feuille de maladie*. Dieses vierseitige Blatt ist in verschiedene Abschnitte unterteilt. In eine Spalte trägt der Arzt die Höhe seines Honorars ein, auf eine andere werden die so genannten *vignettes* (Marken) geklebt, was manchmal von der Apotheke erledigt wird. Andernfalls finden Sie die Marken auf der Medikamentenpackung als kleines Schildchen mit dem Aufdruck **«vignette»** und der Preisangabe. Wenn Sie fest in Frankreich leben, müssen Sie in das «Krankheitsblatt» auch Ihre **Sécurité-sociale**-Nummer eintragen.

● Erst in dem Moment, da Sie sich an die Krankenkasse wenden, benötigen Sie Ihren **Auslandskrankenschein**. Sie können die **Rückerstattung** zu Hause schriftlich beantragen, sich jedoch auch persönlich zu der mit Ihrer Kasse zusammenarbeitenden französischen *caisse d'assurance maladie* begeben, wo man Ihnen das Geld bar auszahlt.

● Wenn Sie als **abhängig Beschäftigter in Frankreich** leben, werden Sie zwangsläufig und ohne eigenes Zutun über die *Sécurité sociale* **pflichtversichert**.

● Als **Student** oder **Au-pair-Kraft** dagegen können Sie in der Regel in Deutschland versichert bleiben und die Rückerstattungen mit Hilfe des Auslandskrankenscheins regeln; doch besteht auch in diesem Fall **Versicherungspflicht**. (Wenn Sie regulär in Frankreich studieren, müssen Sie sich als Student jährlich einer Vorsorgeuntersuchung unterziehen. Ohne den Stempel dieser Untersuchung können Sie sich nicht zu den Prüfungen einschreiben.)

● Bei einem **mehrjährigen Aufenthalt** ist es in jedem Fall ratsam, sich **in Frankreich zu versichern**. Denn dann können Sie eine **Zusatzversicherung** abschließen – eine *mutuelle* –, die einen weiteren Teil oder den gesamten Restbetrag der für Arzt und Medikamente verauslagten Summe zurückerstattet. Und sollten Sie über ein **geringes Einkommen** verfügen, können Sie das *ticket modérateur* in Anspruch nehmen. Gegen

Vorlage dieser «Ermäßigungskarte» müssen Sie bei Arzt und Apotheke von Vornherein nur den Teil der Kosten zahlen, den Sie oder Ihre *mutuelle* zu tragen haben.

● Während hierzulande **alternative Heilpraktiken** noch wenig Eingang in den Bereich der Medizin gefunden haben und Heilpraktiker, da sie meist keine Arztausbildung abgeschlossen haben, nur auf private Rechnung behandeln dürfen, haben bestimmte sanfte Therapieformen in Frankreich sich bereits die Anerkennung der Schulmediziner und der Wissenschaft und damit auch der Krankenkassen erworben. In allen größeren Städten können Sie Ärzte, manchmal sogar Krankenhäuser oder Polikliniken finden, die alternative Therapieformen einsetzen, vor allem Homöopathie und Akupunktur. (Akupunktur wird in Frankreich übrigens an mehreren medizinischen Fakultäten gelehrt.)

Tips & Knowhow

Miniwörterbuch für Krankheitsfälle

Eine Tablette ist beileibe **nicht *une tablette*** (Tischchen, Täfelchen ...), sondern *un cachet* (was ursprünglich «Siegel» hieß und im Verlauf der letzten 500 Jahre zahlreiche andere Bedeutungen, darunter eben «Tablette», hinzugewonnen hat), *un comprimé* und *une pilule* (die als la pilule, wie im Deutschen, kurz und knapp die Antibabypille bezeichnet).

Politik im französischen Alltag

Beim Essen mit Gästen reden sie über das Essen und Trinken, beim allabendlichen Familienessen über den Schulalltag der Kinder und über andere Familienbelange, bei den sonntäglichen Familientreffen wiederum über die Familie, bei der Jagd über die Jagdhunde, bei Bridge und *belote* über die Karten, bei *boule* über den Stoß, mit dem einer der Spieler gesiegt oder verloren hat. Und wann reden sie über Politik?

Parler politique: Wann? Wie? Wo?

In Frankreich gibt es keinen Stammtisch, dafür aber den Café-Tresen.

In Frankreich finden Sie nicht die Einrichtung des hiesigen Stammtisches. Und auch keine Stammtischpolitik – sofern man darunter eine schier endlose zeternde Debatte versteht, bei der noch das aberwitzigste Argument an den Haaren herbeigezerrt wird, nur damit man Recht behält, und wo sich nicht selten zwei so spinnefeind werden, dass sie in Zukunft nicht mehr am Stammtisch zusammenkommen und einander nicht mehr grüßen.

Stattdessen gibt es in französischen Cafés den Tresen. Dort steht man bei einem Apéritif und redet über dies und jenes, über Belanglosigkeiten und Wichtigeres, und mit einemmal hört man aus dem Radio, das im Hintergrund dudelt, eine Nachricht. Sagen wir: ein neuer Mord im Marseiller «Klinikkrieg» wird gemeldet. Einer am Tresen meint: «*Tiens* … Sieh einer an, da hat wieder mal eine Profikillerkugel einen Arzt ins Leichenschauhaus befördert. Jetzt nützt's ihm nichts mehr, Chirurg zu sein, die bleibt stecken.» «Es sei denn, der Auftraggeber seines Mörders holt sie ihm raus … für die Polizei, versteht sich», erwidert trocken der Wirt hinterm Tresen und wendet dem anderen schon wieder den Rücken zu, um aus einer der kopfunter hängenden Flaschen einen quittengelben Likör zu zapfen. Die Leute vor dem Tresen tauchen ihr kurzes, aber hörbares Lachen in ihre Gläser, wo es zusammen mit dem Thema ertrinkt.

«Rouspétance» = Meckern

An einem Tisch unweit des *zinc* (Tresens) sitzt ein Mann allein beim Apéritif; er liest Zeitung. Jetzt schaut er auf und erzählt denen, die am Tresen stehen, was er gerade gelesen hat und was ihn empört. Er lässt seiner Wut freien Lauf, er gibt sich einer *rouspétance* (einem Gemecker) hin, die sich gewaschen hat.

Nach Strich und Faden betrögen einen heute die Politiker, und zwar alle durch die Bank. Und von dem lokalpolitischen Ereignis, um das es eigentlich ging, kommt er zu allgemeinen Schlussfolgerungen. Die Politik sei *un cirque* (reines Theater), und rechts und links seien schon lange austauschbar. Er werde das nächste Mal auch nicht mehr wählen gehen, die sollten ihren Dreck alleine machen …

Niemand fragt den Grantler, warum er, wenn er die Politik den Politikern überlassen wolle, denn gerade seit Wochen streike, um den Abbau von Arbeitsplätzen zu verhindern. Wo er persönlich doch gar nicht betroffen sei. Umso mehr, als er doch nur an Einkommen verliere. Niemand fragt ihn, warum er sogar nach Paris fahre und dort demonstriere. Die anderen knurren nur manchmal – zustimmend, wie es scheint. Und hin und wieder flicht einer einen Satz ein, aus dem hervorgeht, dass für ihn, wie für die anderen, Politik aus nichts als *magouilles* (Mauscheleien) besteht. Ohne Groll oder Resignation wird dies jeweils gesagt: Im Ton der Stimme liegt ein gleichgültiges Schulterzucken.

Manchmal natürlich, vorrangig wenn es um Lokalpolitik geht und mitunter die eigenen Interessen betroffen sind, verdichten sich solche Kaffeehausdiskussionen zu Stammtischpolitik (auf französisch: *des discussions de café du Commerce*), die der deutschen in nichts nachsteht. Da möchte man am liebsten alle, die anders sind als man selber, in einen Sack stecken und draufhauen und sie aus Frankreich verjagen.

Stammtischpolitik = «des discussions de café du Commerce»

Politikverdrossenheit und «neue Uneigentlichkeit + Orientierungslosigkeit» lassen der Zeitschrift «Libération» dem rechten Politiker Le Pen die Worte in den Mund legen: «Links, rechts – was bedeutet das noch?»

Discuter politique – nach welchen Regeln?

Wenn Sie daheim in Kreisen der gebildeten und zahlungskräftigen Mittelschicht zum Brunch oder zu einem abendlichen Fest eingeladen sind, geschieht es leicht, dass Sie in Diskussionen von weltpolitischer Dimension verwickelt werden. Sie und Ihre Gesprächspartner ereifern sich, und unter Umständen verstricken Sie sich für Stunden in ein Thema. Erst wenn Sie merken, dass um Sie herum der Raum sich beinahe geleert hat und der Gastgeber schon mit dem Aufräumen beginnt, wird Ihnen die Gegenständlichkeit des Ortes wieder bewusst. Im ersten Moment erscheint es Ihnen schwierig, zwischen den Realitätsebenen zu wechseln, dann schütteln Sie das Gespräch wie einen Traum ab. Doch wie Sie in Ihren Träumen die entscheidenden Worte und Antworten nicht finden –

so oft Sie Ihre Träume auch von Neuem träumen –, so konnten Sie Ihre Gesprächspartner doch nicht von Ihrer Meinung überzeugen.

Sollte in Frankreich wider alles Erwarten während eines *dîner* doch einmal das Gespräch auf Politik kommen, wird keiner der Diskutierenden je die Absicht hegen, Sie zu seiner Meinung zu bekehren: **Im Vordergrund steht allemal der Spaß am geistigen Spiel, am intellektuellen Gefecht.**

Die eigenen politischen Ansichten werden geschickt verkleidet.

Doch noch etwas anderes prägt die politischen Debatten und Small-talk-Gespräche des *Comme-il-faut*-Bürgertums. Die eigenen Ansichten müssen so geschickt wie möglich verkleidet werden. Politische Auffassungen sind ein ebensolcher Tabu-Bereich wie die heiligen eigenen vier Wände *(le chez-soi)* und wie Liebe und Sexualität.

Da zerlegt Ihr Gesprächspartner mit einer nahezu zärtlichen Aufmerksamkeit gerade einen Krebs, während Sie krude äußern, dass Sie die französische Haltung zur Umweltpolitik empört. In den Händen des Mannes (oder der Frau) zuckt es leicht, einen Moment lang schweben Gabel und Messer wie reglos in der Luft über der orangeroten Schale des Tieres. Dann sinken Messer- und Gabelspitze zurück ins Fleisch. Ihr Gegenüber setzt an: «Sehen Sie, man muss die Politiker verstehen. Die Ihren werden von verschiedenen Bewegungen unter Druck gesetzt – von Bürgerinitiativen, wie sie wohl heißen, die haben ja sogar eine Lobby im Parlament –, die unsrigen von streikenden Arbeitnehmern. Auf ihre Weise weichen sie hier wie dort dem Druck der Straße, um an der Macht zu bleiben. Rivarol sagte: Das Volk spendet seine Gunst, niemals sein Vertrauen. Seit das Volk Souverän genannt wird, muss die Regierung mehr dafür tun, um sich die Gunst des Volkes zu erhalten.»

«Das Volk spendet seine Gunst, niemals sein Vertrauen.»

Ein anderer schaltet sich ein, meint: «Richtig, das sieht man an den Wahlen. Die Franzosen bestrafen mittels Stimmzetteln. Und viele interessieren sich auch gar nicht mehr für Politik. Jeder weiß, dass alles gelogen ist. Wenn sie ankündigen, eine neue Fabrik schaffe 2.000 Arbeitsplätze, dann streichen wir erst mal eine Null weg, und wenn sie beteuern, die Fabrik koste nur soundsoviel Millionen, dann multiplizieren wir erst mal mit zwei.»

Jetzt zitiert ein anderer, von dem Sie gar nicht wussten, dass er deutsch spricht: «Mir ist das Volk zur Last, meint es doch dies und das: Weil es die Fürsten hasst, denkt es, es wäre was.» Und nach einer Pause setzt er hinzu: «Goethe», und übersetzt den Vers, woraufhin alles lacht und Ihr ursprünglicher Gesprächspartner zur Soßenschüssel greift, Sie fragt, ob Sie einen Nachschlag möchten, sodann sich selber bedient. Nach drei, vier Bissen, die er genussvoll verzehrt, beginnt er vom deutschen Geist zu sprechen. Vielleicht war es Goethe, der ihn darauf gebracht hat. Das Aufsteigen vom Konkreten ins gleichsam Philosophische ist nur eine der Möglichkeiten, die eigene Meinung wenigstens halbwegs im Verborgenen zu halten. Eine andere bietet sich dadurch, dass man ins Hypothetische hinüberwechselt, etwa in folgender Weise: «Wenn man ein konservativer Politiker ist, also sagen wir, ich wäre *Machin* (Dingensbums), dann würde ich mich fragen …» usw. Eine dritte Möglichkeit besteht darin, die eigene Meinung als die eines anderen auszugeben, also etwa zu äußern: «Ich habe

«Tarnkappen»-Methoden für die persönliche politische Meinung

Franzosen maskieren ihre politische Überzeugung und führen politische Gespräche gerne ins Groteske.

eine Bekannte, die denkt so und so über dies und jenes»; eine vierte, aus der Zeitung zu zitieren: «*Un tel* (XY) äußerte neulich in *Le Monde* ...» (*Le Monde* wird deshalb besonders gern zitiert, weil diese Tageszeitung in allen politischen Lagern gelesen wird, folglich wenig über die eigene Couleur verrät.)

Bäumchen-wechsel-dich-Spiel der Meinungen

Eine fünfte Möglichkeit, die eigene Meinung bedeckt zu halten, eröffnet das Bäumchen-wechsel-dich-Spiel: Man nimmt, scheinbar ernsthaft, eine bestimmte Position ein, um sie nach einer Weile gegen die Position, die bisher ein anderer vertreten hat, auszutauschen, die allerdings zur ursprünglich vertretenen gänzlich konträr ist; und dieser scheinbare Meinungsumschwung kommt völlig überraschend und unmotiviert.

Eine weitere Möglichkeit schließlich liegt darin, wiederum zunächst eine allem Anschein nach ernste Überzeugung zu vertreten, um nach einer Weile das Gespräch durch Sarkasmus, Zynismus oder Witz wie einen Luftballon zum Platzen zu bringen. Sie reden beispielsweise gerade über Sicherheit und Gefahr von Atomkraftwerken, über Missbildungen, Fehl- und Totgeburten und Leukämiefälle in bestimmten Regionen der ehemaligen UdSSR, der Türkei, aber auch Süddeutschlands nach der Reaktorkatastrophe von Tschernobyl, und Sie sind sich vielleicht sogar einig, dass es hierbei Zusammenhänge geben muss, als Ihr Gastgeber Ihnen Kaffee anbietet. «Oder Tee?» fragt er (was außergewöhnlich ist). Und Sie erwidern: «Einen Tee würde ich vorziehen», woraufhin Ihr Gastgeber bemerkt: «Dieser Tee hat ein gutes Aroma. Er ist zwar in Tschernobyl geerntet worden, aber es ist ein Orange Pekoe.» Mit Äußerungen dieser Art wird meist hinter ein bestimmtes Thema der Schlusspunkt gesetzt.

Manchmal erscheinen Anfänge von Gesprächen über Politik in Frankreich so inspirierend und aufregend, dass man meint, gemeinsam auf eine Entdeckungsreise in See zu stechen. Doch in ihrem Verlauf wechseln diese Gespräche wie unwillkürlich den Kurs. Und am Ende bleibt Ihnen vielleicht das Gefühl, Ihr französischer Diskussionspartner habe Sie absichtlich auf Sand auflaufen lassen. Sie empfinden Verrat. Sie meinen, man habe Ihre Ernsthaftigkeit «verhohnepiepelt», ja man habe Ihnen gar ungerechterweise die (Narren-) Kappe des bierernsten Deutschen übergestülpt.

Die Franzosen – zynisch, indifferent, oberflächlich?

Deutsche, die immer wieder diese Erfahrung gemacht und sich auf diese Weise verletzt gefühlt haben, gehen oft zum Gegenangriff über, indem sie die Franzosen als zynisch, indifferent, oberflächlich bezeichnen. Und als Beweis führen sie vielleicht le waldsterben an. Obwohl auch in Frankreich die Bäume durch sauren Regen und darüber hinaus alljährlich Hunderte Hektar Wald durch Brände (häufig durch Brandstiftung) vernichtet werden, hätten die Franzosen noch nicht einmal ein eigenes Wort für das Waldsterben (was im übrigen stimmt). Zweifellos wird in Frankreich ein politischer Humor gepflegt, der an Zynismus grenzen mag. Wie aber, wenn ein solcher Humor zumindest zeitweilig als befreiende Angstabwehr diente, die es ermöglicht, nicht immer wie das Kaninchen auf die Schlange zu starren, sondern den Blickwinkel spielerisch zu verändern – im Wissen, dass es politisch keine Patent- und Endlösungen, keine allein selig machenden Wahrheiten und nicht einmal die saubere Trennung zwischen den Guten und den Bösen, ja, nicht einmal: zwischen **dem** Guten und **dem** Bösen, gibt? Wer wollte sich da, statt den Augenblick des Zusammenseins und des Essens zu genießen, ins Leere hinein aufregen? Andererseits ... wäre dies nicht ein allzu bequemer hedonistischer Relativismus? – Vielleicht knüpfen Sie das politische Gespräch mit Ihren französischen Freunden einmal an diese Frage. **Antworten voller Esprit** werden Sie erwarten.

Das französische Selbstbild

Seit der Dritten Republik, also seit die *République française* als Republik ihre Fundamente verbreitern konnte und die monarchistische Restauration an Kraft verlor, herrschen bestimmte Vorstellungen von dem, was Frankreich sei und welche Rolle ihm weltpolitisch übertragen sei. Eine Grundüberzeugung eint die französische Nation über alle politischen

Lager hinweg: Frankreich habe als Wiege des Rationalismus, der Aufklärung und der Menschenrechte eine Mission in der Welt zu erfüllen, nämlich die Bewahrung und Verbreitung dieser Werte. In diesem Sinne erkennt die französische Politik sich selbst seit zweihundert Jahren eine zivilisatorische Aufgabe zu. Seit Napoléon dienten die großen Politiker dieser Mission.

Die französische Politik erkennt sich selbst seit 200 Jahren eine zivilisatorische Aufgabe zu.

Aus ihr werden Verpflichtungen abgeleitet, etwa die schlagkräftige Verteidigungsfähigkeit der französischen Armee, die atomar sein müsse *(force de frappe)*. Ferner das spätimperiale Engagement in den ehemaligen Kolonien. Weiterhin die Führungsrolle *(moteur)* im europäischen Prozess... Dass dieses Selbstbild nur mit einer glücklichen Fähigkeit zur Selbsttäuschung und Verdrängung bestehen kann, äußern nicht nur ausländische, sondern – oft noch schärfer – auch französische Kritiker. Zweifellos zu Recht. Denn beim geschönten Geschichtsbild wird die fast einjährige Schreckensherrschaft *(Terreur)* als Höhepunkt der Revolution ebenso verschwiegen wie die Napoléonischen Kriege, die Dreyfus-Affäre oder die Unterzeichnung des Münchner Abkommens durch die Volksfrontregierung, die dem faschistischen Deutschland die Besetzung Böh-

Die dunklen Flecken der französischen Geschichte

Geschichtsmythen und rationalistisches Weltverständnis – Einheit der Widersprüche im französischen Selbstbild? (Statue: Jeanne d'Arc, Paris)

mens und damit auch der Tschechoslowakei erleichterte. Da fallen weiterhin die mit den Nazis kollaborierende Vichy-Regierung, der Indochina- und der Algerienkrieg dem Verschweigen und Vergessen anheim, und ebenso sämtliche innenpolitischen Skandale von manchmal gefährlich antidemokratischer Stoßrichtung.

Das französische Selbstbild darf keinesfalls als Größenwahn begriffen werden.

Dennoch darf das französische Selbstbild keinesfalls als Größenwahn begriffen werden. Das rationalistische Weltverständnis und die demokratischen Staatsideen, die das bürgerliche Zeitalter und die Industriegesellschaften bis in die heutige Zeit hinein prägen, wurden zu einem großen Teil von französischen Denkern formuliert, angefangen bei Descartes, über Montesquieu bis zu Voltaire. In jüngerer Zeit hat auch der französische Mai '68 – wenn er auch mythisierend interpretiert wurde – Einfluss auf die bundesdeutsche Linke genommen. Daniel Cohn-Bendit ist dafür bis heute eine binationale Symbolfigur. So beruht das Selbstbild, das die Franzosen sich über zweihundert Jahre erwarben, auch auf dem Spiegelbild, das andere Länder von ihnen zurückwarfen.

Zwischen «Null Bock», «Nullo Problemo» und Revolution

Die Franzosen messen bei sich selbst ständig die politische Temperatur.

Um ihren eigenen Zustand besorgt, messen die Franzosen bei sich selber ständig die politische Temperatur (wie es auf Französisch heißt). Genauer gesagt, dies übernehmen im Auftrag der Medien und/oder der Politiker verschiedene Umfrageinstitute: *l'I.N.S.E.E.* ist eine staatliche Einrichtung, auf deren Fragen zu antworten jeder Bürger verpflichtet ist; *IFOP, SOFRES, IPSOS* und *B.V.A.* sind private Meinungsforscher. Im Allgemeinen antworten Franzosen bereitwillig auf ihre Fragen (die natürlich nicht nur die Politik betreffen), und um 20 Uhr, wenn Frankreich sich zu Tisch setzt und fernsieht, hört man sich aufmerksam die Ergebnisse an. Sie prägen das Bild der Franzosen von sich selbst. Deshalb könnte man sagen, diese Institute sind nicht nur Meinungsforschungsinstitute, sondern auch **Meinungsbildungsinstitute**.

Mai '68

Zur Blüte gelangten sie nach 1968, dem Mai '68, der für die französischen Regierenden und vielleicht auch für die Franzosen selbst, aus heiterem Himmel fiel und sich binnen kurzem von einer Studentenrevolte zu einem Generalstreik, zu Betriebsbesetzungen und Massendemonstrationen entwickelte. Frankreich, so hieß es damals überall, stehe am Rand eines Bürgerkriegs. Jedenfalls stand es am Rand einer Revolution, während zuvor die Meinung geherrscht hatte, die Stimmung sei friedlich, bis zur Langweiligkeit friedlich.

Die gesellschaftliche Veränderung in den Institutionen und aus den Institutionen heraus, die friedliche und reformerische Veränderung in kleinen Schritten besitzt in Frankreich eine eher schwache Tradition. Vielmehr treten schockartige Anpassungen veralteter Strukturen an andere, längst modernisierte auf. Plötzlich kocht der ras-le-bol (gelegentlich bei weiten Teilen der Bevölkerung) hoch, und die Schale läuft über.

Friedliche, reformerische und schrittweise Veränderung hat in Frankreich eher schwache Tradition.

Ras le bol heißt wörtlich, dass die Trink- bzw. Kaffeeschale randvoll sei. Im Deutschen ist es der Kanal, die Nase, die Schnauze, die man gestrichen voll hat: *en avoir ras le bol*. Was im Französischen ursprünglich nur eine Redewendung war, hat sich mittlerweile zu einem Substantiv gemausert, das den Gemütszustand ganzer Schichten umreißen soll (siehe etwa den Buchtitel *Le ras-le-bol des superwomen*).

Noch einen zweiten Begriff, einen *Ismus*, gibt es, um eine politische Stimmungslage in Frankreich zu charakterisieren: **le je-m'en-foutisme** (von *je m'en fous*: ist mir egal, scheißegal, piepegal, neudeutsch: nullo problemo). Die Franzosen bezichtigen sich selber des *je-m'en-foutisme* und vergessen dabei, dass sie in der Vergangenheit immer so lange mit den Achseln gezuckt und bestenfalls noch vor sich hin gemeckert haben *(rouspeter)*, bis sie «den Kanal gestrichen voll» hatten.

Von der zweigeteilten einigen Nation zum nationalen Konsens?

Wenngleich die französische Nation stets durch eine «bestimmte Idee von Frankreich» (de Gaulle) geeint war, spaltete sich die französische Gesellschaft zugleich seit der Revolution in zwei politische Lager – zunächst in Royalisten und Republikaner, später in Rechte und Linke. In den Köpfen herrschte die Vorstellung einer zweigeteilten Gesellschaft, in der sich die beiden antagonistischen Feldlager unversöhnlich gegenüberstehen und sich im Klassenkampf bezwingen müssen.

Frankreich – geeint und doch geteilt?

Dieses Bild geriet seit Mitte der 70er Jahre zusehends ins Wanken, und seit Mitte der 80er kann man behaupten, dass die Fronten begonnen haben sich aufzulösen.

In Frankreich herrscht heute ein breiter Konsens über bestimmte Grundlagen des gesellschaftlichen Zusammenlebens: Gewaltlosigkeit in politischen und gesellschaftlichen Auseinandersetzungen, Respektierung und Schutz des Privateigentums, Anspruch auf soziale Sicherheit und die Anerkennung eines gleichsam monarchischen Präsidenten, der gewissermaßen als höchster Garant für Vernunft und staatliche Ordnung gilt.

Doch es hat sich mittlerweile auch eine neue Gegensatzpaarung entwickelt. Es rühren sich nun jene, die sich mehr Bescheidenheit auf der politischen Weltbühne wünschen, die diskutiert wissen wollen, ob Fortschritt immer noch dasselbe heißen kann wie in den vergangenen zweihundert Jahren.

Debatte zwischen fortschrittsgläubigen Technokraten und Wachstumskritikern

Zwischen den fortschrittsgläubigen Technokraten einerseits und den die Wachstumsgesellschaft Kritisierenden andererseits entstand eine Debatte, die bei uns einige Jahre früher als in Frankreich eingesetzt hat und gegenwärtig unter dem Schlagwort «ökologischer Umbau der Industriegesellschaft» geführt wird. Dies- und jenseits des Rheins wurden dabei die Revolutionstheorien zugunsten evolutionärer Ansätze verworfen. Dies- und jenseits des Rheins scheint sich eine **Polarisierung der Gesellschaft** herauszukristallisieren, die nicht mehr allein auf dem Gegensatzpaar Kapital-Arbeit basiert, sondern als Riss mitten durch die alten Lager Links-Rechts und mitten durch die Parteien geht. Auf der einen Seite dominiert ein weltmarktwirtschaftliches Macherdenken, das mit absoluten Sachzwängen argumentiert, auf der anderen Seite ein antiexpansionistisches Wertesystem, das die Evolution des Menschen in seiner Beziehung zu sich selbst, zur eigenen Gattung und zur Natur über festgeschriebene, angeblich sachzwanghafte, ökonomisch-technologische Ziele stellt.

Tips & Knowhow

Tu & Tabu: *Politik*

Tu! Denken Sie bei **politischen Diskussionen** daran, dass es, wie bei vielen Gesprächen in Frankreich, nicht nur um den **Inhalt** geht, sondern auch um den **Spaß am Wort**, am Bonmot, am Wortgefecht.

Tu! Behalten Sie bei Gesprächen über Politik im Auge, dass Sie in bestimmten Kreisen **nur schwer die wahre Meinung Ihres Gegenübers erfahren** werden.

Tabu! Versuchen Sie in einer politischen Auseinandersetzung nicht, Ihr Gegenüber von Ihrer Meinung zu überzeugen, jedenfalls nicht in der Weise, als säßen Sie in einem Seminarraum oder an einem Stammtisch in Deutschland. In Frankreich **geht es selten darum, Recht zu behalten**, vielmehr um einen anregenden Austausch von Denkmöglichkeiten.

Tabu! Wollen Sie Ihrem Gesprächspartner keinen Kulturschock zufügen, dann fragen Sie ihn nicht nach seiner **Partei- und Gewerkschaftszugehörigkeit** oder für **welche Partei** er gestimmt hat, und verraten Sie ihrerseits nicht Ihre Affinitäten.

Tabu! Bezichtigen Sie die Franzosen nicht vorschnell der **Oberflächlichkeit** oder **Gleichgültigkeit**. Sie würden so nur ein simples Vorurteil weitertragen, dem auf der anderen Seite jenes über den Bierernst, die Verkniffenheit und den Fundamentalismus der Deutschen gegenübersteht.

Tu! Seien Sie sich stets bewusst, dass **Frankreich** sich **in anderen geschichtlichen Traditionen** entwickelt hat und deswegen bestimmte Themen aus einem anderen Blickwinkel oder gar nicht diskutiert werden bzw. andere Themen, die wiederum bei uns keine Beachtung finden, die öffentliche Debatte bestimmen.

Tu! Bedenken Sie, **dass diese anderen Traditionen** ebenfalls das **Verhältnis der Franzosen zu den Politikern, zur Regierung und den Parteien** prägen. Unter anderem schlägt sich dies in der Art des Demokratieverständnisses, dem Kräftemessen zwischen Regierenden und Regierten nieder.

Kleines Wörterbuch der Politik

● So wie man in der BRD jahrzehntelang von der Hardthöhe sprach, wenn man das Verteidigungsministerium meinte, so bezeichnet man auch in Frankreich bestimmte Regierungsstellen nach ihrem Sitz. Der Premierminister residiert im **Hôtel Matignon** und der Präsident im **Palais de l'Elysée**. Am **Quai d'Orsay** befindet sich das Außenministerium. Dort liegt auch der **Palais Bourbon**, in dem die Nationalversammlung, also das Abgeordnetenhaus, seinen Sitz hat.

● In den **politischen Diskussionen** tauchen in Frankreich bestimmte Wörter häufig auf, die im Deutschen nur selten erscheinen. Die beiden wichtigsten sind:

– ***machiavélisme:*** Machiavellismus bezeichnet skrupellose Selbstdurchsetzung und hinterhältige Machtstrategien, bei welchen der Zweck die Mittel heiligt – der Begriff wird durchaus nicht nur auf das politische Leben, sondern häufig auch auf privates Verhalten angewendet.

– ***esprit cartésien:*** Wer eine kartesianische Geisteshaltung pflegt, steht in der Tradition des Philosophen Descartes. *Esprit cartésien* bedeutet also ein Denken, das der Tradition des Rationalismus verpflichtet ist. In Deutschland würde man von einem aufklärerischen Geist sprechen.

Tips & Knowhow

Kultur-spiel

Situation 1

Bei einem Gespräch über ein weltpolitisches Thema fällt Ihnen an Ihrem französischen Bekannten auf, dass er windungsreich in Zitaten und Anspielungen spricht, ohne allzu deutlich Position zu beziehen.

Wie reagieren Sie darauf?

A Sie halten ihn für einen Opportunisten, dem das elegante Sprechen wichtiger ist als der Inhalt, und beschließen, politische Gespräche mit ihm nicht mehr zu führen.

B Sie setzen ihm gewissermaßen den Revolver auf die Brust und versuchen, ihm ein politisches Bekenntnis zu entlocken.

C Sie lassen sich auf seine Weise des politischen Parlierens ein und nähern sich ganz behutsam dem Kern, nämlich der politischen Überzeugung, die sich möglicherweise hinter seinen eleganten Ausführungen verbirgt.

Kommentar:

C wäre klug und richtig, wenn Sie Ihren französischen Bekannten vor einem Kulturschock und sich selbst vor Ablehnung schützen wollen.

Situation 2

Sie gelangen bei einem Sonntagnachmittag-Ausflug zufällig in die Nähe des Hauses französischer Bekannter. Sie geraten auf die Idee, Kuchen zu besorgen und Ihre Bekannten mit einem Besuch zu überraschen.

Geben Sie Ihrer spontanen Idee nach und wenn ja, wie?

A Gedacht, getan: Sie läuten und strecken Ihren Bekannten den Kuchen und die Grußhand entgegen.

B Sie rufen sie vorsorglich an, um Pläne und Stimmung Ihrer Bekannten zu erkunden.

C Sie besorgen zwar den Kuchen, verspeisen ihn dann aber doch lieber allein; vielleicht fällt Ihnen das Chanson von George Moustaki ein: *Je ne suis jamais seul avec ma solitude*.

Kommentar:

A sollten Sie vermeiden, da viele Franzosen den Sonntagnachmittag ausschließlich der Familie widmen. **B** wäre denkbar, wenn Sie die Familie schon näher kennen und wissen, dass dort ein weniger starrer Sonntagskodex herrscht. Im Fall von **C** mögen Sie sich mit dem Satz von Karl Kraus trösten: «Das Familienleben ist ein Eingriff in das Privatleben.»

Situation 3

Sie haben sich im Auftrag Ihres Betriebes für eine begrenzte Zeit in Frankreich aufgehalten und möchten vor Ihrem Weggang mit den Kollegen und Kolleginnen eine kleine Abschiedsfeier veranstalten.

Wie organisieren Sie diese?

A Sie laden die Kollegen zu einem Essen in Ihre Wohnung ein.

B Sie laden sie zu einem Apéritif nach Hause ein.

C Sie reservieren Plätze in einem Restaurant.

D Sie arrangieren im Betrieb eine kleine Feier mit Champagner, Orangensaft, Apéritifs und Snacks.

Kommentar:

A und **B** sind nur möglich, wenn ausgedehntere private Beziehungen sich bereits vorher innerhalb des Kollegenkreises entwickelt haben. Im anderen Fall wählen Sie **C** oder **D**.

KULTURSPIEL

Situation 4

Sie gehen – als Mann – mit einer französischen Bekannten ins Theater oder Kino und danach essen. Der Vorschlag zu Kino- wie Restaurantbesuch ging gleichermaßen von Ihnen wie von Ihrer Partnerin aus.

Wer bezahlt?

A Sie gehen davon aus, dass in beiden Fällen jeder getrennt zahlen wird.

B Sie denken sich, kommt Zeit, kommt Rat, und überlassen die Klärung, wer wann was bezahlt, der Situation.

C Da die Französin an der Kino- bzw. Theaterkasse ohnehin ihr Portemonnaie zückt, zahlt dort jeder für sich; aber im Restaurant übernehmen Sie die Rechnung.

Kommentar:

Getrenntes Zahlen, wie vielleicht in Ihrem vertrauten Milieu üblich, ist in Frankreich im Restaurant und Café ungewöhnlich. Höchstens unter jungen Leuten mit knapper Geldbörse wird die Rechnung zu gleichen Teilen bezahlt. Gehen Sie mit einer Frau aus, legt der Kellner Ihnen als Mann die Rechnung vor, und – wie in **C** – begleichen Sie diese.

Situation 5

Die Kinder einer Campingnachbarsfamilie, mit der Sie sich lose angefreundet haben, verabschieden sich am letzten Abend von Ihnen mit *bise* (Wangenkuss).

Wie reagieren Sie?

A Sie verstehen dies als Zeichen, dass es richtig ist, sich auch von den Eltern mit *bise* zu verabschieden.

B Die unerwartete Annäherung lässt Sie zurückzucken; der Abschied gerät zu einer unklaren, unsicheren Geste.

C Sie erwidern die *bise* der Kleinen und verabschieden sich von den Eltern mit Händedruck.

Kommentar:

Die *bise* ist in Frankreich als Begrüßungs- und Abschiedsgeste unter engen Freunden und innerhalb der Familie üblich, ebenso von Kindern gegenüber Erwachsenen, die der Familie nahestehen. Sie sollten deshalb Lösung **C** wählen, es sei denn, die Abschiedsstimmung legt die Ausnahme tatsächlich näher als die Regel.

Situation 6

Auf einer Rundreise durch Frankreich gelingt es Ihnen immer wieder, Gesprächspartner zu finden, mit denen sich längere ernsthafte und vergnügliche Unterhaltungen entwickeln.

Versuchen Sie die Bekanntschaft fortzusetzen und wenn ja, wie?

A Sie schlagen stets den Austausch der Adressen und Telefonnummern vor (und erwähnen eventuell auch die Möglichkeit künftiger gegenseitiger Besuche).

B Sie nehmen den Augenblick an, schön wie er ist, und fahren danach weiter.

Kommentar:

Mehr als wir neigen Franzosen dazu, ihre Privatsphäre mit einem distanzierenden Wall zu umgeben. Demzufolge böte sich **B** als das angemessene Verhalten an, was Sie aber nicht daran hindern soll, offen für Ausnahmen zu bleiben.

Situation 7

Im dichten Straßenverkehr – z.B. im geheimnisvoll systematischen Chaos des Kreisverkehrs auf der place de la Concorde – streift ein Wagen, der Sie rechts überholt, das Blech Ihres makellos gepflegten Schlittens.

Was tun?

A Sie steigen entrüstet aus *(danger de mort!)* und halten mit Hilfe zahlreicher Formulare sowie Ihrer Pocketkamera den Vorfall fest. Ferner verlangen Sie unverzügliche Aufnahme der Unfallsituation durch die Polizei.

B Sie machen Ihrem Ärger Luft und unterhalten sich durchs offene Fenster, während Sie, wie auch Ihr Unfallgegner, sich dem Verkehrsfluss weiterhin anpassen. – Am Ende ergeben Sie sich mit Schulterzucken und Weiterfahren in Ihr Schicksal.

C Sie kommunizieren weiterfahrend durchs offene Fenster, scheren, sobald möglich, aus dem Verkehrsfluss aus und regeln den Schadensersatz vor Ort und ohne Polizei.

Kommentar:

Bei kleineren Blechschäden wird in Frankreich die Polizei normalerweise nicht gerufen. Die Regelung des Unfalls obliegt dem Temperament der Fahrer, und an Plätzen wie der place de la Concorde dem zäh, aber unnachgiebig vorwärtsdrängenden Verkehr. Mit einem Verhalten nach Vorschlag **A** würden Sie einen Beitrag zur Bekräftigung französisch-deutscher Stereotypen leisten. Einigen Sie sich deshalb mit Ihrem Unfallgegner auf **B** oder **C**.

INDEX

INDEX

INDEX

INDEX